技术交易服务规范及其应用

戴力新　郑　宁　朱晨晨　夏春阳　编著

东南大学出版社
·南京·

图书在版编目(CIP)数据

技术交易服务规范及其应用 / 戴力新等编著. —南京：东南大学出版社，2015.10

ISBN 978-7-5641-6094-4

Ⅰ.①技… Ⅱ.①戴… Ⅲ.①技术贸易 Ⅳ.①F746.17

中国版本图书馆 CIP 数据核字(2015)第 256536 号

技术交易服务规范及其应用

出版发行	东南大学出版社
社　　址	南京市四牌楼 2 号(邮编:210096)
出 版 人	江建中
责任编辑	唐　允
经　　销	全国各地新华书店
印　　刷	江苏凤凰数码印务有限公司
开　　本	700mm×1000mm　1/16
印　　张	14.5
字　　数	259 千字
版　　次	2015 年 10 月第 1 版
印　　次	2015 年 10 月第 1 次印刷
书　　号	ISBN　978-7-5641-6094-4
定　　价	49.00 元

本社图书若有印装质量问题，请直接与营销部联系，电话:025-83791830。

编委会

编　著　戴力新　郑　宁　朱晨晨　夏春阳

副编著　顾　宁　朱　奕　孔祥浩　胡　荣

前　言

《中共中央国务院关于深化体制机制改革加快实施创新驱动发展战略的若干意见》(中发[2015]8号)和《国务院关于加快科技服务业发展的若干意见》(国发[2014]49号)中明确提出，进一步培育和壮大多层次技术交易市场，鼓励技术交易机构创新服务模式，发挥市场在资源配置中的决定性作用，强化科技同经济对接、创新成果同产业对接的能力。十八届三中全会《中共中央关于全面深化改革若干重大问题的决定》中也明确提出了"发展技术市场，健全技术转移机制"的要求。面对全球新一轮科技革命和产业变革的重大机遇挑战，面对经济发展新常态下的趋势和变化，作为创新体系的构成要素和科技服务业的重要组成部分，技术交易服务既面临着难得的历史机遇，又面临着基础理论和研究应用不足带来的双重挑战。如何研究和探索技术交易发展的方向和路径，成为新形势亟待突破的一个命题。

目前，中国技术市场开放已经超过30周年，全国的技术交易量从1984年的7亿元增长到2014年的8 577亿元，占全社会R&D支出比例已达63%。在国家实施创新驱动发展战略、全面深化改革的环境带动下，技术交易将迎来新的发展机遇。要进一步繁荣技术交易活动，鼓励企业成为自主创新主体，激发高校、科研院所等创新源头释放创新活力，需要存在一个充分的、流动性很强的技术交易市场，需要不断探索技术交易的创新模式，更需要在新时期条件下出台具有针对性的发展对策。

本书共分为7章。第1章主要介绍技术、技术交易等的内涵以及技术交易在创新驱动中的地位和作用。第2章重点介绍技术交易服务规范内容，分析了技术交易术语、定义以及技术交易服务机构、服务内容及要求等。第 3 章重点介绍企业技术创新主体的内涵、特点以及技术输出源头——高等院校、科研院所的特点及合作模式，分析了国内外科技中介的组织模式。第 4 章重点介绍了技术市场，分析了技术市场的界定、形成和功能，从国外、国内两个角度分析了技术市场的发展，最后以江苏省为例提出发展和完善技术市场的建议。第 5 章重点介绍了技术交易实践，分析了我国及江苏省技术交易现状、成效、制约因素等，提出了技术交易创新模式，并通过典型案例论证了技术交易服务的实践成果。第 6 章重点介绍了技术交易分析，从全国和江苏省两个层面分析了技术交易总体情况和呈现的主要特征。第 7 章重点介绍了技术交易的发展对策，具体从制度建设、税收优惠、资源配置、中介服务体系等角度提出了发展和完善技术交易的建议。

在本书的编写过程中，参考了大量的国内外资料，由于篇幅所限，本书最后列出了主要参考文献，谨向所有参考文献的作者致以诚挚的谢意。由于本书涉及多学科领域，技术发展一日千里，加上作者的知识水平有限，本书难免存在不足甚至错误之处，敬请广大读者批评指正。

目　　录

1 导 论

1.1 技术交易及其相关概念

1.1.1 技术的内涵

技术是人类社会不断进步的阶梯，是人与自然在生产实践中不断结合提炼的产物。在漫长的人类社会发展过程中，随着人们对技术的理解不断深化，赋予技术的内涵也逐渐增加，技术概念的定义越来越丰富。

(1) 古代技术的概念是指个人的技能、技艺、手艺，由于这些技巧来自于生活实践中，经过多年经验的累积和练习，技术表现为一定的操作程序、方法、配方和某些特定的工具。在古代技术一词的概念中，人作为主体占有重要的地位，技术通常与持有者紧密联系在一起。

(2) 近代技术的内涵为体现生产手段的体系。近代伴随着社会经济的发展，技术的内涵也在不断丰富变化，个人的技能、技艺、手艺通过归纳、总结、提炼，以多种形式的传授、培训、交流得到推广和普及。同时随着生产力的提升，劳动中的技巧与机器、工具密切结合，机器与工具不断更新换代，人们对机器和工具的使用操作越来越简便化，无需进行专业的训练即可掌握。如随着流水线的推行，复杂工艺被细化为多项简单操作，一般的工人只需掌握基本方法重复操作即可完成任务。因而，近代技术内涵可表现为机械、设备仪器以及使用仪器设备工具的方法和规则，也可表现为构成机器、工具的原理、结构及可形成仪器设备的图纸。

(3) 现代科学技术的迅猛发展，技术与生产的发展越来越依赖于科学的进步，生产过程的复杂化和控制技术的发展，使各种使用机器所需的方法、程序、诀窍等越来越凸现其重要性。由此可见，技术的含义又有了新的发展。所以，在现代可以将技术看作人类利用科学知识改造自然的一切手段的总和。

按照对技术的不同理解可将技术分为狭义和广义，狭义的技术是指工程技术和自然科学方面的发明，而广义的技术是指社会技术、管理技术方面的发明。按对发明词义概念的不同界定，民俗学的技术涵义是指一切人造的新鲜事物；社会学的技术概念是指对社会来说是新的创造；法学的技术概念是指获得专利的技术上的发明。

由于本书研究的是以企业为技术需求方，科研院所或高等院校为技术提供方作为交易主体，相互进行技术交易的问题，故认为技术是指科研院所或高等学校将知识、技能和经验以一定方式结合起来以满足企业需求的系统，促进生产力提高，创造商品及提供服务以满足人们实际需求。

❖ 技术的特征

技术在生产和转移过程中具有不同于其他商品的特征，归纳如下[1]：

(1) 表现形式特殊。技术的表现形式不同于一般商品，表现形式多种多样，技术可以以机械设备、仪器或产品形式存在，也可以用文字、数据、图表、公式和配方的方式表现，也可以是特殊的制造、操作诀窍、管理技能，同时技术还可以存在于个人的头脑中，是个人诀窍、灵感火花、发明思路。

(2) 具有商品属性。技术是劳动的产物，用于交换，具有使用价值和价值。技术的研究和开发，不仅需要一定的费用，而且要消耗大量的劳动，因而技术具有价值，同时技术能够促进生产力，带来经济效益，又具有使用价值。

(3) 具有创新性。技术的本质是一种创新性劳动，技术方法具有创造性，技术产品具有新颖性，技术只有优于现有同类技术，创造更多社会财富时，才具有存在价值。

(4) 具有高风险性。技术本身是一个向未知科学领域探索的过程，技术的研究与开发过程中不确定性因素较多，如现有技术水平、研究经费、开发人员经验等因素都会导致技术研究的失败。

(5) 具有单一性。一项新技术的研究和开发需要集中人力和物力，经过一定时间的努力取得成功，无须进行重新生产，但可以通过有效传播来满足社会需要。而一般物质商品则以批量形式存在，可以重复生产。

(6) 具有共享性。技术所有人可以将同一技术转让给多个技术使用者，技术的所有权可以一个，同时技术的使用权则可以多个，使用者可以各自独立地实施同一技术，这与一般商品的所有权和使用权的单一性有明显区别，可以认为技术具有共同分享的属性。

(7) 具有外溢效应。由于技术的表现形式特殊，其核心技术信息通常会随技术人员的流动和产品销售等途径传播。技术所有人通常采用相应保密措施，如借助专利法、签订保密协议等，目的是为了不让竞争对手获取其技术内容，保护自身权益。

(8) 具有增值性和波动性。技术在进行交易过程中，技术所产生的经济效益一般高于技术交易费，只有让技术使用者能获得高于技术交易费的利润，技术交易才可能成交，因而技术具有增值性。在技术创新过程中，随着研究与开发的不断升级，一旦出现了更实用、更先进、更创新的技术，原有技术的价值量就会急剧下降，同时造成技术价值的剧烈变动。

1.1.2 技术交易的内涵

技术交易的本质是一个技术知识的流动过程。技术要转化为生产力，就需要进行交易。技术交易作为一种社会经济现象由来已久。20 世纪 60 年代，技术交易开始作为一个社会实践和理论研究课题出现在国际经济论和技术论中。在西方国家，有关技术交易的概念甚少提及，与其密切联系且等价使用的是技术转移这一词汇。

技术转移这一概念最早由美国学者布鲁克斯提出，是指科学技术通过人类活动被传播的过程。此后，许多学者从不同层次和不同角度对技术转移进行了阐述。

相较于国外学者对技术转移的研究而言，在我国学术界和技术交易实践中，技术转移通常被技术交易这一概念所替代。技术交易是指技术供需双方对技术所有权、使用权、收益权进行转移的契约行为，技术交易与技术转移的差异在于技术交易是一种更多地强调有偿性的、商业性的技术转移行为。

❖ 不同视角下的技术交易概念[2]

(1) 狭义技术交易说。以威廉斯和吉布森为代表，认为技术交易是指作为生产要素的技术，通过有偿的各种途径，从技术源向技术使用者转移的过程。

(2) 广义技术交易说，以马奇特为代表，认为技术交易是各种形态的技术及相关要素从技术源头向技术使用者的转移行为。

(3) 知识诀窍的转移、分配说。以日本学者小林为代表，认为技术交易就是人类知识资源的重新再分配。

(4) 技术知识应用说。以弗兰克·普雷斯为代表，认为技术交易就是研究成果的社会化，包括其在国内和向国外的推广过程。

(5) 地域、领域转移说。以美国学者巴赞凯为代表，认为当某一领域中产生的或使用的科学技术信息在不同领域、不同地域被重新改进或应用的过程被称为技术转移。

当前技术交易出现了三个新趋势:跨国技术交易;技术交易高端集聚区;以集成创新为主的交易。

❖ 技术交易的特征

与一般商品交易比较而言,技术交易有其独有的特征[1]:

(1) 技术交易的效率依赖于外生的制度变量。

(2) 技术交易产权的易逝性。

(3) 技术交易中产权价值与知识价值的可分离性。

(4) 技术交易双方信息的非对称性。

(5) 技术交易对象价值的非确定性。

(6) 技术交易合约的不完全性。

(7) 技术交易的双边垄断性。

❖ 技术交易的类型

在技术交易过程中,依据不同的方式,可以将技术交易划分为不同的类型[2]。

(1) 根据技术交易发生的阶段。弗兰西斯·比道尔特将技术交易分为纵向转移和横向转移两种基本方式。所谓纵向转移,是指发生在发明和创新过程中不同阶段的转移,通常指发生在R&D实验室与生产企业之间的交易,在此类纵向转移过程中,技术的提供方比技术需求方所掌握的市场信息相对较少;而横向转移则是指发生在供给方和需求方业务链同一阶段的转移,这种交易通常发生在具有各自独立市场的企业之间。

(2) 根据参与主体的不同。从技术交易参与主体的角度来划分,技术交易可以分为以下三种类型:一是国际技术交易,这种交易出现在国家或不同的经济体之间,如发展中国家和发达国家之间的转移,不同国家有不同的技术、文化背景;二是由政府、大学、科研机构与企业的交易,这种交易是从非营利性机构转移至营利性机构,交易的目的在于通过技术转移与扩散,提高国内企业的技术竞争力;三是企业之间的技术交易,是指两个营利机构之间的纯粹基于商业动机而进行的交易。

(3) 根据技术交易的载体类型。Teece(1988)按技术交易载体的类型,将技术交易分成三种类型:无形物品交易,指技术信息、技术专利等;有形物品交易,指专用工具、原料等;技术服务,指技术援助、培训、维护和工程研究等。

（4）根据技术合约的完备性。技术交易的特征和相应的制定环境影响了技术合约的完备程度。按照合约的完备程度，MacNeil（1974）将技术交易分为交易型交易和关系型交易。交易型交易能够通过几乎完备的契约来实现，在契约中基本描述了专利使用的条件；关系型交易通过相对不完备的契约来实现，在契约中依赖设计协商机制来保证知识共享和技术转移的执行，同时完成工业和商业上的合作。

❖ 国际技术贸易方式

技术在国际上进行流动交易，称国际技术贸易。国际技术贸易可分为三种类型：单纯的技术引进、技术引进与设备引进相结合及技术引进与资金引进相结合。国际技术贸易的方式有：

（1）许可贸易。许可贸易是指技术交易双方通过签订许可合同或协议所进行的一种技术交易方式。其标的主要是专利权和专有技术使用权。按范围和权限又可分为普通许可、排他许可、独占许可、分许可、交叉许可几种方式。

（2）技术服务与技术咨询。技术服务是指技术持有人以技术知识解决特定的技术问题，如员工培训、技术指导、设备的安装调试。技术咨询是指技术持有人运用拥有的专业知识提供技术决策，如技术的可行性论证、技术的调研方案、成果的分析评估等。

（3）合作生产与设计。合作生产与设计是通过交易双方合作，利用各自拥有的技术共同完成有关的生产项目或共同开发有关的生产计划。发展中国家通过这种形式在引进外资的同时，也引进了经济发展中所需的技术和相关设备。

（4）国际工程承包。国际工程承包就是国际上以招投标方式，一方利用自己的技术、资金优势为另一方承建工程项目。工程项目具有规模大、投资多、营建时间长等特点，从拟订方案、勘测选点、工程设计、选购设备、施工安装、调试设备、技术培训直至生产产品，涵括了工程建设的全过程。

（5）国际直接投资。国际直接投资是投资方通过兼并、收购或建立新企业的方式，直接在东道国设厂生产。在当前国际经济全球化日趋深化的背景下，国际直接投资已经成为国际性跨国公司实现全球化经营的重要战略内容。国际直接投资的投资方通常以现金资本的方式作为主要形式，目前以技术和技术设备作价作为投资方式的日趋增多。

（6）技术设备交易。技术引进方在引进软件技术的同时，通过购买有关产品生产的成套设备、流水线等硬件技术提升企业的技术水平和生产能力，一般硬件技术的引进通常是发展中国家在经济发展初期较为常见的国家技术交易方式。

(7) 补偿贸易。补偿贸易技术引进方其应支付的价款在双方约定的期限内,用商品或劳务作价分期偿还,从而获取所需的生产技术。补偿贸易又可分为直接产品补偿、间接产品补偿、货币收入补偿、混合补偿。

❖ 国内技术交易方式

我国《合同法》施行于1999年10月1日,原有的经济合同法、涉外经济合同法、技术合同法同时废止,形成了"三法合一"的格局,其中技术合同出现在《合同法》分则部分第十八章,把技术合同的类型分为以下六类:

(1) 技术开发。技术开发是指当事人之间就新技术、新产品、新工艺和新材料及其系统的研究开发活动。所谓新技术、新产品、新工艺和新材料及其系统,是指当事人在订立技术合同时尚未掌握的产品、工艺、材料及其系统等技术方案,研究开发工作及其预期成果有相应的技术创新内容。如研究开发人员所进行的科学研究、设计、试验、试制等创造性活动,其内容涉及各行业、各领域,有企业的技术改造项目、国外引进技术、设备的二次开发、环境保护研究、开发和综合利用等。技术开发的基本特征包括交易履行具有协作性、交易标的具有创新性、交易本身具有高风险性。

技术开发包括委托开发和合作开发两类。委托开发是指当事人一方委托另一方进行研究开发活动;合作开发是指当事人各方共同进行研究开发活动。

(2) 技术转让。技术转让是指当事人就专利权转让、专利申请权转让、专利实施许可、技术秘密的转让行为,是拥有技术的当事人一方将现有技术有偿转让给他人的行为。尚未研究开发出的技术不属于技术转让范畴。所谓"技术",不仅指技术成果而且还指技术成果权,主要包括专利申请权、专利权、专利实施许可权、技术秘密使用权和转让权。所谓"转让",是指有偿转让,即技术成果权人作为转让方将其持有的技术成果转让给受让方,从而收取价款或者使用费,受让方取得技术成果权,支付价款或者使用费。技术转让可以约定转让方和受让方实施专利或者使用非专利技术的范围。但是,不得以合同条款限制技术竞争和技术发展。技术转让的基本特征包括标的具有特定性、标的具有完整性、标的具有权属性、转让过程具有法定性。

(3) 技术咨询。技术咨询是掌握技术的一方,运用自己所拥有的专业知识、技术、经验和信息,通过调查研究、分析和预测,为委托方完成咨询报告、解答技术咨询、提供决策的智力服务工作,为委托方提供决策咨询、工程技术咨询、管理咨询、信息咨询等。技术咨询的工作成果属于软科学研究成果。内容包括项目立项的可行性分析、专题技术调查、市场营销策略、企业管理、发展规划预测、政策研究等。提供咨询的一方应按照规定完成咨询报告或者解答委托方的问题，保证提出的咨询报告达到委托要求。至于一方按照咨询报告和建议作出决策并实施后发生损失时，提供咨询的一方是否承担责任、承担多大责任，应当根据不同情况确定。技术咨询的基本特征包括标的特定性、履行结果的不确定性、风险承担的特殊性。

(4) 技术服务。技术服务是当事人一方以技术知识为另一方解决特定技术问题，但不包括建设工程的勘察、设计、施工、安装和加工承揽等行为。技术服务一般不具有创造性，是拥有技术的当事人一方在熟悉的专业范围内，对自己掌握的知识、技术、经验、信息的重复运用。特定技术问题是指需要运用科学技术知识解决专业技术工作中的有关改进产品结构、改良工艺流程、提高产品质量、降低产品成本、节约资源能耗、保护资源环境、实现安全操作、提高经济效益和社会效益等问题。技术服务的基本特征具有专业性、广泛性、效益性、相对性。

(5) 技术培训。技术培训是指当事人一方委托另一方对指定的专业技术人员进行特定的项目技术指导和专业训练。技术培训实施过程中，从事和接受培训的主体都是具有专业知识的科技人员，培训内容也是特别约定的专业知识，而不是一般性的劳务培训。其过程不涉及知识产权权利的转移。

(6) 技术中介。技术中介是当事人一方(中介方)以知识、技术、经验和信息为另一方与第三方订立技术合同、实现技术创新和科技成果产业化进行联系、介绍、组织工业化开发，并对履行合同提供专门服务。技术中介从属于技术交易行为:有两种形式:一是中介方与委托方单独订立的中介业务，二是在委托人与第三人订立的技术合同中载明中介方权利与义务的中介业务。

此外，技术交易按照其技术交易费的支付方式，还可以分为一次性支付合约、分期支付合约、(以销售额或利润额为基数的)分成合约、技术入股(技术产权交易)合约等多种形式。

❖ 技术交易的流程及成本[1]

1) 技术交易的流程

不同的技术交易方式有着不尽相同的技术交易流程，但从技术交易的共性出发可以建立技术交易的基本流程(如图 1-1 所示)。主要包括以下四个阶段:

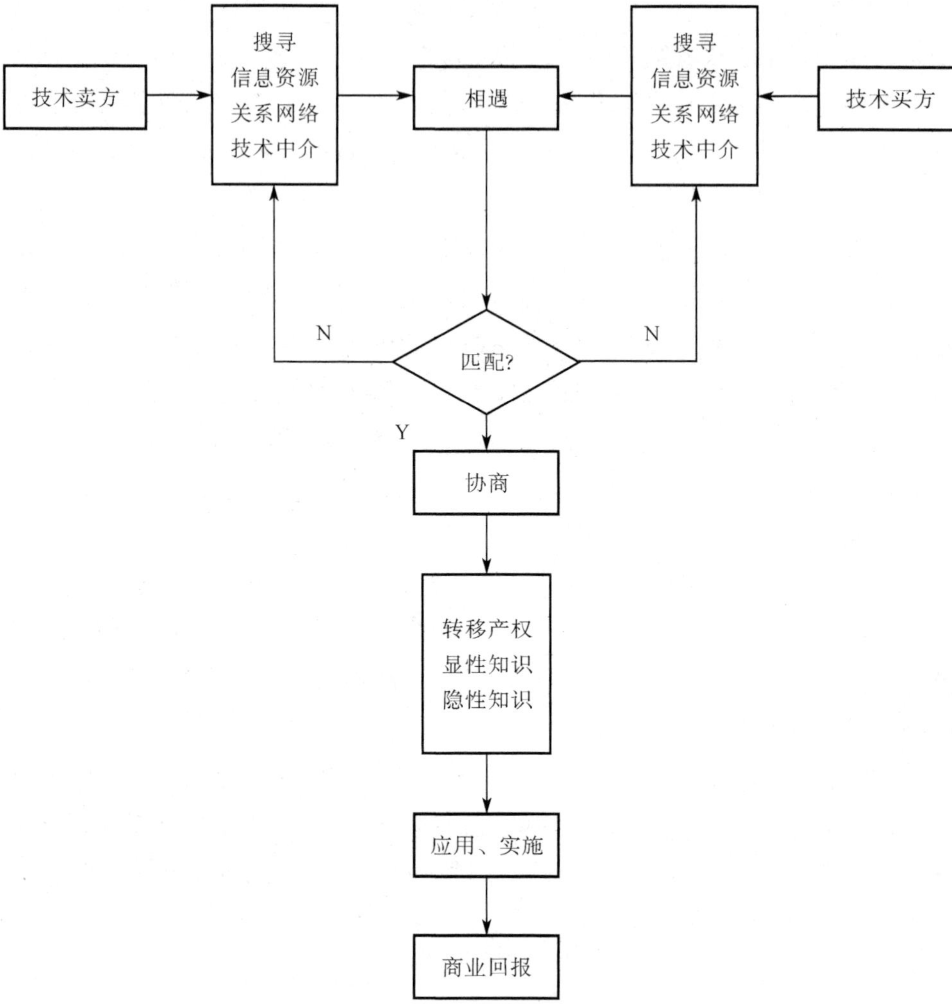

图 1-1　技术交易的基本流程

(1) 搜寻匹配阶段。技术供需双方利用技术交易会、成果发布会、难题招标会、技术交易信息网络平台、技术中介服务机构等多种形式发布供需信息，寻找交易对象，如果技术供方能够满足需方的基本条件，双方便进入协商谈判阶段，否则双方在市场上继续进行发布搜寻。

(2) 协商谈判阶段。协商谈判阶段是指技术交易双方就签订技术交易合同内容进行商谈、沟通和协调。谈判主要内容包括技术交付形式、技术实施范围、合同价款确定支付、交易风险的分担、知识产权的归属、争议的解决办法等。

(3) 实施交易阶段。在技术实施交易阶段主要对技术的载体如图纸、资料、磁盘、仪器设备的交付等进行确认，技术内容尽可能全面、具体、量化，如果是专利、软件著作权等相关技术转让，还需对权利证书进行变更。与此同时完成交易价款的支付。

(4) 应用实施阶段。应用实施阶段是指技术提供方在交付技术资料后，应以培训、辅导等方式使技术购买方熟练掌握运用技术，使技术能有效促进生产，最终为技术购买方取得经济效益。

2) 技术交易的成本

流程图 1-1 中，技术买卖双方相遇前发生的成本可以称之为搜寻成本。双方相遇在匹配过程中发生的成本主要是测度成本，通常测度成本对单个交易者来讲是非常高昂的，加之技术本身的特征使交易双方准确衡量合作价值的成本过高或无法实现，这引发了逆向选择问题。转移阶段发生的主要成本我们称之为转移成本，由于转移成本的存在，导致道德风险行为的发生。协商阶段发生的成本来自于对合同条款的协商产生的成本，这种成本的发生由合同条款的复杂性所决定。复杂性进一步由协商前逆向选择发生的可能性和协商后道德风险发生的可能性所决定。应用实施阶段的监督成本是在合同执行阶段对逆向选择和道德风险发生的确认及其相关的诉讼成本。

基于上述流程和成本的分析，我们可以发现克服技术交易的障碍、提高交易效率主要在于如何有效地降低交易成本，防范和消除逆向选择和道德风险。

1.1.3 技术市场的内涵

技术市场是我国市场体系的重要组成部分，属于生产要素市场，是连接科研和生产的桥梁和纽带，是科技中介服务赖以生存和发展的重要载体。

技术市场是社会经济发展的产物，技术市场概念的界定也是一个动态发展过程。狭义的技术市场概念，是作为商品的技术成果进行交换的场所，是一种有形市场，如技术交易会、技术集市等。广义的技术市场是指技术成果的流通领域，是技术成果交换关系的总和。包含了从技术商品的开发到技术商品的应用的全过程，涉及与技术开发、技术转让、技术咨询、技术服务相关的技术交易活动及相关主体之间的关系。广义的技术市场是有形市场与无形市场共生的市场，既包括技术商品交换的具体场所，也包括了技术商品交换过程中所形成的买卖双方关系的总和。

技术市场的交换关系，主要是技术成果的生产者、经营者、消费者之间的关系。技术市场所交换的商品是以知识形态出现的。它是一种特殊的商品，有多种表现形态：有软件形式（程序、工艺、配方、设计图等）；咨询、培训等服务形式；以及买方需要的某种战略思想、预测分析、规划意见、知识传授等都可构成技术商品。

技术市场在科技成果转化为现实生产力、满足用户对技术商品的现实需求和潜在需求、加快科技的社会传播与普及、增强企业的自主创新能力、促进科技人才的流动等方面发挥重要作用。我国现在设立的技术转移中心、技术交易机构、技术产权交易机构、生产力促进中心、中小企业发展中心等机构，主要业务核心都是围绕提升科技成果转化效率，理论上属于技术市场的范畴。

∵ 技术市场的类型

技术市场与其他商品市场一样，可以从不同的角度如技术商品的性质、流通范围、交易形式等多方面进行分类。

(1) 依据技术商品的性质，可分为硬件技术市场、软件技术市场、技术劳务市场。硬件技术市场中的商品主要是已经成为实物的科技成果，如研制品、中试产品、新材料、新型元器件等。软件技术市场中的商品主要是尚未成为实物的科技成果，如新工艺、新设计、新配方、计算机软件等。目前在我国技术市场中交易的技术商品绝大多数为此类技术。技术劳务市场中的商品是指技术拥有者运用自己掌握的经验、知识、能力和信息，为用户提供咨询等服务。

(2) 依据技术商品的流通范围，可分为国际技术市场和国内技术市场。国际技术市场是国际技术贸易的总和，主要包括技术引进和技术输出。国内技术市场可分为区域性技术市场和地方性技术市场。区域性技术市场主要由国家相关部门建设，如北方技术交易市场、国家中部技术转移中心等；地方性技术市场主要由省级以下部门建设，如科技成果转化服务中心、技术产权交易所等，也包括各级有关部门、科研单位、高等院校、技术经营机构为推动本地区与本行业的技术进步而开展的技术交易活动。

(3) 依据不同的技术行业，可分为农业技术市场和工业技术市场。农业技术市场包括农、林、牧等各专业技术市场；工业技术市场包括机械、电子、化工、医药等各专业技术市场。

(4) 依据技术交易形式，可分为常设技术市场和临时性技术市场。常设技术市场为有固定机构、人员、经营场所的技术交易服务机构；临时性技术市场一般无固定场所，依据需要定期或不定期组织各类技术交易活动，促进科技成果转化。

(5) 依据技术商品经营方式，可分为直接技术市场和间接技术市场。直接技术市场中技术商品交易双方直接见面沟通，无需技术中介方协助；间接技术市场则是技术商品交易双方由中介方牵线搭桥，双方意向一致后再见面达成交易。

∵ 技术市场的特征

(1) 技术商品是知识商品，它以图纸、数据、技术资料、工艺流程、操作技巧、配方等形式出现。

(2) 技术商品交易实质是使用权的转让。

(3) 技术商品转让形式特殊,往往通过转让、咨询、交流、鉴定等形式,直到买方掌握了这项技术,交换过程才完成。

(4) 技术商品价格确定比较困难,价格往往由买卖双方协商确定。

1.2 技术交易在创新驱动中的地位和作用

技术交易属于知识密集型服务业,是社会不同利益主体之间发挥桥梁和纽带作用的服务机构群体,对各创新主体之间的知识流动和技术转移发挥着关键性的促进作用,能够有效降低创新成本、减少或化解风险、加快高技术成果转化、提高区域整体创新绩效。

创新驱动指那些从个人的创造力、技能和天分中获取发展动力的企业,以及那些通过对知识产权的开发可创造潜在财富和就业机会的活动。也就是说经济增长主要依靠科学技术的创新带来的效益来实现集约的增长方式,用技术变革提高生产要素的产出率。

❖ 技术交易在创新驱动中的作用

近期中共中央国务院出台了《关于深化体制机制改革加快实施创新驱动发展战略的若干意见》。其核心内容为营造激励创新的公平竞争环境,建立技术创新市场导向机制,强化金融创新的功能,完善成果转化激励政策,构建更加高效的科研体系,创新培养、用好和吸引人才机制,推动形成深度融合的开放创新局面,加强创新政策统筹协调。同时,其强调了市场交易在创新驱动中的作用,发挥市场对技术研发方向、路线选择和各类创新资源配置的导向作用,调整创新决策和组织模式,强化普惠性政策支持,促进企业真正成为技术创新决策、研发投入、科研组织和成果转化的主体。

具体分为以下几点:

(1) 技术交易是连接技术研发和产业创新的桥梁。通过技术交易可以有效促进科技成果的推广和转化,特别是高等院校、科研院所研发的科技成果与市场紧密结合,推动科研成果的产业化,进一步提升区域的整体创新能力。

(2) 技术交易是企业提升自主创新能力的渠道。企业是创新驱动的主体,在技术交易过程中企业不仅更新了自身技术水平,还通过技术指导、咨询以及人才培训等服务,全面提升了企业内部人员的创新能力,从而由内而外地推动企业加强技术创新、发展高科技、实现产业化。

(3) 技术交易为创新驱动提供有效支撑。在科技成果的产业化过程中，技术创新风险不可避免，通过规范的技术交易，为技术创新、技术推广、科技评估、管理咨询等提供以专业知识、技能为基础的服务，规避创新风险，保障创新驱动有序推进。

1.3 本书的特色与创新之处

技术交易是技术创新的重要环节。本书紧紧围绕“技术交易”这一核心主题开展系统、深入的研究与探讨，本书的特色与创新之处主要体现在如下几个方面：

第一，系统性强。本书紧扣“技术交易”这一核心概念，一方面，在理论上分析了技术交易规范、技术交易主体等内容，对技术交易领域的常见术语进行了科学界定，介绍了技术交易的服务机构、核心内容与基本要求，对技术交易的三类主体：技术交易中介、技术创新主体和技术输出主体的基本内涵与特点进行了论述；另一方面，在实证研究中，从国外、全国、江苏等多个层面对技术交易总体情况、典型特征、发展障碍、典型案例等开展了诸多实证研究。全书力求从理论、实践两个方面对技术交易展开系统研究，做到理论指导实践、实践印证理论。

第二，实践性强。技术交易是技术创新体系中实践性非常强的一个环节。不同技术创新发展阶段、不同技术交易市场环境等均反映出不同的技术交易特点。本书强调实践性，首先注重对比研究，从国际、国内、省内三个层面开展技术交易市场发展情况、技术交易典型特征等分析，更全面地加深对技术交易的认识；其次注重数据分析，本书收集了 2009—2014 年全国及江苏省技术交易统计数据，运用时间序列分析、面板数据分析等手段开展相应研究；最后注重案例研究，本书选取了不同交易主体在技术交易服务中的典型案例，通过典型案例的分析，梳理技术交易服务中的有益经验与普遍做法。

第三，针对性强。本书紧紧扣牢“技术交易”这一核心主题，针对技术交易环节中涉及的基本概念、交易主体、发展现状、基本特征、模式创新、发展对策等展开富有针对性的理论分析与实证研究，研究主题明确、研究结论针对性强，具有较高的可操作性、可借鉴性。

2 技术交易服务规范化建设

为提高江苏省技术交易与技术产权交易的质量，规范受理服务程序，2007 年江苏省高新技术创业服务中心（原江苏省技术市场）开始着手制定技术交易与技术产权交易服务规范的标准。标准规定了开展技术交易与技术产权交易服务过程中服务受理方从服务需求登记、挂牌、交易到交易见证、地方技术合同登记、交易减免税流程以及资料归档与维护全过程中的服务要求，以及服务被受理方在开展技术交易与技术产权交易服务过程中必需遵守和履行的各类要求、手续。

2008 年 8 月，《技术交易与技术产权交易服务规范》顺利通过由江苏省质量技术监督局主持的审定，成为全国首项地方性的技术产权交易的服务规范。该规范对提高江苏省技术交易与技术产权交易的质量，规范受理服务程序，全面提升科技中介机构的服务能力，促进技术转移服务行业可持续发展有着重要的促进作用。同时也为其他地区制定相关的服务标准提供了有益的借鉴。

近年来，随着国家技术创新相关政策的调整，技术交易模式的不断创新，原有的服务标准已经不能适应现行的服务过程。为此，江苏省高新技术创业服务中心对原服务规范进行了重新修订。

2.1 服务规范基本要求

我国技术市场通过 30 年的发展，技术交易服务内容越来越丰富，已从单一技术交易发展到技术、资金、人才等相融合的综合性交易。技术交易的服务内容按其交易过程的前端、中端、后端服务进行细分，又可分为信息发布、信息匹配、成果推介、成果交易、产业化服务、相关配套服务等方面。我国的技术交易服务机构不断通过提供信息化、专业化、标准化的全程服务链，实现技术交易的“全方位、全流程、全领域”的一条龙服务。

（1）信息发布。技术交易信息包括技术研发预研、在研项目及其成果、企业需求、科技创新政策等，随着技术产权业务的拓展，股权转让、股权交易、股权质押融资、知识产权质押贷款发布以及企业上市辅导、咨询服务信息披露也成为信息发布内容的一部分。服务机构在信息服务过程中一是要对信息的真实性、时效性进行核实，二是要对信息进行分类整理，只有在需求方对科技成果的技术路线、研发情况、发展前景有充分信任的前提下，供需双方才能达到实质性的交易。目前发布信息的方式也多种多样，有传统的技术洽谈会、项目推介会、企业走访，也有利用网络载体汇集信息，扩大影响。

（2）信息匹配。依据熊彼特的观点，需求的实现是一个学习的过程，是一个信息传播的过程，信息匹配的实质是打通技术供方和技术需方的信息传播渠道，同时也是对征集信息再加工的过程。服务机构为技术需方或技术供方提供的信息进行技术、市场与政策方面的初步调查和分析建议，辅助技术需方或技术供方对技术作出初步判断，根据创业投资、产业投资及关注高科技事业的各类投资者的特定委托，提供项目信息、行业发展信息及行业政策咨询，协助交易者策划项目可行性报告或商业计划书，寻找意向合作方，从专业角度来最终实现供需信息匹配。

（3）成果推介。服务机构组织各类技术推介、交流、难题招标服务达到信息扩散。由于技术商品不同于其他商品，因此在推介过程中还要提供增值服务，如对委托项目进行评估，为交易双方是否进行合作提供决策咨询意见，包括技术本身的评估、对技术应用条件与环境的评估、对技术应用效益评估。并根据项目实际问题，邀请有关专家，适时安排技术论证、项目可行性论证会，为交易主体的洽谈提供便利，如组织考察、安排洽谈、提供必要的诚信调查，协助交易主体筛选、推荐和安排意向洽谈，促进科技成果的高效转化。

（4）成果交易。在技术交易双方初步达成意向后，服务机构发挥技术市场场所服务功能，一是提供谈判支持，在技术采用方或技术投资者对项目估值认可后，协助双方就技术交易的条件、价格、合作期限、存在风险等问题进行协商以求达成一致；二是根据交易洽谈的情况，协助确定交易形式，包括协议成交、场内竞价等；三是提供合同见证，对双方签订的合同中格式、内容、条款提出建议，有效规避以后在合同执行中可能出现的风险，通过服务机构第三方的见证，也有利于技术交易的实施。

（5）产业化服务。技术交易最终目的是优化经济结构、提升创新能力、实现产业升级调整。服务机构不能仅仅限于成果转化落地，还可以为项目实施方提供以下服务：一是协助项目建设，在技术实施阶段或项目建设阶段，提供资金筹措、落实场地、设备、配套协作条件；二是协助项目建设的组织与实施，各类人员的配备与招聘培训；三是协助和支持企业解决技术项目正常运营的问题，包括新产品鉴定、质量认证，经营发展实施方案制订、产品促销、销售网络建设，工艺技术的稳定与完善，设备维修与配件落实，管理体系的建立等。

(6) 相关配套服务。技术交易后的相关配套服务有多种形式，如可以提供技术交易相关优惠政策的落实。近年来我国制定了一系列促进科技创新的政策法规，如《中华人民共和国企业所得税法实施条例》、《关于将铁路运输和邮政业纳入营业税改征增值税试点的通知》对技术转让、技术开发的可享受免征增值税的税收优惠，技术转让500万元以下免征企业所得税，500万元以上减半征收的税收优惠。服务机构可依据国家、地方的相关法律法规为技术交易双方提供政策落实服务，提升技术交易的活跃度，同时也可以发挥技术交易信息网络平台服务效能。随着互联网的快速发展，计算机网络快速传递、交流信息的优势已超过其他媒体服务。技术交易通过网络平台有效地提高了技术商品信息的传播速度，使技术交易以信息传递、交流、交换为基础的科技商品交易得到新的发展条件。技术交易服务机构应加强信息网络平台建设，充分发挥其效能，提高技术交易相关资源利用率，降低开发和交易成本。

在技术交易服务过程中应遵循以下一些原则：

(1) 共享原则

共享原则主要包括信息与服务的共享。科技成果、技术难题、政策法规、产业动态等各类技术交易相关信息是技术交易服务机构的核心资源，服务机构通过将各类信息进行标准化、规范化处理，实现信息共享，最大限度满足客户要求，促使交易成功。技术交易服务机构依托技术交易平台，为技术交易各类主体，包括企业、高等院校、科研院所、政府机关等提供标准规范技术中介服务，提升技术交易效率。

(2) 共建原则

互联网时代使信息传递发生了革命性的改变，技术交易不可避免地受到影响。技术交易服务信息网络平台在大幅度增加储存技术商品数量、增加配套服务功能、提高服务效率方面的作用至关重要。但就我国目前实际状况，技术交易服务机构独自承担信息网络服务平台的建设明显力不从心，因而在政府的支持下，技术交易服务机构主导，技术交易各类主体共同参与，共同搭建势在必行。

(3) 共赢原则

共赢原则是指能够保障各类技术交易主体通过技术交易获益。技术所有人通过提供研发、转让、咨询等服务取得收益，技术受让方通过获取技术进行产业创新获取收益，技术交易服务机构通过提供信息服务、授让知识产品获得收益，有些机构还全程参与技术的产业化，从高新技术产业化之后的收益中获得利润。

2.2 技术交易服务规范内容

2.2.1 范围

技术交易服务规范适用于以技术交易、地方技术合同登记、技术交易的减免税为中心内容的各类技术交易活动。对技术交易服务中的术语和定义、服务受理条件、服务流程、服务要求作了相应的规定。

2.2.2 规范性引用文件

制定技术交易服务规范的主要依据是国家、地方相应法律法规，包括以下：

《中华人民共和国合同法》

《中华人民共和国促进科技成果转化法》

《中华人民共和国企业所得税法实施条例》

《关于印发〈技术合同认定登记管理办法〉的通知》(国科发政字[2000]063 号)

《关于印发〈技术合同认定规则〉的通知》(国科发政字[2001]253 号)

《关于实施〈国家中长期科学和技术发展规划纲要(2006—2020 年)〉若干配套政策的通知》(国发[2006]6 号)

《江苏省技术产权交易管理暂行规定》(苏科成[2003]396 号)

《关于印发〈职务技术成果挂牌转让实施细则(试行)〉的通知》(苏科成[2007]12 号)

《关于将铁路运输和邮政业纳入营业税改征增值税试点的通知》(财税[2013]106 号)

2.2.3 术语和定义

技术交易服务规范中对以下术语进行定义。

❖ **交易 Dealing**

技术交易或技术产权交易，即拥有技术或技术产权的权属方通过协议、竞价(含拍卖)、招标、合作开发等不同形式出让其所拥有的全部或部分技术或技术产权的过程。

❖ **交易主体 Deal's actor**

出融资或有投资需求的交易让与方、受让方及其代理机构，是具有完全民事行为能力的自然人、法人或其他经济组织。

❖ 项目挂牌 Release the project

通过特定的网络渠道对外公开发布交易项目信息。

❖ 技术合同 Contracts for technology

当事人就技术开发、转让、咨询或者服务订立的确立相互之间权利和义务的合同。

❖ 技术开发合同 Contracts of technique development

当事人之间就新技术、新产品、新工艺或者新材料及其系统的研究开发所订立的合同。

技术开发合同包括委托开发合同和合作开发合同。

(1) 委托开发合同是一方当事人委托另一方当事人进行研究开发工作并提供相应研究开发经费和报酬所订立的技术开发合同。

(2) 合作开发合同是当事人各方就共同进行研究开发工作所订立的技术开发合同。

❖ 技术转让合同 Contracts of technique transfer

技术转让合同包括专利权转让、专利申请权转让、技术秘密转让、专利实施许可合同。

(1) 专利权转让合同，是指一方当事人(让与方)将其发明创造专利权转让受让方，受让方支付相应价款而订立的合同。

(2) 专利申请权转让合同，是指一方当事人(让与方)将其就特定的发明创造申请专利的权利转让受让方，受让方支付相应价款而订立的合同。

(3) 技术秘密转让合同，是指一方当事人(让与方)将其拥有的技术秘密提供给受让方，明确相互之间技术秘密使用权、转让权，受让方支付相应使用费而订立的合同。

(4) 专利实施许可合同，是指一方当事人(让与方、专利权人或者其授权的人)许可受让方在约定的范围内实施专利，受让方支付相应的使用费而订立的合同。

❖ 技术咨询合同 Contracts of technique consultant

技术咨询合同包括就特定技术项目提供可行性论证、技术预测、专题技术调查、分析评价报告等合同。

❖ 技术服务合同 Contracts of technical Service

技术服务合同是指当事人一方以技术知识为另一方解决特定技术问题所订立的合同，不包括建设工程合同和承揽合同。

技术服务合同的另外两种形式：

(1) 技术培训合同是当事人一方委托另一方对指定的专业技术人员进行特定项目的技术指导和业务训练所订立的合同。

(2) 技术中介合同是当事人一方(中介方)以知识、技术、经验和信息为另一方与第三方订立技术合同、实现技术创新和科技成果产业化进行联系、介绍、组织工业化开发并对履行合同提供专门服务所订立的合同。

2.2.4 总则

1) 交易服务机构应具备的基本条件

(1) 交易服务机构应设置固定交易场所开展交易服务工作。

(2) 交易服务机构应配备专人(机构服务受理人员)负责从事交易服务工作。

(3) 交易场所应配置计算机和宽带网络，并确保其正常运行。

(4) 交易服务应建立项目交易规范，并上报上级行政主管部门备案。

(5) 交易服务机构应提供必要的经费保障交易服务行为的正常开展。

2) 交易规则

交易主体、机构服务受理人员及其他交易参与方应自觉遵循诚实信用和公平、公开、公正的原则，确保交易服务行为的正常开展。

2.2.5 服务流程

技术交易和技术产权交易按照申请登记、审核验证、挂牌上市、查询洽谈、成交签约、结算交割、变更登记、技术合同登记及减免税等科技服务的程序进行。服务流程见附录A。

1) 需求登记

交易主体提出登记申请，填写《需求/挂牌登记表》，见附录B。

凡委托交易服务机构进行项目投资的交易主体，应填写《项目需求登记表》，见附录B中的表B-1。

凡委托交易服务机构进行项目融资的交易主体，应填写《项目挂牌登记表》，见附录B中的表B-2。

凡委托交易服务机构进行挂牌交易的交易主体应如实、完整地填写《需求/挂牌登记表》及其他相关表格。

交易主体应保证填报的信息以及相关材料真实、可靠且合法，并承担由此产生的一切法律责任。

交易主体提供与《需求/挂牌登记表》及其他相关表格相对应的书面材料与电子版材料。

交易主体应出具相关的佐证材料，包括有：企业营业执照、法人身份证复印件或个人身份证复印件、出让产权的归属证明和出让批文、出让技术的专利证书或专利受理文件证明、技术鉴定证书或产品检测报告、项目可行性分析报告或商业计划书、交易服务机构需要提供的其他材料。

2）需求挂牌

机构服务受理人员对交易主体提交的所有材料，在规定的工作时间范围内，进行形式审查。在审查无疑义的情况下，出具准予挂牌的通知。

形式审查内容包括：

（1）登记表所有款项填写的完整性、规范性。

（2）佐证材料品种、数量、格式应符合规定要求。

（3）项目纸质材料与电子版材料一致。

（4）提交的项目材料内容（技术或信息）根据有关国家法律、法规规定审查是否涉及危害国家经济利益或安全利益等。

（5）对于涉及药品、食品、工程安全的项目，应审查是否具备相关主管部门颁发的有关资格证书。

（6）机构服务受理人员应与委托交易的交易主体进行沟通，确保其所提交的材料符合本交易服务机构的挂牌要求，对于审核未通过的不符合要求的需求登记应给予备案，留下处置记录，并出具不予挂牌上市的理由说明。

（7）对准予挂牌项目的书面材料与电子版材料进行归档整理，明确机构服务受理人员名单和交易服务时限，并依照项目类别对挂牌项目进行项目编号，启动挂牌工作。

3）信息发布

机构服务受理人员将挂牌需求的完整资料输入本交易服务机构内部交易系统，并以下列形式公开发布：

（1）挂牌上市。

（2）网站推广。

（3）组织各类交易推介会。

（4）新闻媒体宣传推介。

（5）交易服务机构的内部网络定向发布。

(6) 其他方式。

4) 挂牌交易

交易主体可根据挂牌交易的项目信息进行考察、调研、咨询、论证,并进行意向性洽谈。

2.2.6 服务内容

技术交易机构服务受理人员应对交易主体洽谈、对接的全过程给予跟踪、指导和监督。

技术交易服务内容包括:

① 协助交易主体筛选、推荐和安排意向洽谈。

② 根据需要,邀请有关专家,适时安排技术论证、项目可行性论证会。

③ 根据交易洽谈的情况,协助确定交易形式,包括协议成交、场内竞价等。

④ 指导和协助技术或技术产权让与方对项目进行有效包装和商业策划。

⑤ 为交易主体的洽谈提供便利,如组织考察、安排洽谈、提供必要的诚信调查等。

⑥ 接受交易主体的委托促进项目的进一步合作。

1) 交易见证

(1) 合同签订

交易主体就交易的各项实质性条件达成协议后,在机构服务受理人员的主持下,按《中华人民共和国合同法》的有关规定签订技术交易或技术产权交易合同。交易合同经交易主体签字盖章后,由交易服务机构出具交易见证,并给予交易备案。

如若交易主体未能在机构服务受理人员主持下签订技术交易或技术产权交易合同,该交易合同生效后必须经得机构服务受理人员的审核确认方可交易备案,且在出具的交易见证中应注明机构服务受理人员未能主持合同签订的缘由。

(2) 交易合同

技术交易及技术产权交易合同一式三份,交易主体的双方各持一份,交易服务机构存档备案一份。交易合同应载明下列内容:

① 交易标的。

② 交易主体的名称、住所、法定代表人。

③ 交易价格及支付方式和期限。

④ 债权、债务的承继及清偿方式。

⑤ 技术及技术产权交割事项。

⑥ 违约责任。

⑦ 合同争议解决方式。

⑧ 签约日期。

⑨ 需要约定的其他事项。

(3) 交易见证

交易见证应载明下列内容：

① 交易主体的名称及法定代表人。

② 交易标的。

③ 交易的价格、支付方式和期限。

④ 签约日期。

⑤ 交易合同的备案编号。

(4) 结算交割与登记变更

技术交易机构服务受理人员监督和协助交易主体按照合同约定及有关法律法规办理结算交割和变更登记等有关手续。

2) 技术合同登记及其他服务

机构服务受理人员按技术合同登记减免税流程及享受其他国家有关优惠政策的相关手续协助办理相关服务。

❖ **技术合同登记**

一般技术合同登记减免税流程见附录 C。

(1) 登记认定申请

申请免税单位签订技术合同后，带原件和复印件到所在地区的技术合同登记机构提出认定登记申请，技术合同登记机构对当事人所提交的合同文本和有关材料进行审查和认定。审查事项如下：

① 是否属于《中华人民共和国合同法》所列明的技术合同，合同条款是否违反现行法。

② 是否属于技术转让、技术开发、技术咨询、技术服务或与技术转让(技术开发)有关的技术咨询(或技术服务)合同。

(2) 经登记的合同取得的技术性收入，应开具增值税普通发票，并可凭开具的发票及奖酬金提取成本核算表单办理技术奖酬金的审批、提取事宜。

(3) 减免税办理

在申请期限内，填写申请免税登记表，送审批部门审批通过后，再送各申请免税单位所在税务分局，按税务机关规定办理相关手续。

（4）审批程序

① 提交的各类文件、资料进行初审。

② 是否属于《中华人民共和国合同法》所列明的技术合同。

③ 是否属于技术转让合同或者技术开发合同。

④ 核定技术性收入，扣除商标使用费或类似性质的收入，样品、样机、设备的价值。

2.2.7 服务要求

1）服务受理

机构服务受理人员应在规定的时间内接受交易主体或其委托机构提交的所有有关交易的资料，并依照交易服务机构的规范要求，对提交的资料进行分类保存、归档，及时做好记录工作。

2）资料的保存与维护

技术交易服务中相关资料的保存与维护包括以下三点：

（1）项目相关登记、挂牌、交易等纸质材料应分类有序保存，同时应具备防潮、防霉、防水、防火、防盗的保存条件。

（2）项目相关登记、挂牌以及交易等电子材料应标识、分类、备份、防病毒。

（3）机构服务受理人应做好纸质材料和电子材料的保密工作，不得外泄。

2.3 技术交易服务规范意义

制定技术交易规范可以提高技术交易与技术产权交易的质量，规范受理服务程序，可以全面提升技术交易机构的服务能力，促进技术交易服务行业可持续发展。主要体现在以下几个方面：

2.3.1 有利于营造良好的技术交易环境

由于技术作为商品的特殊性，在交易过程中对技术价格难以评估，只能以交易双方协商确定，且技术交易存在的高风险使技术交易也有别于其他商品交易，技术交易服务规范可以对技术交易过程进行监控，保护技术交易双方的权益，规范技术交易服务业市场秩序，为不同类型的创新主体公开、公平、公正地参与到技术交易中，提供了公平、诚信的技术交易环境。

2.3.2 有利于提高科技成果转化效率

服务规范对技术交易服务过程中服务受理方从服务需求登记、挂牌、交易到交易见证、技术合同登记、交易减免税流程以及资料归档与维护全过程提出详细要求，并明确了服务被受理方在技术交易过程中必需遵守和履行的各类要求、手续，对技术交易的全过程进行细化要求，明确交易双方的职责，通畅信息渠道，极大地降低服务业发展的成本与风险，从而有效地提升技术交易的成功率。

2.3.3 有利于提升技术交易机构服务能力

技术交易服务规范作为行业性服务标准，使技术交易的管理和业务开展有相应的依据，引导技术交易服务机构完善自身服务功能。通过技术交易机构服务规范化建设，可以发现技术交易服务工作中的薄弱环节，提升工作人员服务水平，增强服务机构的自我发展能力，保障技术交易服务机构的可持续发展。

2.3.4 有利于强化创新要素集聚

技术交易的活跃程度与各类资金、人才、技术、知识产权等创新要素的汇聚密不可分，服务规范可以在更大范围、更广领域内促进技术市场及其与其他创新要素的优化组合，通过市场化的配置方式能反映市场需求，实现创新要素价值最大化，实现创新要素共享，无障碍流动，更好地提高创新资源配置效率。

3 技术交易主体

《国家中长期科学和技术发展规划纲要(2006—2020年)》中指出:国家科技创新体系是以政府为主导、充分发挥市场配置资源的基础性作用、各类科技创新主体紧密联系和有效互动的社会系统。国家创新体系是社会经济与可持续发展的引擎和基础,是提升国家综合实力和国际竞争力的制度保证,其主要功能是知识创新、技术创新、知识传播和知识运用。技术创新的核心是科技与市场的结合,在获得科研成果的同时,最终要将研发成果商品化。技术交易正是实现技术创新的途径,通过技术交易能够推动知识创新、技术创新的推广和应用。由此可见技术交易是国家创新体系建设中不可或缺的环节,通过技术交易可以实现新技术、新知识的有效扩散普及,技术交易的繁荣程度体现了技术创新的活跃程度。在我国技术交易过程中,交易双方的构成主要包括政府机关、事业单位、社团组织、企业法人、自然人及其他组织等,目前我国技术交易活跃程度较高的主体有企业、高等院校、科研院所、技术中介机构。

3.1 企业——技术创新主体

3.1.1 技术创新主体基本内涵

技术创新不是一个单纯的科技概念,也不是简单的科学发现和发明过程,其核心涵义是一种新的经济发展观。通过技术创新,可以将科学技术转变为产业竞争力,最终成为整个国民经济的竞争力。

技术创新是人类独有的具有创造性的活动,在技术创新的过程中包括技术需求提出、技术研究开发、产品的小试、中试试验、技术的商品化和产业化等阶段,而技术创新主体是指在上述过程中具有技术创新的动力和能力的决策方,在创新过程中进行投入研发经费的参与方,全程参与创新活动的组织者、决策者,最终在创新中获得收益的承担者。简而言之技术创新主体可分为研究开发主体、技术创新决策主体、技术创新投入主体、技术创新收益主体,包含企业、政府机关、高等院校、科研院所、科技中介机构、社会团体等机构。

技术创新主体有以下一些特征：

（1）具有对技术创新活动自主的决策能力。是为了解决企业面临的生产技术和管理技术问题，以客户需求为出发点，综合考虑市场因素，将技术与需求进行有效匹配，有能力、有决断地选择技术创新项目和技术创新活动方案，并将创新决策方案进行实施推动的主体。从我国技术创新的现状来看具备决策能力的技术创新主体以企业居多。

（2）具有进行技术创新活动所要求的能力。国内学者安江英、田慧云等认为技术创新能力由两个相互关联的部分构成，一是对已有技术知识的学习、改进和再应用；二是研究开发新工艺、新技术、新产品。这就要求技术创新主体的创新能力不仅拥有技术创新的知识储备，有能力利用自身拥有的技术，开展创新活动，而且需要具备开展技术创新的保障，如创新所需的研究设施、研究经费、研发团队等，保障科技成果转化为现实生产力，满足可持续发展的要求。

（3）承担技术创新活动的风险责任。在技术创新活动过程中，技术创新主体要有能力承担由于政策环境影响、经济环境变化、市场环境调整、技术性风险、研发资金限制、管理水平有限等不确定因素影响导致技术创新的全部或部分失败引发的损失，特别是技术性风险是众多因素中的关键问题。技术创新具有高风险的特质，主要有：一是研发人员现有认识水平、技术水平的限制，对创新技术发展动态不能准确把控，导致技术研发半途而废；二是技术本身成熟度不高，导致技术项目不能商品化、产业化；三是创新技术新陈代谢速度快，导致某个新技术还在研发过程中，比它更新的技术已经诞生。

（4）获取技术创新活动的收益权力。技术创新的最终目标是通过科技成果商品化、产业化推动生产力的提升，科技成果商品化、产业化的过程也是技术创新主体获得收益的过程。企业通过产品更新、产业升级提高经济效益，获取自身领域内商业利润，高等院校、科研院所通过转让新技术、新工艺，提供技术服务获取技术性收入，科技中介机构在技术创新中提供技术交易平台获取服务收益。

（5）具备技术创新活动中学习提升的能力。技术创新主体一般善于不断学习，为实现共同目标，提升自身能力。技术创新主体通过创造良好的学习条件，调动成员成为真正的学习主体，营造能充分发挥个体主观能动性的学习氛围，构建涵盖知识生产、分配、交流与交换、利用及产业化经营等全过程的知识管理体系，为主体自身积累价值创造能力，学习的最终目的是实现创新主体和员工个体的共同进步与可持续发展。

3.1.2 企业技术创新主体的基本内涵

经济全球化的今天，企业是经济活动中最活跃的元素，国与国之间、区域与区域之间的竞争，具体表现为企业之间的竞争，最终表现为企业技术创新能力的竞争。国务院发布的《关于强化企业技术创新主体地位全面提升企业创新能力的意见》指出了企业作为技术创新主体的重要地位。政府要进一步完善引导企业加大技术创新投入的机制，支持企业建立研发机构和推进重大科技成果产业化，完善面向企业的技术创新服务平台等政策。《意见》要求，要培育发展一大批创新型企业，企业研发投入明显提高，大中型工业企业平均研发投入占主营业务收入比例提高到 1.5%。《意见》强调，科技、财政、工会等有关部门和单位要建立深入实施国家技术创新工程的联合推进机制，发挥各自优势，加强协同创新，形成工作合力。

企业技术创新主体是指企业在技术创新全过程中发挥着主导作用，我国政府强化企业技术创新主体地位的主要原因在于：一是由于企业是技术创新的需求方，是技术的应用者，这与创新技术的源头——高等院校和科研院所不同，只有产业内部的技术需求和创新意愿才会引发技术创新的发生。二是技术创新是一项与市场密切相关的经济活动，要求研究开发、生产制造和销售之间的密切配合与协调，受到市场机制的激励和约束，企业长期处于市场环境中，适应其波动变化。三是技术创新的决策判断、研发方向离不开产业信息、发展动态等相关专业知识，企业作为技术创新的应用者与市场紧密联系，了解市场和消费者的需求，是相关产业整体状态信息的专家。

作为技术创新主体的企业是指在市场经济条件下，具备现代企业制度的企业。企业规模的大小并不是企业是否成为技术创新主体的决定条件。目前我国在工商管理部门登记注册的中小企业已达到 430 多万户，个体经营户达到了 3 921.6 万户，占到企业总数的 99.6%，提供城镇新增就业岗位的比例占 75%，创造的最终产品和服务价值占中国国内生产总值的 58.5%，社会销售额的 58.9%，上缴税款占 48.2%。由此可见科技型中小企业与大企业在技术创新中地位同等重要。大型企业具有较强大的资金和技术实力，它们能够独立从事产品更新及工艺创新；而科技型中小企业具有反应迅速、机制灵活的优势，只要具备技术创新条件，如资金投入、政策扶持等，技术创新积极性会更高。从目前我国专利的 66%由中小企业发明，74%以上的技术创新由中小企业完成这一数据可见，中小型企业的创新能力并不低于大型企业。但我国企业在技术创新活动中存在明显不足，如高水平技术创新成果较少、高层次人才缺乏、基础研究缺位、应用研究严重不足等诸多因素，这些因素严重影响了企业技术创新主体作用的发挥。

3.1.3 建立企业技术创新主体的重要性

1）促进经济发展的重要手段

在市场经济条件下，企业不仅具有技术创新的主要特征，而且企业与市场密切联系，能够发现并准确把握技术创新的方向，在企业的主导参与下，促进科技成果向现实生产力转化。企业一是参与研发投入，决定技术创新选题立项；二是把握技术创新方向，组织和推动创新活动开展；三是选择创新成果实施时机，推进科技成果产业化；四是承担技术创新风险，同时获取技术创新的巨大利益。企业通过不断为社会提供产品或服务，促进国民经济的发展，其自身属性决定了在技术创新活动中能够获得生存和长久发展。企业的自然属性，即企业生产产品的行为就是一种潜在的创造过程。企业生存目标就是通过不断降低成本，改造工艺，提高效率，满足市场不断发展的需求，从而获取超额利润。在市场经济条件下，企业通过新产品、新技术、新工艺开发，不断进行技术创新，才能保持竞争中的优势。由此可见市场竞争优胜劣汰的规则强化了企业进行技术创新的需求，同时使一些技术创新能力差的企业在市场竞争中被淘汰。企业经过市场的优胜劣汰，不断创新，提升生产力，促进经济进步。

2）有助于我国自主创新能力的提升

目前我国整体创新水平不高，企业创新能力较为薄弱，自主创新成果偏少，对外技术依赖程度偏高，一般依存度达60%以上，在很多领域没有具有自主知识产权的核心技术，从而导致国家战略产业发展的关键技术难以突破，大量的科研成果无法直接转化为现实的生产力。其主要原因在于大多数企业发展仍处于依靠资源消耗进行外延式扩张状态，使我国经济发展无法突破人口、资源和环境三大制约，无法转变经济增长方式，走上依靠自主创新发展的道路。同时由于企业没有真正成为创新决策、研发投入、科研组织和成果应用的主要承担者，在市场化和全球化竞争中明显处于被动状态。因此只有企业在技术创新活动中发挥主导作用，才能有效推动我国自主创新能力的提升。

3）建设创新型国家的有力支撑

创新型国家发展的历程，是企业技术创新不断推进的过程。企业在技术创新转化为现实生产力的过程中，发挥着不可替代的主导作用。世界工业化、现代化历史都表明，新兴产业的崛起、新兴国家的强盛，都源于企业在技术创新上的突破和商业化的运用，引导新思想、新知识、新发现、新发明、新技术、新产品、新工艺、新生产方式以不同形式、不同状态此起彼伏地出现，推动科技成果转化，提升生产力水平，持续支撑国家经济、社会和科技的发展。由此可见企业技术创新活动对于提高国家的创新能力、转变国家经济增长方式起到了关键作用，必须不断提升企业技术创新能力，确立企业技术创新主体地位，使企业成为建设创新型国家的重要支撑。

3.1.4 建立企业技术创新主体的建议

1）鼓励企业建立研发机构

企业研发机构是企业设立的具有自主研究开发能力的技术创新组织，是企业技术创新的内生动力。鼓励企业建立研发机构，可以集聚科技创新资源，持续开发新技术、新产品、新工艺,可以增强企业核心竞争力、促进企业转型升级,从而进一步加快转变经济发展方式,带动区域的行业进步和产业升级。

在鼓励企业建设研发机构的基础上,一是要选择符合条件的企业建设重点实验室,围绕产业战略需求开展基础研究;二是要在行业骨干企业内建设工程技术研究中心、工程实验室,支持企业开展技术成果工程化研究;三是要针对重点行业和技术领域的特点和需求,建设企业产业共性技术研发基地,加强共性技术研发和成果推广扩散,推动产业更新升级。

2) 引导企业进行产学研合作

在高科技迅猛发展的时代,产学研合作模式已经成为推动经济、社会发展的助推剂。产学研合作是指企业与高等院校、科研院所之间的技术创新合作,通常企业以技术需求为主导,高等院校、科研院所提供科技成果引导创新,通过各种生产要素的有效组合促进企业技术创新。

在鼓励企业与高等院校、科研院所进行产学研合作时,一方面要鼓励高等院校和科研院所对企业技术创新的支持,推动科研院所、高等学校科研成果直接面向企业、面向市场,引导企业与高等院校、科研院所共建研发机构,共建学科专业,实施合作项目,加强对企业技术创新的理论、基础和前沿先导技术支持。另一方面要支持行业骨干企业与高等院校、科研院所建立以企业为主导的产业技术创新联盟,联合开发、优势互补、成果共享、风险共担,重点开展以下工作:一是研发重大创新产品,掌握核心关键技术,构建产业链;二是改造提升传统产业,开展共性技术攻关,解决制约产业升级的难题;三是发展现代服务业,加强技术创新、商业模式创新和管理创新。

3) 加强科技人才队伍建设

专业技术人才和高技能人才队伍作为企业生存发展的动力和助力,是企业技术创新的关键因素。企业一方面对现有企业科研和管理骨干以培训、进修等方式提升其科技创新能力,并适当引进高层次人才补充现有科技人才队伍,通过建立和完善知识、技术、管理等要素参与分配的制度和措施,充分调动企业科技研发人员的积极性和创造性,保持创新人才队伍活力;另一方面充分利用高等院校、科研院所人才资源优势,引导高等院校、科研院所的科技人员到企业兼职进行技术开发,并与高等院校、科研院所共同培养技术人才,培养出既懂技术、又懂市场的复合型创新人才。

4) 建设共享性企业技术创新平台

企业技术创新平台的建设一般是在政府大力支持下,面向企业技术创新需求,围绕地方特色优势产业和战略性新兴产业发展要求,由科技中介服务机构主导建设,具有技术转移、技术研发、检验检测、技术服务、资源共享、人才培训等功能。企业技术创新平台建设对促进科技资源优化配置和高效利用同样起着不可或缺的作用。科研院所、高等院校的科研设施和仪器设备等科技资源通过平台向企业开放使用,重点实验室、工程实验室、工程研究中心等科技资源通过平台为企业开放服务,使科技资源达到合理配置,充分发挥优势互补功效。因此企业技术创新平台作为培育和发展高新技术产业的重要载体,已成为科技进步、社会发展、经济增长的加速器,为提升企业核心竞争力提供支撑。

3.2 高等院校、科研院所——技术输出源头

3.2.1 高等院校

高等院校一般指按照国家规定的设置标准和审批程序批准举办的,通过全国普通高等学校统一招生考试,招收高中毕业生为主要培养对象,实施高等教育的全日制大学、独立设置的学院和高等专科学校、职业技术学院。大学、独立设置的学院主要实施本科层次及以上教育,高等专科学校、职业技术学院实施专科层次及以上教育。全国现有高等院校共计 2 845 所,我国通过在高等院校中实施 985 工程、211 工程等,着重建设了一批国际一流大学和一批国际知名的高水平研究型大学,其中 985 高校有 39 所、211 院校有 116 所。从教育部编写的《2013 年高等学校科技统计资料汇编》数据中可以看到,我国高等院校知识储备和研发力量非常丰富。2012 年在所统计 1 036 所高校中具备中级以上职称的科研人员数为 826 435 名,共拥有研究与发展机构 6 097 所,研发机构中科研人员数为 93 262 名,当年科研项目达 158 324 项。

1) 高等院校技术输出的特点

(1) 高校成果成为技术输出主力

高等教育是一个高投入、高消费、滞效益的领域,高校肩负着为社会培养人才、科学研究、服务社会三大职能。改革开放以来,国家实施“科教兴国”战略,为建设国际一流大学和高水平研究大学,先后实施 985 工程优势学科创新平台项目、211 工程(面向 21 世纪,重点建设 100 所左右的高等学校和一批重点学科点)、高等学校创新能力提升计划、高等学校学科创新引智计划等项目。通过一系列项目的推进,我国高校在国家和行业发展急需的重点领域、科技发展战略和学科前沿有了重大突破,高校的科技创新能力和解决制约经济社会发展的重大瓶颈问题的能力大幅度提升,同时越来越多的科技成果走进企业、走入市场,高校与企业的结合日趋紧密,科技成果优势不断转化

为经济优势。高等院校成为人才资源、技术创新资源、研发设备等相关技术创新资源的集聚区域。

(2) 产学研合作发展不平衡

科技成果的应用方一般为生产企业。不同类型高等院校参与产学研合作的程度不一,工科类的高等院校成为高校产学研合作的主流,而医学类、农业类高等院校产学研合作的发展规模相对较小,而入选“985 工程”“211 工程”的高等院校由于自身实力水平普遍高于其他院校,产学研合作实力在全国高校中居于前列。从区域分布来看,北京市、江苏省、上海市、四川省、辽宁省、陕西省、湖北省、浙江省等省市所在地区高等院校密集,因而产学研合作规模较大。

(3) 技术输出模式多样化

经过近 10 年的发展,我国高等院校技术输出模式也呈现多元化发展趋势,技术输出模式由最初的技术转让、委托开发、技术服务、技术咨询等较为简单的技术输出方式逐步向更深层次的长期稳定的技术输出层面发展,基于双方共同需要的长期合作伙伴关系或战略合作关系的合作不断涌现。

2) 高等院校技术输出的合作模式[3]

(1) 综合性合作模式

综合性合作模式能够较综合地提升高等院校创新能力,主要体现为一对多或多对多的合作,主要有共建高新技术园区、高校科技园和高新技术开发区等教学、科研、生产联合体,参与主体主要有政府、企业、高等院校和中介服务机构等。该模式的技术输出合作的目的具有多样性,既能够培养创新型人才,又能够研发创新科技成果,同时产生一定的经济效益。在这种技术输出合作模式中,高等院校的人才和科研优势能够充分得到发挥,有效促进社会经济的发展。

高新技术园区由高科技导向型企业、高等院校及其他高等教育机构组成,其功能是在高等院校与企业之间建立联系及沟通技术转让、技术交流的渠道。高新技术园区是发展高新技术产业的重要措施,创新和地域综合体是高新技术园区的两个本质特征。高新技术园区是一定地域范围内,由一系列积极为园区的企业和其他机构转让技术和管理技能的部门和设施组成的,以促进科技成果产业化的创新活动为基本功能的地域整体。

高等院校在各类科技联合实体中发挥着举足轻重的作用,也对高等院校的创新力提出了挑战。高等院校要不断适应社会和企业对人才和技术的发展要求,积极参与技术输出合作活动,从而提高高等院校的教学创新力、科研创新力和服务创新力。

(2) 生产经营型合作模式

生产经营型合作模式围绕开发生产科技含量高，提升高等院校对社会的服务创新力附加值大的科技新产品，是以市场需求为导向，提高企业效益为目标，切实服务社会生产而开展的合作。例如高校以技术入股企业、高校向企业转让科技成果、自办企业等，这些模式都是实现科技成果向现实生产力转化和技术输出的有效途径，都能够实现高等院校的社会服务职能，提升高等院校的社会服务创新力。

高等院校自己办企业，将科研成果直接转给校办企业是高校依靠自身的力量实现科技成果转化的一种形式，通过这种技术输出的合作，高校科技成果转化的途径得到了拓宽，解决了校办企业进行科技成果转化中遇到的资金不足等问题，也使高校可以集中力量进行教学和科研，提高其科技成果转化的效率。

高等院校以技术入股企业是指学校、学院或者是学校的科技人员以专利技术、非专利技术等科研成果作为出资，企业以现金、实物等作为出资，共同组建有限责任公司或股份有限公司，由该公司去实现技术的商品化和产业化，双方按照投入的多少占得企业的股份。在这种方式下，学校不需要投入资金，把知识产权评估作价入股，不承担任何经济风险，全部资金由风险投资公司或大公司注入。技术入股能够使学校更关心企业的长期发展，但又不过多干涉企业的日常经营。对于企业来说，不需为采用新技术事先支付技术转让费，降低了实现新技术商品化、产业化的门槛和风险，提高了企业实现技术商品化、产业化的积极性。这种产学研合作的模式可以使校企之间实现优势互补，分担风险，促使双方进行较长期的合作。

(3) 中介协调型合作模式

由于一些高等院校与企业的合作模式的合作主体都是直接利益方，在合作的整个过程中，有的分歧难以消除，如技术成果的成熟度问题、资金投入是否到位、产品开发与市场进入是否有效、权益与利益的拥有与分配标准等。另外，有合作意向的不知找谁合作，接触过的没有合作共同点，有合作共同点的又没联系上，诸如此类的情况导致校方成果价值与企业方的市场机会流失。

于是，近年出现了以中介机构为纽带的合作模式。中介机构有政府的生产力促进中心、高校产业推广服务中心、社会科技推广服务机构以及一些媒体附属的科技成果传播机构等。这些机构既不研究，也不生产，是地地道道的产学研合作“媒人”，是促进合作成功的一个有效环节。其特点是：广泛收集技术输出合作的供需信息，多形式传播信息，主动牵线搭桥，以中介人的身份协调各方分歧，并提供某种形式的担保，负责信息真实性的调查与利益分割等，在一定程度上降低供需多方的风险程度，促进合作成功。该模式虽然出现的时间不长，但成效非常显著。

3.2.2 科研院所

科研院所作为科研的主要承担机构，是重要的创新来源和知识库。我国现有的科研院所包括政府设立的研究机构和民间非营利性科研机构。科研院所不仅开展专业性的基础研究，还要与市场经济密切相联，将自己研究领域的科研项目与企业产品研发相结合，促进科技成果快速转化为生产力，从生产实践中寻找研究课题，再将研究成果应用于实践，不断形成良性循环，促进社会经济发展。目前国家为了使科学技术产生最大的经济效益，提升国家竞争力，实现社会发展目标，在基础研究和应用研究上的投入不断增加，科研院所规模也在不断壮大。

1）科研院所技术输出的特点

(1) 外部性。外部性又称为溢出效应、外部影响，外部性指的是一个经济主体的经济活动在市场之外影响了其他经济主体，却没有为之承担应有的成本费用或没有获得应得报酬的现象。科研院所是专门从事知识的研究与开发的组织。公益科研院所的研究具有明显的正外部性。开发类院所由于知识的溢出效应，只要研究机构愿意公开科研成果，所有的使用者都可从中受益。

(2) 资源性。科研院所是智力资本丰富的地方，在科研生产中，虽然土地、劳动和资本等传统生产要素仍然起着作用，但创造价值的是具有科技创新能力的科技人员。科研院所的核心资源是人力资本，科研人员依靠知识的积累，通过创意、综合分析、技术集成、设计、试验阶段、开发、生产、销售的系列过程，进行科技创新。体现在科技人员身上的资本主要以隐性知识的形式存在，隐性知识具有长期积累和传递困难的特点，一旦隐性知识资产与院所的其他资源——如政府资源等相结合，就会形成科研院所独有的资源优势。

人力资源是科研院所获得竞争力的基础。人力资源包括员工个人的知识技能水平、员工的整体素质与知识技能结构。这种人力资源常常不被重视，但其却是形成科研院所核心能力的基础。

(3) 资产性。科研院所的资产可分为有形资产和无形资产。有形资产包括固定资产，如房屋建筑物、试验或生产设备、图书资料等；流动资产，如货币资金、存货、在研项目等；对外投资，如投资兴办企业的长期投资和购买各类债券的投资。科研院所的无形资产包括专利权、著作权、品牌、商标权、专有技术(非专利技术)、土地使用权等。这类资产一般不体现在财务账面上，不具实体形态，因而往往对其价值认识不足。科研院所的无形资产不是一次性投资的结果，而是知识与技能长期积累的结果。

无形资产重于有形资产，这是科研院所与一般企业的一个重要区别。企业的固定投资较大，而科研院所有形资产少，主要产品是专有技术、专利、公开的学术论文和研究报告等，是通过研究人员长期的智力劳动形成的。

2）科研院所技术输出的合作模式[4]

（1）公共技术服务平台模式

公共技术服务平台模式是指科研院所等利用其学科、专业等方面的优势，建立面向行业的公共技术服务平台，为企业提供专业的共性技术服务。由于企业在技术创新中需要大量的科技资源，但自身却相对匮乏，使得技术创新受到较大程度的影响。为弥补其不足，企业需要与科技资源相对充足的科研院所合作，充分利用科研院所的科技资源，以解决自身科技资源不足的瓶颈问题。该模式主要特点是提供专业技术产品和技术服务、技术咨询有机结合，实际上是一种商业模式，适用于具有较强的技术研究与开发能力、先进的科学仪器与技术设备、高素质的人才队伍并且有较强服务意识的机构，这是一种较为高级的产学研合作模式。

（2）技术联盟模式

产业技术联盟是指一个或多个产业中互相分工、相互关联的多个企业和科研机构、中介组织、政府等，以企业的发展需求和各方的共同利益为基础，以提升产业技术创新能力为目标，以具有法律约束力的契约为保障，形成的联合开发、优势互补、利益共享、风险共担的技术创新合作组织。

技术联盟的主要任务是组织企业和科研机构等围绕产业技术创新的关键问题，开展技术合作，突破产业发展的核心技术，形成重要的产业技术标准；建立公共技术平台，实现创新资源的有效分工与合理衔接，实行知识产权共享；实施技术转移，加速科技成果的商业化运用，提升产业整体竞争力；联合培养人才，与技术输出的合作各方结合度高、联盟成员之间互动性强、交易成本较低、技术创新能力强，能有效促进合作中各要素与资源的综合利用，具备持久的发展潜力，进一步提高了技术输出合作的组织程度。

产业技术联盟虽然以提高联盟内企业的创新能力为基本目标，但是由于往往针对产业关键技术实现技术输出长期合作和资源共享，因此对于整个国民经济有着重大影响，产生的经济效益和社会效益明显。与传统技术输出合作模式相比，产业技术联盟可能是市场力量自发组成，也可能是政府引导促成。一般来说，产业技术联盟针对的都是比较关键的产业共性技术，因为共性技术存在研发风险较大、创新周期长、资金需求量大、利益牵扯各方、成果分享复杂等多种不利因素，政府对于产业技术联盟的形成、运行以及发展起着相当重要的作用。

(3) 共建实体模式

共建实体模式是指企业与科研院所组建股份制公司、研究开发中心、中试基地等实体,成为相对独立的活动单位或法人。共建实体是技术输出合作方之间最紧密、以资本为纽带的合作模式,也是最成熟的合作方式。目前这种模式在技术输出合作中所占的比例不高,但是却反映出技术输出合作从松散型向紧密型发展的态势。该模式主要特点是以市场为导向,是科技与经济一体化的具体体现,科研院所是技术的源头,企业作为生产、销售基地,相互结合使得科学研究、技术开发、中间试验、批量生产和销售服务等紧密相联,技术创新的成果适用性强,应用于生产的周期短、收效快;科研院所主要以技术(无形资产)入股,企业主要以固定资产、资金等投资入股,共建实体有比较合理的管理体制与运营体制,产权明晰,合作各方利益共享、风险共同承担。

3.3 技术中介——技术交易的纽带

3.3.1 技术中介的概念与类型

技术中介是指在技术交易活动中在供需双方之间起沟通、联系、促进交易作用的个人、组织及其服务活动。

技术中介机构是指专门为各类社会主体提供技术中介服务的组织、机构,其功能是为技术交易双方提供中介服务,以便降低交易成本。技术中介机构是我国技术市场体系和技术创新体系的重要组成部分,在我国技术创新活动不断发展的背景下,技术交易活动的频次也更加活跃。由于交易双方信息的不对称引发的技术交易风险也越来越多。在此背景下,技术中介机构的产生就很好地解决了这个问题。随着技术交易活动的不断活跃,技术中介成为我国技术市场不可缺少的重要环节。从事技术中介活动的技术中介方,与科技型企业、高等院校、科研院所共同成为技术交易的主体,构成了技术市场的完整体系。

技术中介机构按经营性质分为非盈利性中介和盈利性中介。非盈利性中介服务是政府连接市场的桥梁,在技术市场中发挥信息集散、中介服务和组织协调的作用。随着政府职能的改变,科技行政部门繁杂的事务性、服务性工作正逐步下放转交给具备条件的技术中介机构。盈利性中介服务则处于自主经营、自负盈亏、自我发展、自我约束的生存状态。

技术中介机构按服务内容分为信息咨询服务、成果转移服务、投融资服务、企业孵化服务、人才服务等机构类型。信息咨询服务机构是为技术交易提供有价值的科技信息服务，利用自身的智力优势，提供战略规划、决策等服务，是技术交易活动中的信息集散器和处理器。成果转移服务机构是在科技成果转化过程中为科技资源的有效流动和合理配置提供服务，此类服务机构的专业性较强、技术要求高，要求对技术发展动态熟悉，能够作出准确的技术定位和技术评价，使供需双方实现有效对接。投融资服务机构是为高新技术产业化提供风险投资、咨询、担保等服务，其服务特点是高投入、高风险、高收益。高新技术产业的成长和发展必将面对资金短缺问题，因此投融资服务机构应运而生。企业孵化服务机构是向有发展前景的小型科技型企业提供孵化场地和相应配套服务，为科技成果转化和科技企业培育提供良好条件。人才服务机构是为科技人才资源的优化配置和充分利用发挥桥梁作用。

技术中介机构按科技成果转化过程所发挥的作用可分为技术孵化型、技术代理型、技术扩散型。技术孵化型是指直接参与技术创新过程的机构。技术代理型是指为科技资源有效流动、合理配置提供服务的机构。技术扩散型是指利用技术、管理和市场等方面的知识为创新主体提供咨询与培训活动的机构。

技术中介机构还可按法律地位、承办主体、服务对象及综合因素等进行分类。

表 3-1　技术中介的分类方法

分类标准	分类结果
法律地位	具备法人资格的技术中介 不具备法人资格的技术中介
经营性质	盈利性技术中介 非盈利性技术中介
承办主体	官方承办的技术中介 半官方承办的技术中介 民营承办的技术中介 个人承办的技术中介
发挥作用	技术孵化型技术中介 技术代理型技术中介 技术扩散型技术中介
服务内容	以信息咨询服务为主的技术中介 以成果转移服务为主的技术中介 以提供孵化服务为主的技术中介 以提供投融资服务为主的技术中介 以提供人才服务为主的技术中介
地位、作用及交易结果等综合因素	媒体式技术中介 桥梁式技术中介 协调式技术中介 组织式技术中介

技术中介服务有以下特点：

(1) 技术中介起着媒介、协调、组织和促成的重要作用。

(2) 技术中介属于跨经济和技术两大领域、涉及自然科学理工农医等多门类多学科的技术经营型行业。

(3) 技术中介指向的是一种知识密集、附加价值高和具有一定投资风险的特殊形态的商品及持有人和需求人。

3.3.2 国外技术中介的组织模式

1) 美国技术中介机构

(1) 美国技术中介机构的类型

美国的技术中介机构种类繁多，组织形式多样，专业化程度高，活动能力强。其主要是为科技创新和产业化提供信息咨询和技术支撑服务，包括技术咨询机构、大学和研究机构的技术转移办公室、孵化器、技术评估组织、技术测试机构等。这些技术中介机构大多依托于大学、研究机构、协会、政府部门、咨询公司、风险投资公司和律师事务所。美国的技术中介机构在科技创新创业中发挥着桥梁和润滑剂的重要作用，例如著名的“硅谷”中技术中介机构众多，营造了科技创新、科技创业的良好氛围，有效地推进科技创新和产业化的发展。

美国的技术中介机构分为盈利型和非盈利型，其业务高度综合，可以在各个领域自由发展。美国政府很少介入技术中介机构的运营，同时由于没有政府拨款及其他经费来源，技术中介机构一般自收自支，自负盈亏，这样的经济状态促使中介机构在能力范围之内，尽可能发展更多的业务，提供较多服务。

(2) 美国技术中介机构的运营方式

在美国绝大多数有影响的综合性技术中介机构是采取会员制的方式，以行业协会或企业协会的形式存在。会员制是保持中介机构稳定收入来源的形式，一般来说，收取的会员费可以维持办公和雇员的费用，运作良好的技术中介机构收取的会员费用更是可以有足够节余发展壮大。开办之初，技术中介机构主办者即该机构的董事投入一定的启动基金，在运营过程中对提供服务的对象进行有偿服务，并向一些企业拉赞助。

(3) 美国技术中介机构的发展环境

一是立法支持。1980 年美国国会通过的《贝尔—多尔法案》和《史蒂文森—威德勒技术创新法》将技术转让工作纳入到联邦政府相关部门的职责中，1986 年国会又推出《联邦技术转让法》，提出科研人员可以从职务发明成果中提成一部分；企业投资研发取得的成果，则该企业可以拥有成果权，极大地调动了企业及其科研人员的积极性。1988 年《综合贸易与竞争法》提出加强技术转让是提高企业竞争力的主要措施。1995 年《国家技术转让与促进法》，1997 年《联邦技术转让商业化法》和 2000 年《技术转让商业化法》都通过立法的形式加强政府及科研机构对技术转让的责任，加速技术转移，提高美国的科技竞争力。

二是政策优惠。美国政府给予非盈利机构一系列政策优惠，包括非盈利型技术中介机构。但是美国的非盈利性机构和我国的类似机构所站角度以及出发点大不相同。美国的非盈利性技术中介机构多数站在企业的角度，利益倾向于企业。因此，美国联邦政府是有选择的对技术中介机构进行政策支持。而我国的非盈利性技术中介机构大多是科技主管部门的直属单位，承担了政府部门职能的延伸工作。

三是有序环境。在美国高度自由的市场经济下，联邦政府将盈利型技术中介机构视同商业企业，由市场自我调节。联邦政府的主要工作是采取法律和法规的手段，为技术中介机构创造良好有序的竞争环境。

2）日本技术中介机构

（1）日本技术中介机构的类型

战后日本一直推行“科技立国”战略，经济迅速得到复苏，技术中介机构也取得了较快的发展，进一步推动了科技创新。

按投资主体的性质看，日本技术中介机构可分为两类：一是国立公立机构；二是民营私营机构。

国立公立机构的典型代表有日本科学技术振兴事业团（JST）和中小企业综合事业团（JASMEC），这两家机构分别是依据《日本科技振兴事业团法》和《日本中小企业事业团法》成立的，二者都属于半官方机构，大部分经费来源于政府拨款。在科技中介方面，日本科学技术振兴事业团（JST）侧重于基础技术，中小企业综合事业团（JASMEC）侧重于对中小企业的扶持。

民营私营机构从事技术转让等中介服务较多。1998 年，日本政府颁布实施了《大学技术转让促进法》，根据该法律，已有越来越多的大学申请设立技术成果转让中介机构。

（2）日本技术中介机构的运营方式

日本技术中介机构主要开展委托开发、合作开发、策划与评价等服务。对于关系国计民生的重大项目或者商业化比较困难的项目实行委托开发；对于风险较小、离商业化比较近的技术，则由科技中介先征集、付费后转交企业产业化；同时针对知识产权的重要性，中介机构开展“专利申请代理”等业务，一方面加快成果产业化，另一方面也保护了先进技术的知识产权。

(3) 日本技术中介机构的发展环境

一是政策扶持、法律保障。国立公立技术中介机构是按照相关法律成立，法律条文中都明确规定了其人员构成、经费来源以及营业范围；民营私营技术中介机构依据相关的法律法规，具有注册资金，同时需经过有关政府部门的批准方才得以成立。值得关注的是，日本还相继出台相关法律促进大学的技术转让，如1998年颁布的《大学技术转让促进法》，1999年的《产业活力再生特殊措施法》，2000年出台的《产业技术强化法》更是在法律层面规定了政府出资的研究成果可归执行单位，支持大学成立技术转让组织，允许大学老师到企业做兼职等。一系列优惠政策的出台，极大地促进了技术转让工作的开展。

二是资金扶持、风险保障。国立公立技术中介机构的资金来源主要由国家或地方政府财政拨款，民营私营技术中介机构也即企业的种类之一，一般以股份制形式存在，自主经营、自负盈亏。对于有风险的项目，无论对于国立还是民营机构来说，政府都会给予一定的保障。比如，国立技术中介机构投资失败，由国家风险补偿；而民营私营技术中介机构投资失败，一般自负盈亏，但是可以向政府申请补助。

3) 德国技术中介机构

德国的科技水平位居世界前列，是欧洲最大的技术拥有国和出口国，科技产出能力在世界上占据领先地位。德国的技术中介机构主要特征首先是与科研机构的紧密联系，许多科研机构在从事技术创新活动的同时从事科技成果的转化工作。其次是其与企业的深度合作，德国的中小企业数量多、科技水平高，除开展内部研发外，还寻求外部技术创新支援。而德国技术中介机构一般由各领域的科学家和工程师组成，能够有力支撑企业的技术创新。

德国技术中介机构主要有：德国技术转移中心、史太白技术转移中心和弗朗霍夫协会。德国技术转移中心是国家级的公共技术转移信息平台，提供最基本的技术供需、专利等的信息查询和简单的咨询服务；史太白技术转移中心是完全市场化运作的，并已在其国内和国际建立了庞大的分支系统，其服务内容除了有深层次的技术咨询、研究开发、人力培训、国际性技术转移外，还涉及企业管理运营方面的服务；弗朗霍夫协会则是凭借自身的物质基础(实验室、仪器设备等)和高校的人力形成属于自己的研究所，直接为德国各中小企业提供技术创新和研发的服务。

同时德国政府在扶持技术中介机构方面也出台了不少法律法规和优惠政策，比如非盈利性中介机构享受减免税优惠政策，对关系国际民生的重大科研成果产业化项目提供无偿的科技中介援助等。这些优惠政策的出台，促进了技术中介机构的发展，而技术中介机构有力地推动了大学和科研院所的创新成果向中小企业的扩散，促进了该区域技术创新和技术扩散，加快了科技成果商业化、产业化的进程。

4) 发达国家技术中介机构的经验及其启示

二战以来，发达国家的技术中介机构迅速发展。美、德、日等国都把“发展科技”作为一项根本国策，各国为提升科技对国家经济和社会发展的贡献，大都依托科技中介组织在科技与经济、政府与科技之间建立起有效的联系渠道。

当今世界多数国家或地区技术中介机构都已经历了初创期，正步入不同的发展期。发达国家如美、日、德等均已建立智力雄厚、实力强大的软科学研究、科技中介及大型综合中介咨询机构，其作用和影响力已涉及和渗透到全球经济与当今社会的各领域层次。技术中介机构已成为发达国家创新体系的重要组成部分，在提高国家创新能力，推动科技进步，加速技术创新和技术扩散，促进经济发展等方向具有重大作用。可以说科技中介服务业是最具发展潜力的产业之一，技术中介机构的发展程度与一个国家的市场化程度成正比。

表 3-2 发达国家技术中介机构比较

项目＼国家	美国	德国	日本
创办时间	20 世纪初	二战后	二战后
代表机构	美国国家技术转移中心(NTTC)	史太白技术转移中心会(STW) 弗朗霍夫协会 德国技术转移中心	日本科学技术振兴事业团(JST)和中小企业综合事业团(JASMEC)
机构类型	官方/半官方/民营	民办官助	国立公立/民营私营
服务方式	孵化/咨询/评估	咨询/开发/技术转移/培训/评估	委托开发/策划/评价
运行环境	高度自由市场经济下，政府管制少	政府重视、积极引导	政府主导
政府扶持	法律保障/政策优惠/加强管理	政策支持/无偿援助	法律/资金/风险控制环境支撑

从上述美、日、德三国的技术中介良好的发展情况和健康的运营环境来看，有以下几点值得借鉴：

（1）营造健康的外部环境

① 良好的法律环境。美、德、日三国都为技术中介机构量身定做了相关的法律法规和优惠政策来支持技术中介机构的建设和发展，既给予技术中介机构明确的法律地位，又在法律保护的范围内促进其发展，同时还规范了其经营行为。各国法律的建立，为当地技术转移机构的成功运作奠定了基础。

② 成熟的市场环境。从三个发达国家技术中介机构建设的经验来看，政府工作的重心应该放在环境与制度的建设之上，为技术中介机构创造良好的公平的环境，同时出台相应的政策、法律、法规来保障技术中介机构的利益，引导科技中介机构健康发展。而对于科技机构的业务发展来说，政府应尽可能放手，由市场调节。科技中介服务深深根植于市场经济之中，政府做的工作主要是起到后勤保障作用，以帮助技术中介机构提供高效率、高质量的服务，促进科技型中小企业的发展，实现对传统产业的改造和升级，促进本国技术创新，提高国际竞争能力，实现经济快速发展。

③ 风险控制到位。无一例外的各国政府都很关注关系本国国计民生的重大项目，首先给予承担该项目的中介机构资金支持，调集各种资源，包括人、财、物，从项目的研发到项目的产业化都给予高度的关注与支持。为了使技术中介机构良性发展，各国政府都以负责任的态度解决各中介机构的后顾之忧，比如对风险虽高但利国利民的项目，如果成功，则由企业用盈利偿还国家投资；如果失败，则由国家买单或者给予风险补助。

（2）机构自身实力雄厚

① 专业化水平高。美、日、德三国的技术中介机构专业化程度很高，专业服务能力很强，这与各中介机构的设置门槛及其从业人员的水平密不可分。

以日本为例，在由瑞士国际发展研究所发表的科技竞争力排名中，日本的科技实力名列第二，但是日本的技术成果转让机构总数还不到三十家，虽然在一定程度上制约了大学向企业的转让能力，但是众所周知日本的经济科技都位于世界前列。日本国家对新成立的技术转让机构设置门槛较高，对其人员素质、资金水平、研发能力、工作场所都有明确的要求，因而可以提供专业的服务。可以说美、日、德三国的技术中介机构的从业人员都是专家教授级水平，相比之下我国在这方面比较薄弱，各大学近年来陆续成立科技成果转化中心，基本上是几个人几台电脑几张桌子就开始办公，很难让人信服我们的“小作坊”能够做出“合格的大面包”，因而我们要根据自己所在区域的经济特点发展技术中介机构，机构求精不要盲目求多求大。

② 实现信息互通、资源共享。信息时代，资讯对市场行情的判断至关重要。网络和数据库的建设是科技中介服务体系能力建设的重要内容。美、日、德三国均由政府

出面牵头，建设数据库和信息平台，以提高各机构的工作效率。科技中介行业出现了网络化发展趋势，覆盖范围包括地区、本国以及国际。

在我国由于缺乏这样的信息平台直接导致了技术中介机构获取信息、处理信息的能力较低，更多地依赖社会关系和其他非正规渠道。信息的不完善成为制约我国中介机构发展的因素之一。对于技术中介机构来说，因为自身利益，不愿意与其他技术中介机构分享信息，因而降低了整个地区技术中介机构的竞争力。如何整合资源、共享信息，需要依靠政府的支持，这样才能有利于集成创新。

3.3.3 国内技术中介的组织模式

1）北京市技术中介机构

（1）北京市技术中介机构发展情况

北京技术中介机构产生于上世纪 80 年代。1980 年中科院物理所研究员陈春先等人，在北京中关村成立了第一家民营技术中介机构——北京等离子体学会先进技术发展服务部，在国内引起了不小的震撼。到现在经过 30 年的发展，北京已经形成了一个结构和功能较为完善的科技中介服务体系。北京的技术中介机构类型包括创业中心、技术市场、生产力促进中心、技术产权交易所、行业协会、律师事务所、会计师事务所等，可以向社会提供全方位的专业化中介服务。2009 年国务院批复成立中关村国家自主创新示范区，目前中关村已经聚集企业近 2 万家，构建成“一区多园”各具特色的发展格局，成为高产业功能区。同年中国技术交易所经国务院批准成立，是由北京市人民政府、科技部、国家知识产权局和中科院联合共建的技术交易服务机构。中技所坚持“技术＋资本＋服务”的创新服务理念，致力于打造“技术交易的互联网平台”“科技融资创新平台”和“科技政策的市场化操作平台”，通过与经纪、咨询、评估等专业中介机构合作，为专利技术、商标以及其他知识产权以转让、许可、入股、融资、并购等多种形式转移转化的全过程，提供低成本、高效率的专业化服务。发展到现在，北京市的技术中介机构已经多达数千家。

（2）北京市技术中介机构的政策保障

北京市政府十分重视制度创新、管理创新和科技创新，强调提高服务意识，提高管理层次，与企业建立良性互动关系，政府主管部门不再参与企业行为，而把工作重点放在搭建服务平台和改善政策环境上。1999 年 12 月北京市在党的八届四中全会上提出了重点实施“首都二四八重点创新工程”；2001 年市政府制定出台了《首都经济创新服务体系建设纲要》，同年市政府出台《关于进一步促进高新技术产业发展的若干规定》，特别鼓励发展与高新技术企业和高新技术成果转化相关的、为高新技术企业提供多方位服务的技术中介机构，并出台了相应的鼓励措施，同时对促进科技成果转化的风险投资机构和孵化基地等科技服务机构予以财政资金支持。2002 年 7 月 18 日北京市第十一届人大常委会第三十五次会议审议通过了《北京市技术市场条例》；2005 年底，北京市科委启动了“科技中介服务专项计划”，设立了“科技中介服务”专项资金，重点支持与科技密切相关的科技咨询、技术转移、科技企业孵化器和大学科技园四类技术中介机构，通过政府资金的支持和引导一批主营业务与科技密切相关、市场发育良好、在社会上有一定影响力的技术中介机构，形成骨干群体，起到示范带动效应；积极推动新型科技中介体系的形成，引导科技中介服务机构向网络化、专业化、规模化和规范化的方向发展。

北京市政府从政策上给技术中介机构营造了一个良好健康的法制环境，有力地保障了北京市技术中介机构的运营，促进了科技经济的发展。

(3) 北京市技术交易持续快速增长

从 1991 年开始，北京市技术市场技术合同成交额基本上以每年 10%以上的速度增长，1991 年技术合同成交额 22 亿元，在 2000 年技术合同成交额首次突破 100 亿元，2002 年突破 200 亿元，2004 年突破 400 亿元，2008 年达到 1 027 亿元，2014 年达到 3 136 亿元，北京市技术市场合同成交额稳步、持续、快速地增长，保持着良好的发展势头。

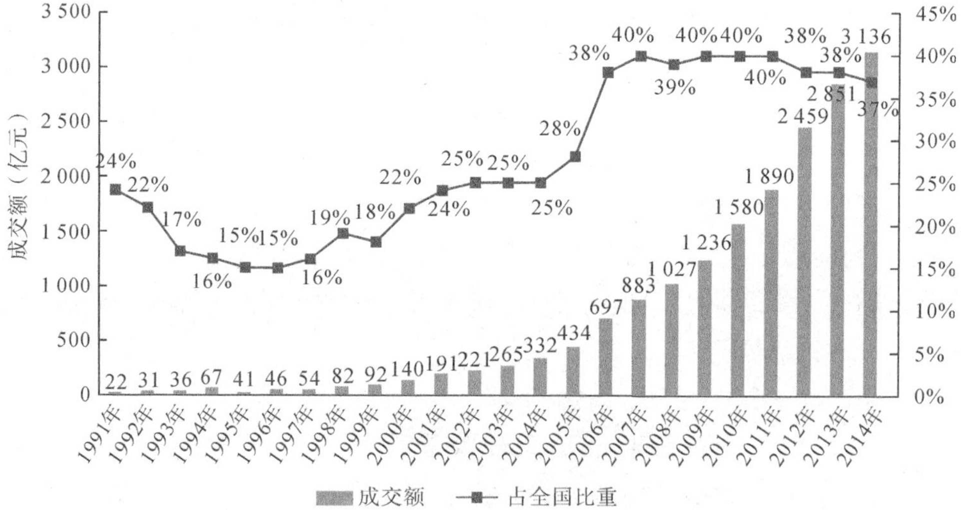

图 3-1　1991—2014 年北京技术合同成交金额

北京技术市场对首都 GDP 贡献显著。北京技术市场的技术合同成交额，通过技术卖方机构的技术性收入计入 GDP，这种计算方法，得到了北京市统计局有关职能部门的认可。经测算，2014 年，北京地区实现技术交易总额 3 136 亿元，比上年增长 10.01%，占北京地区生产总值的比重达 14.7%，比上年提高了 5.3 个百分点，技术市场对首都经济社会发展的贡献日益凸显。

2）上海市技术中介机构

（1）上海市技术中介机构发展情况

20 世纪 70 年代末和 80 年代初，改革刚刚起步，上海的一些科研单位试行了经费的“预算包干”和科研经济合同制，面向社会以有偿方式转让科技成果和承接委托科研项目，以获得部分经费收入。这些举措改变了过去单纯依靠行政指令下达科研任务和推广科技成果的局面，技术成果不再停留在实物，“技术是商品”的观念开始深入人心。1983 年上海成立了全市第一家从事技术市场方面的工作机构——上海科学技术开发交流中心，并带动了上海科技咨询服务中心、上海工业技术发展基金会等一批技术中介机构的成立。在国家确定的“开放、搞活、扶植、引导”的方针指导下，上海市委、市政府对科技中介的开拓与发展予以重视，并把技术市场作为当时科技体制改革的突破口和重点来抓。1986 年上海成立了由市科委、市经委、市建委等十多个部门组成的“上海市技术市场协调指导小组”，由分管副市长担任组长，并下设办公室负责日常工作。至 1989 年，上海已形成 1200 余家技术经营机构、中介机构、民办科研机构组成的技术市场网络。技术交易活动范围也不断扩大，辐射全国 46 个省市和地区，并出现了技术市场与生产资料市场、金融市场相结合的最初形式。20 世纪 90 年代，特别是邓小平南方谈话发表以后，上海经济建设的步伐不断加快，推动了技术市场的发展。1993 年 12 月 30 日，经过几个月的筹建工作，由国家科委和上海市人民政府共同批准成立的上海技术交易所正式开业。技交所被称为技术市场的“龙头”，作为全国第一家国家级常设技术市场，其宗旨是致力于促进跨地域、跨行业、跨组织规模间的技术交易和高新技术产品贸易，为加速科技成果产业化和商品化提供全方位服务。1996 年建立了上海产权交易所，最初的职能主要是经营国有产权交易，以盘活国有资产存量和防止国有资产流失。1998 年《上海市促进高新技术成果转化的若干规定》（“18 条”）出台，建立了上海技术产权交易市场，以促进对科技企业的股权投资和产权交易，进一步推动高新技术成果转化和产业化的进程。1999 年 12 月 28 日，经上海市人民政府批准，具有独立法人资格的综合性技术产权交易所——上海技术产权交易所成立，意味着上海促进资本在高新技术领域进入和退出的有形产权市场的形成。20 世纪 90 年代以后，上海市委、市政府把“加强科技服务支撑体系的建设”列为本市科技发展战略目标的重要内容，特别是通过资源整合，使各技术中介机构之间联系更加紧密、配合更加密切。1992 年，相继成立了上海技术交易所、技术经纪人事务所、无形资产评估事务所、创业中心等一批机构。1995年，市科委对原从事技术、人才市场管理的上海科技开发交流中心进行了职能和管理模式的调整，对上述技术中介机构进行统一归口管理。2001年，又进一步整合上海科技开发交流中心、上海技术交易所、上海高新技术成果转化服务中心、上海技术产权交易所，使“两所两中心”优势互补、资源共享、密切配合。2011年国务院批复同意建设上海张江高新区，经过几年的建设发展，张江示范区已经形成了科技创新要素集聚、产学研联动发展、服务平台较为健全、战略性新型产业加速发展的良好局面。2014年国家技术转移东部中心获科技部批准，未来将形成技术转移机制完善的模式创新示范区，实现国内外知名技术转移机构、技术研究机构、科技金融机构的空间聚集，打造连接国内外的技术、金融、资本、人才和资源高效配置的技术交易平台。

(2) 上海市技术中介机构的政策保障

1986年上海市市政府第70号令颁发了《上海市科技咨询管理办法(试行)》。1993年上海市科学技术委员会和上海市工商行政管理局联合颁发了《上海市技术经纪人管理暂行办法》，首次将上海市的技术经纪活动纳入规范管理的轨道，进一步完善了相关法律法规。1995年上海市人大公布了《上海市技术市场条例》。1998年2月上海市科学技术委员会和上海市工商行政管理局以沪科合第004号文重新颁发了《上海市技术经纪人管理办法》。2000年市人大及其常委审议通过了《上海市经纪人条例》。2012年上海市科委颁布了《上海市促进技术经纪发展实施办法(试行)》，引导和推动技术经纪人队伍建设，促进技术经纪机构发展。

在上海市政府不懈的努力下，上海技术中介机构发展迅速，科技中介队伍不断发展壮大，成熟度不断提高，科技成果转化率同比其他城市有明显的优势。

(3) 上海市技术中介机构发展蓬勃

上海市科技中介发展势头良好，初具规模。大部分技术中介机构是以国有为主体的非盈利性机构，代表单位包括科委下属的创业中心、生产力促进中心、技术市场、技术产权交易所以及部分科研单位的下属单位。这种非盈利性机构实力相对雄厚，诚信度高。这种国有非盈利性机构占主体的科技中介市场目前来说还较为合理，但是随着市场化程度的提高，必将需要引进一些盈利性机构参与竞争。

(4) 上海市技术交易平稳发展

2014年，上海市技术合同成交25 230项，成交总额达667.99亿元，比上年增长了7.6%，占全国总成交额的7.77%，单项合同平均成交额264.69万元，连续14年排名全国第二。与北京技术输出成交项数67 278项，成交金额3 136亿元相比差距明显，但技术市场总体仍表现出平稳发展的态势。

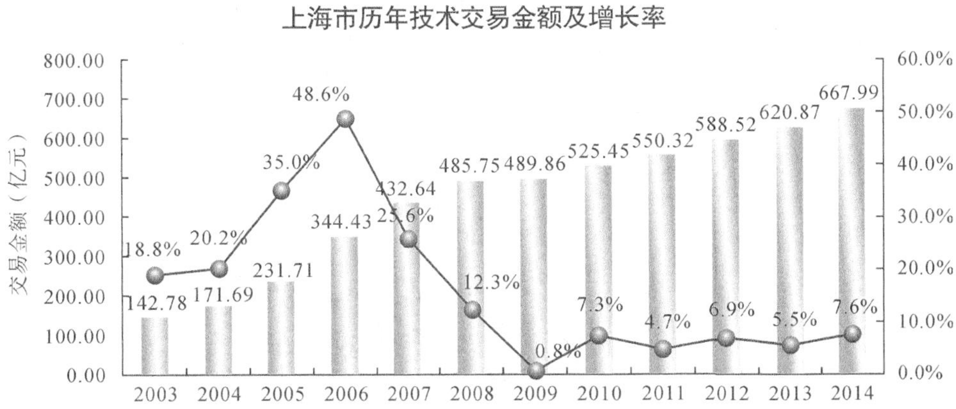

图 3-2　2003—2014 年上海市历年技术交易金额及增长率

3）发达地区技术中介机构发展的经验及其启示

北京和上海，一个政治中心，一个经济中心，两地的技术中介机构基本上同时起步，两地的技术中介机构取得的成绩与当地政府重视科技中介作用并抓住机会推进科技中介服务体系建设是分不开的。一是北京和上海都有丰富的高校、科研院所资源，有大量可以产业化的科研成果，而科技中介是科研成果产业化的催化剂；两地的政府非常重视技术中介机构在科技成果转化工作中的作用，把发展科技中介事业当作重点来抓。二是两地政府为技术中介机构营造了一个良好、健康、公正、有序的发展环境。在国家大政策的范围中，先后出台适合本地的规章制度；不断推动和促进科技中介服务体系的立法研究。三是两地的企业对技术中介机构的认可较高。一方面，两地的技术中介机构大多是非盈利性机构，是当地科技主管部门的下属单位，可信度高，盈利性机构专业化程度相对更高，如会计师事务所、律师事务所、评估公司等，早已被社会公众广泛接受；另一方面，北京、上海均属于国际化都市，开放程度较高，由于科技中介服务在国外已是一个成熟度较高的产业，因而在我国与国际接轨的最前沿城市，技术中介机构得到越来越多的认可。四是在市场经济的大环境下，两地的技术中介机构越来越主动地服务社会、服务企业、服务政府。

从两地的发展经验来看，首先政府需要出台相关法规政策，对技术中介机构的发展给予政策扶持，提供一个良好的环境，营造公平公正的气氛；其次因地制宜，结合本地区的优势发展技术中介机构，大力促进技术成果转移；三是政府引导，放手技术中介机构在市场经济的大潮中，自寻出路，自负盈亏。

4 技术市场

技术市场的本质是技术商品进行交换关系的总和。从内容上看，技术市场所体现的交换关系的总和包含从技术商品开发到技术商品应用的全过程。它涉及与技术开发、技术转让、技术咨询、技术服务相关的技术交易活动及各相关主体之间的关系，技术产权交易也是技术市场的内容之一。从业务范围讲，它包括为科技成果向现实生产力转化、满足用户对技术商品的现实需求和潜在需求所进行的一系列业务活动。目前我国设立的技术转移中心、技术交易机构、科技成果转化中心、创新驿站等机构，所从事的业务工作都是围绕促进科技成果向现实生产力转化而开展的，理论上均属于技术市场的范畴。

知识和技术在流动与传递的过程中，必定要经过技术市场这一中间节点。技术市场可以促进各创新主体和各项资源要素的有效互动，实现资源优化配置，促进知识信息和技术信息的流动，达到行业平衡和区域平衡。自 1984 年 11 月 16 日国务院常务会议作出“加速技术成果商品化，开放技术市场”的决定，确定以技术市场为突破口改革科技体制以来，我国技术市场历经 30 年蓬勃发展，已经成为国家创新体系和社会主义市场经济体系不可或缺的一部分。

4.1 国外技术市场发展情况

技术市场是商品经济高度发展阶段的产物，首先是在高度市场化的西方国家中发展起来的。1624 年，英国颁布了世界上第一部正式而完整的专利法，国外技术市场开始萌芽。

目前主要发达国家技术市场都有常设的、专业化的市场服务机构，技术市场主体之间相互联系形成一个整体结构，面向知识创新扩散的全过程。

(1) 美国

从 20 世纪 70 年代开始美国就十分重视国内的技术研发活动的开展，经历了几十年的技术开发和转移活动，已经逐步形成了从知识产品的开发到知识产品市场化和产业化的良性循环机制。美国技术市场的成长过程与其政府部门对市场的管理、对市场发展的政策推动及相关法律制度的完善密不可分。在美国的技术转让市场中，由国家设立的科技中介机构对知识资本的扩散与转移起了非常重要的作用。典型的如美国的国家航空航天局(National Aeronautics and Space Administration，NASA)、国家技术转让中心(National Technology Transfer Center，NTTC)和美国联邦实验室技术转移联合体(The Federal Laboratory Consortium for Technology Transfer，FLC)。这几个技术转移的中介组织有效地推动了美国技术市场的繁荣与发展壮大。实质上，这种中介组织可以看成是市场的一种形式，因为他们将电子商务的模式应用于知识、技术商品的交易，加速了国内外先进技术与资本的结合，进一步拓展和延伸了知识扩散与转移的范围。

(2) 德国

第二次世界大战战败后，德国凭借其保留的大量科技人才和工业基础，以及有利的国际环境，迅速实现了经济的恢复和崛起。德国的科技水平位居世界前列，是欧洲最大的技术拥有国和出口国，其科技产出能力在世界上占据领先地位。德国国内的科研能力60%以上集中于企业，高校约占20%，科研机构所占不到20%。随着科技竞争的日趋激烈和研究开发的难度加大，德国大企业间的合作日益增多，从而在一定程度上推动了技术转移市场的发展。德国技术转移服务机构主要有：德国技术转移中心、史太白技术转移中心和弗朗霍夫协会。三者在定位和服务侧重点上是有明显的层次和分工的：德国技术转移中心是国家级的公共技术转移信息平台，提供最基本的技术供需专利等的信息查询和简单的咨询服务；史太白技术转移中心是完全市场化运作的，并已在国内和国际上建立了庞大的分支系统，其服务内容除了有深层次的技术咨询、研究开发、人力培训、国际性技术转移外，还涉及企业管理运营方面的服务；弗朗霍夫协会则是凭借自身的物质基础(实验室仪器设备等)、高校的人力和属于自己的研究所，直接为德国各中小企业提供技术创新和研发的服务。弗朗霍夫与史太白在研发服务上的最大区别在于：史太白更多的是安排企业客户与科研机构进行研发合作，或直接将客户的需求委托给科研机构；而弗朗霍夫则是凭借自身的物质基础和研究所来攻克研发课题，所以弗朗霍夫拥有大量的技术专利。

(3) 英国

英国技术市场的知识转移主要是通过技术中介来实现的。技术市场的中介机构经过长期发展，已经形成了一个多层次、全方位、结构合理的完整的服务体系。英国的科技中介机构从整体结构上可以分为三个层面：政府层面、公共层面和私人公司。政府层面的中介机构的基本职能是通过"企业联系办公室"把政府、大学和企业等紧密地联系在一起，促进知识的快速转移。公共层面的中介机构则是在国家科技政策咨询、重大工程项目咨询和在提高国家整体科技成果转化能力、提高中介服务等水平方面起着很大作用。至于私人公司的中介机构则是以营利为目的的独立科技中介机构，是英国科技中介机构的主体。如 BTG 的主要业务是帮助申请专利、技术转让评估和实施专利授权。20 多年来，英国科技中介机构在市场化和国际化进程中进行了两次重大科技决策和改革措施，对科技中介机构服务的市场化起到了极大的促进作用。一个重大措施就是把政府变成科技咨询市场中的买方；另一个有影响的改革措施，就是撒切尔政策时期的私有化。一批原来国家所有的科研院所被私有化或国有私营化，转制后的科研院所不仅使部分科技工作者流入科技中介机构，而且相当一部分科研院所都具有科技中介机构的功能，并有少数改制成私人科技中介公司，如 BTG 公司。这批新生力量的加盟，给科技中介机构注入了新的活力，增强了科技中介机构的实力。

(4) 法国

1988 年 12 月，法国为了向中小企业推广技术，支持其技术创新，在法国政府地方会议的支持下，成立了大区技术推广网，并于 1993 年组建了全国网。其工作特色是以大量的调查工作为主，且调查员所从事的是公益性服务，因此对所需技术的提供单位，无论是公营的，还是私立的，在本区内的，还是区外的，均保持客观中立。技术推广网的工作人员有两类：一类是调查员，从事问访企业的工作；另一类是协作员，不参与问访工作。在技术推广网 1 730 名工作人员中有调查员 1 367 名，其调查工作主要是为了了解企业的技术需求，以便联系合适的技术方案。此外，该网络的技术服务基金(PTR)2000 年对多个行业的中小型企业的 1 534 个项目进行了支持。受益的中小型企业在了解自身创新所需的技术、获取各个渠道的支持、寻找解决方案时往往因缺少人力、物力、财力和必要的信息而无法收到令人满意的效果。因此，作为技术供需的有效中介，技术推广网的问世和扩展无疑大大推动了对中小型企业的技术转让，更大程度地发挥了中小型企业的创新活力，从而有力地促进了其发展和壮大。技术推广网把全国参与创新的公共、事业单位集中在一起，并向中小型企业提供了一批“对话者”，旨在帮助这些企业明确自己的技术需求，协助他们寻找技术提供单位，促进其发展。

(5) 欧盟创新驿站

创新驿站最早就是起源于欧盟创新驿站(Innovation Relay Centre，简称 IRC)，它是欧盟鼓励中小企业进行跨国技术创新合作的中介网络。1995 年由欧盟研发信息服务委员会根据“创新和中小企业计划”资助而建立，旨在促进欧盟跨国的中小企业技术转移与技术创新合作。IRC 帮助企业认识到自己的技术和专业知识方面的潜力，了解企业对新技术的需求并帮助他们在 IRC 网络上对所拥有资源进行出让或者寻找拥有自己所需要技术的合作伙伴，从而建立各个公司的技术基地。它在帮助欧洲企业将技术需求与技术供给进行匹配的过程中起到了重要的中介作用。到 2005 年 IRC 网络包含了遍布于 33 个国家的 71 家创新驿站，拥有 4 000 家公司和组织，每年有 12 000 件技术谈判，完成超过 2 000 件的技术转移。

(6) 日本

日本的技术市场虽然起步较晚，却在短时间内后来居上，这得益于日本政府对技术市场的支持。例如日本政府对技术供给方给予了直接资助和间接资助，日本的技术交易所以广泛完善的信息网络和数据库为服务特色，为技术交易提供了便利的条件。20 世纪 80 年代后，在美国拜杜法案的影响下，日本开始重视促进大学研究成果向企业的技术转移。在日本的技术转移体系中政府、大学以及民间力量是其主要的组成部分，各类技术中介服务机构及活动均是在法律制度的基础上进行的，因此日本的技术转移体系具有依法行事、职责明确的特点。1985 年日本技术交易所在国际贸易部和工业部的支持下成立，该机构主要为技术的购买方和需求方提供信息服务，并建立了技术交易和转让系统。主要是通过集中收集、整理和向社会用户提供有关信息，促进不同地区、各个领域及企业间的技术交易和技术交换，达到增强企业技术基础实力，使企业间技术发展协调一致，为企业顺利成长和整体发展作出贡献。他们的业务活动主要是通过会员制方式开展的，分为普通会员和资格会员。为了提高与国外公司的技术交易，便于技术交易所向国外企业和机构提供日本技术信息，并同时从海外引进技术需求和销售信息，技术交易所还不定期地举办技术研讨会和商会聚会等海外活动。技术交易所的联网数据库中保存着日本及世界各地的技术转让资料，为参与者顺利的交易和转让提供了十分便利的条件。

4.2 国内技术市场发展情况

作为科技创新体系和国家在深化改革过程中要素市场建设重要的组成部分，我国技术市场 30 年发展取得的巨大成绩有目共睹，并且形成了多样化的推进机制，建立了一支相对稳定的工作队伍，初步形成了一整套法律政策体系。

4.2.1 国家自主创新示范区先行先试

国家自主创新示范区是经国务院批准，在推进自主创新和高技术产业发展方面探索经验、作出示范的区域。示范区在完善以市场为导向、以企业为主体、以高等院校和科研院所为依托的区域自主创新系统建设方面积累经验，成为示范“产学研”一体化的先行区。同时，示范区成为制度创新先行区，不断推进体制机制创新，促进创新能量的释放。

(1) 中关村国家自主创新示范区

中关村国家自主创新示范区起源于 20 世纪 80 年代初的“中关村电子一条街”。2009 年国务院批复建设中关村国家自主创新示范区，要求把中关村建设成为具有全球影响力的科技创新中心，这也是我国第一个国家自主创新示范区。经过 20 多年的发展建设，中关村已经聚集以联想、百度为代表的高新技术企业近 2 万家，形成了下一代互联网、移动互联网和新一代移动通信、卫星应用、生物和健康、节能环保、轨道交通等六大优势产业集群，集成电路、新材料、高端装备与通用航空、新能源和新能源汽车等四大潜力产业集群和高端发展的现代服务业，构建了“一区多园”各具特色的发展格局，成为首都跨行政区的高端产业功能区。中关村技术交易额达到全国的三分之一以上，其中 80%以上输出到北京以外地区。

(2) 武汉东湖国家自主创新示范区

2009 年 12 月，国务院批复武汉东湖高新区建设国家自主创新示范区，东湖高新区成为全国继中关村之后第二家国家自主创新示范区，形成了以光电子信息为主导，生物、新能源、环保、消费类电子等产业为支柱的高新技术产业集群，光电子信息、生物、消费电子、环保等已成为总收入过百亿、数百亿的产业。“武汉 · 中国光谷”作为国内最大的光电子信息产业集群，“光谷制造”和“光谷创造”已成为我国在光电子信息产业领域参与国际竞争的知名品牌。目前，东湖高新区正通过开展股权激励和科技成果转化奖励、科技金融改革创新、政府自主创新产品采购、创新财政税收政策试点、高层次人才引进和培养试点、申请综合保税区设立等工作，逐项推动示范区的各项进程。

(3) 上海张江国家自主创新示范区

2011 年国务院批复同意上海张江高新区成立国家第三个自主创新示范区。经过多年的建设发展，张江示范区已经形成了科技创新要素集聚、产学研联动发展、服务平台较为健全、战略性新型产业加速崛起的良好局面。目前张江示范区已形成生物医药、电子信息、文化创意、航空航天、先进装备制造、汽车及零部件等七大战略性新兴产业集群和文化科技融合产业集群。其中，生物医药产业、新一代信息技术中的集成电路产业和新能源汽车产业在全国持续领先；高端装备制造、新能源、新材料、节能环保产业位于全国先进行列。以网络动漫、网络视听、数字出版、多媒体和文化创意产业为主的六个文化科技融合特色产业集群形成新的产业高地，产值占上海文化产业总产值的 50%以上。到 2020 年，张江示范区将基本建设成为世界一流高新区，成为具有全球影响力的科技创新中心、高端人才集聚中心、科技金融中心、技术交易中心、高新技术产业发展基地和政府管理创新示范区。

(4) 合芜蚌自主创新综合试验区

安徽省于 2008 年 10 月作出建设合(肥)芜(湖)蚌(埠)自主创新综合试验区的重大战略决策。试验区突出“三体建设”，主攻“三个核心”，形成“四大成果”，即突出企业主体、创新载体和产学研一体建设；主攻核心区域、核心企业、核心项目，努力形成产业成果、科技成果、人才成果和改革成果。为推动保障试验区的建设，安徽省出台了一系列可操作性强、含金量高的政策，对核心技术和重大装备的研发项目，重大引进技术和装备的消化吸收再创新项目以及高新技术产业化项目，给予重点支持，以提高产业核心竞争力、促进科技成果产业化。安徽省政府每年安排 5 亿元专项资金，用于试验区各类项目资金、资助、奖励等支出，还决定从 2015 年起连续 5 年每年安排 1 亿元设立创业风险投资引导资金。

(5) 苏南国家自主创新示范区

2014 年 11 月 3 日，国务院正式批复，同意支持南京、苏州、无锡、常州、昆山、江阴、武进、镇江等 8 个高新技术产业开发区和苏州工业园区共同建设苏南国家自主创新示范区。批复指出，要充分发挥苏南地区科教人才优势和开发开放优势，积极开展激励创新政策先行先试，激发各类创新主体活力，加快科技成果转移转化，提升区域创新体系整体效能，努力把苏南国家自主创新示范区建设成为创新驱动发展引领区、深化科技体制改革试验区、区域创新一体化先行区和具有国际竞争力的创新型经济发展高地。批复同意苏南国家自主创新示范区参照执行《国务院关于同意支持中关村科技园区建设国家自主创新示范区的批复》(国函[2009]28 号)中确定支持中关村科技园区的各项政策及配套措施。同时，支持苏南国家自主创新示范区结合自身特点，在深化科技体制改革、建设新型科研机构、科技资源开放共享、区域协同创新等方面进行积极探索。

4.2.2 区域型市场初现——国家中部技术转移中心

近年来湖北省不断完善技术转移机制和科技成果转化服务体系，在《湖北省科技体制改革方案》中确定了湖北省科技体制改革的 10 项重点任务。其中首要任务是完善鼓励、支持科技创新的法律法规，重点推进《省政府促进高校、院所科技成果转化暂行办法》(简称“科技十条”)、《加强专利创造运用保护暂行办法》(简称“专利八条”)及相关配套细则的实施。同时，将建设完善科技成果转化服务体系，以政府购买服务的方式，支持中介服务机构(个人)的科技成果转化和技术转移活动，加强国家中部技术转移中心建设，加快技术经纪人队伍建设。在财政科技投入方面，除统筹运用事前投入、目标奖励、事后补助、财政资金有偿使用等方式外，还将利用创业投资引导基金设立成果转化基金，采取股权投资等有偿投资方式，支持企业的重大产品创新及产业化。为促进科技与金融结合，还将探索科技贷款担保、科技保险、产权交易、股权交易、风险投资等科技金融模式。

湖北省计划建成国家中部技术转移中心，按照目标到 2017 年，将中部技术交易中心建设成技术转移机制完善与商业模式创新的试验田，构造集技术交易、科技金融等公共服务为一体的网络平台和实体平台，成为我国中部国际创新资源交流交易的“航母级”集散地和主要门户，促进中部地区技术市场的开放共享和高度融合，实现创新资源的空间聚集。其中在湖北省内将实现国际知识产权交易 100 亿元，年技术合同成交额1 000亿元。

4.2.3 活跃省市大胆创新

(1) 中国浙江网上技术市场

中国浙江网上技术市场作为一种新的商业模式，创造性地开创了国内网上进行技术交易的先河。自2002年10月正式投入运行以来，浙江网上技术市场充分发挥了互联网的优势，综合多种传播手段，实现网上信息发布、网上视频直播、网上多媒体洽谈与交流、网上中介服务、网上招投标等功能，通过方便快捷的产学研联系的桥梁和纽带，显示了浙江网上技术市场的独特魅力，被誉为“永不落幕的市场”。

浙江网上技术市场主要做法包括：一是突出企业创新主体地位，以企业技术需求拉动技术供给，以技术买方市场带动技术卖方市场；二是充分利用全国创新资源服务浙江企业创新，浙江的科技经费全国用，全国的智力资源浙江用；三是集全省之力共建共享网上技术市场，市、县(市、区)合力，形成网上技术市场体系；四是促进技术与其他生产要素有效融合，技术交易与产品交易相结合，技术要素与人才、资本要素相结合。经过了十年来的发展浙江网上技术市场取得了明显的成效：形成了网上技术市场的体系构架——1个管理中心、11个市级市场、94个县(市、区)分市场、29个专业市场；在网上技术市场周围集聚了一批高校、院所、企业、专家、中介机构——高校院所34 193家、企业94 319家、专家55 194人、中介机构10 173家；促成了一批技术交易——发布企业难题63 944项、科技成果153 771项、签约合同28 929项、成交金额244.6亿元。

(2) 陕西省技术市场

近年来，陕西省大力加强技术转移机构网络和能力建设，疏通技术转移渠道，技术市场推动科技成果转化能力不断增强，全省技术市场合同交易额以每年近30%速度增长，2010年为102.59亿元，2013年技术交易额已达533.31亿元，与第三名的江苏省差距仅有52亿元。2011年，陕西省设立科技成果转化引导专项基金，一是对于省内科研院所、高等学校和企业等机构或科技人员以自有科技成果作价入股在省内进行成果转化的项目，给予作价出资总额的30%，不超过100万元的资助；二是对于承接科研院所、高等学校重大科技成果并在省内成功转化的企业项目，给予其技术合同交易额的20%，不超过300万元的后补助。

陕西省的西安科技大市场是由西安市科技局和西安高新区管委会共建的科技资源公共服务平台，现已基本建成“一厅一网”。“一厅”就是服务大厅，设有成果展示、项目发布等多个服务功能区域，以及6个服务窗口；“一网”是指科技资源信息网，将汇集西安高校、院所、军工单位、科技企业、中介机构等人才、设备、技术、成果、资金等方面的资源和需求，具有在线技术交易的功能，是科技资源信息交流的重要平台。自2011年4月正式运行以来，西安科技大市场累计完成技术合同认定登记55 476份，吸纳高校院所和企业的大型仪器设备超过 5 000 台(套),累计帮助企业落实各类税收优惠政策减免税收 66.9 亿元,促进技术交易额 1 180.41 亿元,连续三年实现技术交易额百亿元的增长。截至 2014 年 5 月,共实现技术交易额达 978.34 亿元。

(3) 青岛技术交易市场

青岛市建立了政府、行业、科技中介、技术经纪人“四位一体”的技术市场服务体系;出台了一系列政策激发技术市场主体活力,“六补”政策更是让买卖双方和中介、培训机构在获得经济补助的同时迸发出激情;同时积极搭建青岛技术交易市场“一网一厅”和国家海洋技术转移中心等平台,降低了全社会技术转移的成本。2014 年由青岛市科技局与高新区管委会联合共建的青岛技术交易市场投入试运行。

4.3 江苏省技术市场发展情况

“十二五”以来,江苏省技术市场围绕“迈上新台阶、建设新江苏”精神,进一步优化科技资源配置,着力推动企业为主体、市场为导向、产学研相结合的技术创新体系建设,大力实施创新驱动发展战略,技术交易规模和水平得到了大幅度提升。

4.3.1 技术市场交易活跃

2014 年江苏省技术市场共登记技术合同 24 681 项,成交金额 655.34 亿元,较 2013 年增长了 11.92%,继续稳居全国省份第一。总成交金额虽然与北京市仍有较大差距,但与上海市的差距在逐年缩小,2014 年仅相差 12.48 亿元。同时,广东省、陕西省增长速度较快,与我省之间的差距有所缩小。

从历年的全省统计数据可以看出,我省技术交易特点纷呈,企业成为技术交易最大的输出方和吸纳方,居各类技术交易主体首位。近两年省内高等院校、科研院所等技术创新源头输出技术交易项目超过成交总项数的 50%以上,产学研合作进一步深化。战略性新兴产业成为技术交易的主要领域,技术创新和技术转移扩散能力增强,科技成果转化和产业化进程进一步加快。

4.3.2 服务机构蓬勃发展

目前我省技术市场涵盖的机构种类包括了技术市场管理机构、国家级技术转移示范机构、创新驿站、高校技术转移机构、科技成果转化中心等。

(1) 技术市场管理机构

江苏省目前设省、市、县三级技术市场管理机构近 50 家,行使省级权限的技术合同登记认定机构 5 家,主要从事全省技术市场相关管理工作、技术合同登记及技术市场统计工作。

(2) 国家级技术转移示范机构

根据《国家技术转移促进行动实施方案》和《国家技术转移示范机构管理办法》的要求，为构建以企业需求为导向，大学和科研院所为源头，技术转移服务为纽带，产学研相结合的新型技术转移体系，截至 2014 年底我省已有 45 家机构被评为国家级技术转移示范机构，现有国家技术转移示范机构共有从业人员 6 218 人，具有大学本科及以上人员占机构总人数的 86.14%，机构从业人员增长快，基本素质高，为开展知识密集型的技术交易活动提供了人才保障。2014 年全年我省的国家技术转移示范机构共促成技术转移项目 18 496 项，成交金额达 90.31 亿元。组织技术推广和交易活动超过 2 440 次，技术转移培训 22 937 人次，服务企业 44 024 多家，当年获得发明专利达5 490 项。

省内的国家级技术转移示范机构为实现和加速技术转移进程提供了各类优质服务，包括技术集成与经营、技术经纪和技术投融资服务等，是一批能够真正市场化运作的技术转移机构，对江苏地区技术转移机构的发展产生了示范辐射效应，促进了我省技术交易活动的持续升温。

(3) 江苏区域创新驿站

中国创新驿站是集成利用科技中介服务资源，以信息化手段为支撑、以企业需求为导向、以国家政策和内部标准化质量管理体系为指引的跨地区、跨行业、跨领域技术转移服务体系暨中小企业创新支持系统。中国创新驿站站点分为国家、区域、基层三级，江苏创新驿站作为中国创新驿站第二批发展对象，已加入中国创新驿站服务体系。江苏创新驿站围绕企业需求，开展技术转移促进、科技金融对接、产权交易推进、创新人才引进、新兴产业培育等“进园助企”五大服务工程，全面提升江苏区域创新驿站服务功能。目前驿站服务体系已覆盖苏南、苏中、苏北地区，共拥有各类站点 99 家，其中区域站点为江苏省高新技术创业服务中心，具体负责江苏创新驿站的组织工作，基层站点 13 家，服务站点 85 家。初步建有专家信息库、技术经纪人库、科技金融库等有效数据库。

(4) 高校技术转移中心

2009 年至 2013 年，全省共立项建设 25 家高校技术转移中心，现各中心共有专兼职人员 1 354 名，其中博士生 470 名，硕士生 432 名；高级职称 609 名，中级职称 429 名；具有技术经纪人、专利代理人、律师、知识产权工程师、会计等资质证书的 236 名。高校技术转移中心共设立分支机构 188 个。2011 年至 2013 年，全省 25 家中心共开展技术交易活动 4 144 场次，组织技术转移项目 30 332 项，合同成交额 112.82 亿元。

(5) 区域科技成果转化服务中心

为促进各类科技资源向地方集聚，提高科技成果转化力度，降低创新创业成本和风险，不断提升区域科技创新服务能力，从 2008 年开始，江苏省科技厅依托地方科技中介服务机构，建立健全技术转移、成果转化机制，强化服务平台建设，全面启动建设了 46 家区域科技成果转化服务中心。通过近 6 年的建设运行，区域科技成果转化服务中心已成为地方集聚科技创新资源和集成科技服务功能的重要载体。

46 家区域科技成果转化服务中心全面覆盖了苏北、苏中各市县，拥有开发成果库、技术需求库、专家库及门户网站等 20 多个。2013 年度，全省通过科技成果转化服务网站发布企业技术难题信息 1.45 万条，累计解决技术难题 507 项，开展成果转化相关服务 1 332 项(次)，实现相关服务收入 1 029 万元。各地充分利用成果转化服务中心这一平台，帮助科技人员和中小企业创新创业，协助加强与省内外高校院所交流与合作，提升成果转化范围和层次，加速科技成果向现实生产力转化，纵深推进省内外产学研活动。

4.3.3 政策支持体系日趋完善

技术市场的发展离不开完善的政策系统的支持。为发挥技术市场作为科技体制改革突破口和成果转化主渠道的重要作用，国家制定了一系列鼓励技术创新、技术交易的优惠政策，形成了以技术交易增值税政策、技术转让所得税政策和奖酬金政策为核心的国家级技术市场政策体系。

江苏省也为技术市场制定了相关政策。1990 年江苏省人大会常委会通过了《江苏省技术市场管理条例》，至 2002 年该条例已废止。为了促进科技成果转化为现实生产力，规范科技成果转化活动，实施科教兴省战略，推动经济建设和社会发展，2000 年江苏省人大常委会出台了《江苏省促进科技成果转化条例》。2004 年江苏在全国率先设立省级科技成果转化专项资金，到目前为止，专项资金累计立项支持 1 118 个项目，省财政投入资金 107 亿元，引导项目新增总投入 1 349 亿元，实现了创新要素集聚和重大技术突破，有力带动了企业创新能力提升和产业转型升级。

此外，一些地方在促进技术市场发展上也制定了地方政策，比较有代表性的是南京和苏州。南京市从 2008 年相继出台了《南京市技术市场促进条例》、《南京市科学技术普及条例》、《南京市促进技术转移条例》。其中《南京市促进技术转移条例》是目前国内第一部支持技术转移的地方性法规，主要涉及技术转移的概念、主体、服务机构、人才、激励措施、秩序、政府服务与管理、法律责任等方面。苏州市在 2013 年制定了《苏州市技术经纪人管理办法(试行)》及实施细则，是省内首个针对技术经纪人的奖励办法。2013 年出台的《苏州市科技成果转化专项资金实施细则》给苏州市的科技成果转化项目带来了普惠制的激励，普惠制政策补助原则按技术合同交易额不超过 5%给予补助，承接成果转化的企业每一年度补助额度最高 30 万元。

4.3.4 技术经纪人队伍不断扩大

多年来江苏省注重对技术经纪人进行全方位的业务知识和技能培训，不断开展多层次、多渠道、大规模的人才培训，逐步提高技术经纪人才队伍的专业素质和工作水平，培养了一批多层次技术经营人才构成的，德才兼备、结构合理、素质优良的队伍。

（1）技术经纪人资质获工商部门认可

自2012年起，江苏省科技部门就开始主动与江苏省工商行政管理局、南京市工商行政管理局就技术经纪人资质确认问题洽谈合作事宜，共同分享上海、浙江、深圳以及苏州的相关创新业务模式，推动和加强与省、市经纪人协会的合作。自2014年起，江苏省高新技术创业中心与江苏省工商行政管理局将为培训合格的技术经纪人联合发放从业资质证书。

（2）省市联动开展专业化培训

目前江苏省广泛开展了省市两级联动、合作举办技术经纪人培训，扩大了地方技术经纪队伍的规模，有利于推动地方技术交易的开展。全省地市科技局、科技成果转化中心、技术转移中心、科技企业等对技术经纪人培训保持了极大的热情。同时将技术经纪人工作与江苏区域创新驿站服务体系建设相结合，目前已有的99家江苏创新驿站基层站点、服务站点中，每家基层站点培育和聘请技术经纪人不少于2人，每家服务站点培育和聘请技术经纪人不少于1人。各级站点从自身实际情况出发，利用网络化手段设施，实现服务资源、服务信息和服务手段的共享共建，确保服务效能的发挥。

（3）编纂技术经纪人培训教材

江苏省以《全国技术经纪人培训大纲》为依托，在学习、借鉴2007版《技术经纪人培训教材》（长三角区域创新体系建设联席会议办公室编著）的基础上，编撰了新的技术经纪人培训教材，新增相关章节和内容，使之更贴近实际工作的需要。

4.3.5 面临的问题和挑战

当前江苏省技术市场的建设取得了很好的成效，在肯定成绩的基础上也需要认识到当前发展中仍然存在一些问题，全省技术市场工作与国家的要求还有差距，技术市场发展还面临一些问题和挑战。

（1）市场化资源配置动力仍显不足

目前全省的技术市场在市场化资源配置的动力上与其他省市仍有差距。以南京为例，南京和西安均为科技综合实力优势明显的副省级城市，高等院校、科研院所、科技人员数量在全国居于前列，其中南京区位优势还明显优于西安。但近几年西安不断探索以市场统筹配置科技资源，以技术市场搭台，创新联盟引领，重大项目支撑，产业园区承载的方式，统筹科技基础资源、科技产业资源、科技人才资源和科技投入资源向创新驱动转变，建立以市场需求为导向，具有“资源共享，协同创新，技术转移，创业孵化，决策咨询”等功能的西安科技资源大市场，实现科技资源的开放整合与高效利用，科技成果转化成效显著，连续三年保持全国副省级城市之首的位次。2014 年西安技术合同成交 25 169 项，成交额达到 567.25 亿元，位居全国副省级城市第一。相比较而言，南京近几年发展一直徘徊不前，2014 年技术合同成交额仅为 180.14 亿元，位居全国副省级城市第四。

(2) 服务机构专业化能力有待提升

在技术市场体系中，服务机构承担了专业化信息服务的重要任务，把政府、市场、技术输出方和技术采纳方等诸多要素有机整合起来。基于这个功能定位，省内多数技术中介服务机构立足于技术信息发布、需求收集，尚未做到将技术交易服务向深向广拓展，技术市场供需双方之间缺乏资源高效交互通道。部分机构只能提供一般性、综合性的服务，特长不突出，优势不明显，不能满足企业的专业性、针对性强的具体需求。因此难以形成规模，实力不大，有的机构甚至依靠政府的支撑来维持运营。

(3) 支持政策有待强化

一是国家级政策中，现行诸多促进技术市场发展的税收政策规定了较为严格的审核条件，很多企业、科研机构等反映政策门槛高或在实际操作过程中暴露一些问题导致无法充分享受政策带来的税收优惠。主要体现在技术咨询和技术服务未纳入增值税免征范围，大量的技术秘密转让、专利申请权转让未纳入所得税优惠范围等。二是省级政策中，当前江苏省技术市场省级管理条例缺失，《江苏省促进科技成果转化条例》也迫切需要修订和完善，以推进科技成果收益权和处置权改革。2002 年江苏省人大废止了《江苏省技术市场管理条例》后，我省缺乏针对规范技术市场主体、客体和交易行为以及保障和促进技术市场发展的专门法律、法规性文件，使得技术市场的法制环境建设缺位。相比较而言，北京市、浙江省、湖南省、黑龙江省等地区均对原技术市场管理条例进行了修订。青岛出台《促进科技成果转化技术转移专项补助资金实施细则》，对技术转移机构、高校科研机构科技成果转化项目给予补助，并制定了《青岛市技术转移服务机构评定和管理办法(试行)》。武汉出台了《促进东湖国家自主创新示范区科技成果转化体制机制创新的若干意见实施导则》(新“黄金十条”)，深化武汉地区高校和科技机构职务科技成果使用处置和收益管理的意见。

(4) 技术经纪人发展受到限制

虽然江苏省的技术经纪人有完善的培训系统，人才队伍总体上也形成了一些规模，但总的来说目前江苏的技术经纪工作仍处于探索、培育阶段，技术经纪人在发展中遇到许多方面的问题，主要是当前省内的技术市场发展过程中市场化运作力度不够，导致技术经纪人还不够活跃。例如，国家现行的对于国有资产的管理约束以及对科研评价、管理的机制限制，导致高校既缺乏对自身成果进行转化的热情，又缺乏开放给专业技术经纪机构进行转化的动力。企业作为技术创新的主体，由于市场竞争等原因，多数选择将技术开发、引进、吸收等内化管理，较少委托专业技术经纪人运作。由于技术市场供需双方的需求都不足，造成了技术经纪人的发展受到限制。同时，技术经纪人相关的政策扶持是技术经纪体系的重要组成部分，但目前省级层面的技术经纪人扶持政策缺失，使得技术经纪缺少必要的政策支撑。

4.3.6 加快发展江苏省技术市场的几点建议

为贯彻落实《中央关于全面深化改革若干重大问题的决定》中有关发展技术市场的要求，在分析当前存在问题、总结发展经验的基础上，进一步解放思想、创新探索，为进一步推动我省技术市场发展提出以下建议。

(1) 尽快健全和完善技术市场政策体系

对近几年全国技术市场统计数据分析及通过对省内从事技术贸易的单位的大量走访调研，在完善技术市场国家相关政策中提出以下两点建议：一是扩大增值税优惠政策的覆盖范围，将独立的技术咨询和技术服务纳入增值税免征范围，从“两技”扩大到“四技”；二是建议从技术转让中的实际情况出发，将技术秘密转让、专利申请权转让重新纳入所得税优惠范围，并且放宽使用权转让中“5 年以上(含 5 年)全球独占许可使用权”的规定。在省级层面上目前江苏省尚无一部统一的技术市场法律法规，迫切需要制定相关省级政策来明确政府、高校、科研机构、企业及中介机构等在从事技术市场活动中的责任，规范技术市场各参与主体的行为，使其在法律的规范下运行，将技术转移的运作、技术创新、知识产权保护等多方统一协调起来。

(2) 探索市场优化科技资源配置新机制

要进一步发挥技术市场在全省范围内促进技术集聚流转、价格发现、资源配置、秩序规范和创新激励等方面的作用，不断提高技术市场服务经济社会发展全局的能力。促进科技资源整合、开放与共享，探索市场优化科技资源配置新机制，让更多的科技资源“露出来、聚起来、活起来”。要积极促进科技型企业并购重组，加快存量资源的整合，通过市场平台促进产业结构优化和升级。适应科技成果资本化的要求，探索社会资本与财政资金共同支持、知识产权共享、风险及利益共担的新机制，使技术市场成为大众参与创新并创造财富的平台。

(3) 加大对中介服务机构的扶持和管理

技术中介服务机构依据国家创新目标，以专业知识、专门技能为基础，按照市场经济规律，通过整合资源，承担具体为技术创新主体和技术创新资源服务的任务，是市场经济体制条件下政府推动知识和技术扩散的重要渠道。建议政府加大对中介服务机构的扶持，通过营造良好的政策环境、人才硬件、资金支持等来培育技术中介的健康发展，帮助他们去探索技术交易的创新模式。同时建议以科技成果的转化率作为中介服务机构工作成效的考核指标和评价标准,建立开放的信用评价体系,以此来管理和监督中介服务机构的服务行为。

(4) 提升中介机构专业化服务能力

按技术门类和专业领域建立的中介服务机构,更贴近企业和生产,能解决企业的具体技术问题,有较强的生命力。在现有基础上,建议大力加强专业性技术中介服务机构的建设,并把它们连接成覆盖全省、也面向全省的服务机构网络。同时注重拓展服务功能,从服务于科技项目成果的转化扩散到研发人才、公共平台、基础设施等多种科技资源供给。建议省内有条件的科技中介机构尝试以提升技术输出方成果应用性、参与技术采纳方的需求解决为主线,以用户需求匹配、技术服务定制为手段打造供需双方之间资源的高效交互通道。

(5) 强化人才队伍建设

大力开展人才队伍建设,促进技术市场可持续发展。加强省内技术市场管理人员培训,与大学和行业协会合作共建技术市场管理人才培养基地或短期培训班,组织人员参加全国技术市场管理人员和合同登记统计人员培训工作,加快培养具有宏观思维、宽阔视野、复合技能的高级技术市场管理人才。加强技术经纪人队伍建设,建立统一大纲、指定教材、共享师资、共建基地四位一体的技术经纪人培养体系。探索建立技术经纪人资质培训和认证制度以及高端国际化人才培养机制,促进技术经纪行业整体发展。同时尽快制定省级技术经纪人管理相关条例,为技术经纪人的发展提供有力支撑。

5 技术交易实践

在市场经济和知识经济时代，国家的兴衰主要取决于科技与经济的发达程度。十八大提出“推动科技和经济紧密结合，提高科学研究水平和成果转化能力”。技术交易作为一种重要的技术转移形式，是科技与经济有效融合的纽带。然而，随着我国技术交易额连年迅速增长，技术交易对经济增长的贡献测度得到了学术界和政策层的高度重视，如北京技术市场最先提出用实现技术交易增加值占地区生产总值的比重来衡量。

改革开放以来，我国经济增速创造了世界奇迹，却以巨大的资源消耗和污染排放为代价，高能耗、高污染的发展模式严重脱离了中国基本国情，中国经济发展模式的转型迫在眉睫。以实现科技成果转化为主要功能的技术市场，也日益引起社会的关注。

5.1 技术交易现状和成效

2014 年，我国技术市场深入贯彻落实十八届三中全会关于“发展技术市场，健全技术转移机制。促进科技成果产业化、资本化”的精神，全面落实国务院《关于加快科技服务业发展的若干意见》，重点围绕技术转移体系顶层设计，推动技术转移政策体系和科技服务体系不断完善，逐步构建市场导向的技术转移机制。技术转移环境不断优化，技术市场优化配置科技资源的作用得到进一步发挥，技术交易活力持续释放，全国技术合同成交额首次突破 8 000 亿元，达到 8 577.18 亿元，同比增长 14.84%，为促进科技成果转化和推动全国经济转型升级提供了重要支撑。

5.1.1 我国技术交易基本情况

全国技术合同成交额快速增长。截至 2014 年共成交技术合同 297 037 项，成交额 8 577.18 亿元，同比增长 14.84%，平均每项技术合同成交额 288.76 万元，增长 14.02%。全国技术合同成交额占国内生产总值的 1.35%，比上年提高了 0.04 个百分点。

技术服务与技术咨询成交额大幅提升。技术服务、技术开发合同成交额占全国技术合同成交额的 83.89%，分别为 4 246.72 亿元和 2 949.01 亿元，增长 24.29%和 6.33%；技术转让合同成交额达到 1 137.17 亿元，增长 4.93%；技术咨询合同成交额 244.29 亿元，增长 25.21%。

电子信息领域成交额居首位。电子信息技术成交额 2 182.63 亿元，占全国技术合同成交额的 25.45%；先进制造技术合同位居第二位，达到 1 242.55 亿元，占 14.49%；现代交通成交额 968.35 亿元，占 11.29%。

涉及各类知识产权的技术合同成交额逐年增长。全国涉及知识产权的技术合同成交额 4 127.86 亿元，比上年增长 8.82%。各类型知识产权中，技术秘密合同成交额居首位，达到 2 625.75 亿元，占 63.61%；计算机软件著作权类第二，成交额 707.92 亿元，占 17.15%；专利技术交易量居第三位，成交额 661.42 亿元，占 16.11%。

重大技术合同交易实现成交项数及成交额双增长。全国技术市场 1 000 万元以上的重大技术合同成交 9 128 项，增长 15.37%，成交额 6 219.72 亿元，增长 15.83%，占全国技术交易成交总金额的 72.51%，比上年提高 0.62 个百分点。

企业继续保持技术交易主体地位。企业输出技术合同 191 654 项，成交额 7 516.29 亿元，增长 16.78%，占全国技术合同成交额的 87.63%；企业吸纳技术 209 049 项，成交额 6 609.56 亿元，增长 18.06%，占全国技术合同成交额的 77.05%。

5.1.2 我国技术交易基本特点

(1) 技术交易支撑科技服务业发展的作用增强。2014 年，国务院发布了《关于加快科技服务业发展的若干意见》，各地方陆续出台了促进科技服务业发展的政策和措施，带动了以技术中介服务、技术培训服务、技术咨询等为主要方式的服务业迅猛发展。2014 年技术服务合同成交额增速达到 24.29%，居四类技术合同首位，技术咨询合同成交额连续两年保持 20%以上的增速，增幅居四类合同首位。

(2) 技术要素进一步向战略性新兴产业领域集聚。在经济发展转方式、调结构、促升级的背景下，电子信息、先进制造等战略性新兴产业蓬勃发展，电子信息、先进制造、生物医药、新能源、新材料和节能环保等战略性新兴产业领域技术合同成交额达 5 899.55 亿元，比上年增长 30.83%，占全国技术合同的 68.78%。随着互联网快速发展，电子信息领域技术交易遥遥领先于其他领域，合同成交额为 2 182.63 亿元，占比为 25.45%。

(3) 企业技术转移双向主体的地位进一步凸显。随着创新驱动发展战略的不断推进，自主创新激励机制和知识产权制度不断完善，企业技术创新活力空前高涨，企业输出技术占全国技术合同成交额的 87.63%，吸纳技术占全国的 77.05%，既是技术的最大输出方，也是技术的最大吸纳方，为技术交易注入新的活力。

(4) 技术转移一体化建设助推技术交易快速增长。在全国技术转移一体化建设的推进下，国家技术转移集聚区、国家技术转移南方中心、中部中心和东部中心陆续获批，西部中心和东北中心正在筹建，扁平链接技术转移服务机构、平台、联盟与网的全国技术转移一体化新格局正在形成，带动了区域技术转移体系逐步完善，加速了技术要素的自由流动和有效配置。2014 年，北京技术交易额继续保持全国首位，达 3 136 亿元，占全国技术合同成交额的 36.56%，海洋工程、高铁、通信、航天等技术流向 79 个国家和地区，成为国际技术转移重要枢纽；西部十二省和中部六省技术合同交易额超过全国平均增速，同比增长 17.24%和 19.69%，陕西和湖北技术合同交易额成交较大，以 640.02 亿元和 580.68 亿元分别领跑西部和中部地区。

(5) 技术转移转化服务京津冀一体化战略的能力增强。技术转移为京津冀一体化注入活力，技术交易和创新要素流动加快，带动京津冀产业转型与发展，京津冀三地共达成技术合同 85 463 项，成交额 3 554.97 亿元，较上年增长 12.52%，占全国技术合同成交总额的 41.45%。在京津冀协同发展战略的大背景下，北京以其丰厚的创新资源和强大的研发实力，承担了产业转移中技术输出方的重要角色，为津冀地区提供了强有力的技术和产业支撑，输出到河北和天津的技术合同分别为 2 099 项和 1 376 项，成交额 62.7 亿元和 20.4 亿元。河北作为三地最大的产业转移承接方，承接了京津两地现代交通、电子信息、城市建设与社会发展领域的技术转移，助推河北产业结构转型升级。天津流向北京的技术合同成交额为 81.6 亿元，支撑了首都电子信息产业发展和生态环境的改善。

5.1.3 江苏省技术交易基本情况

2014 年我省技术市场交易进一步活跃，全省技术市场共登记技术合同 24 681 项，成交金额 655.34 亿元，较 2013 年增长了 11.92%，继续稳居全国省份第一。数据显示，江苏省总成交金额与北京市仍有较大差距，但与上海市差距在逐年缩小，2014 年仅相差 12.48 亿元；同时陕西省、湖北增长速度较快，与我省之间差距有所减少。

5.1.4 江苏省技术交易基本特点

(1) 企业自主创新的能力进一步增强

2014 年江苏省企业法人机构输出技术交易额超过吸纳技术交易额，达到 557.31 亿元，占总输出技术交易额的 85.04%；江苏省企业法人机构吸纳技术交易额 364.53 亿元，占总吸纳技术交易额的55.63%。目前我省企业已成为技术交易主体，自主创新的能力进一步提高。

(2) 产学研合作加速技术转移进程

我省大学、院所技术创新源头作用明显，产学研合作进一步深化。2014年大学、科研院所输出技术交易项数为14 113项，占全省技术市场成交项数的57.18%，成交金额为55.75亿元，占全省技术市场成交总额的8.51%。居全省大学技术交易前三位的分别为东南大学、南京航空航天大学、南京理工大学，居全省科研院所前三位的分别是南京水利科学研究院、江苏省环境科学研究院、环境保护部南京环境科学研究所。

(3) 技术创新和技术转移扩散能力增强

按照建立以企业为主体、市场为导向、产学研相结合的技术转移体系的要求，企业与高等院校、科研机构以产学研结合等形式合作，技术创新能力明显增强，2014年通过技术市场登记的技术开发合同15 499项，成交金额为259.96亿元，占全省技术市场成交总额的45.16%，位居四类合同首位。

随着国家鼓励技术转移税收优惠政策的发布实施，我省技术转移能力大幅提高，技术交易日益活跃。统计数据显示，2014年全省共签订技术转让合同1 522项，成交金额291.10亿元，占我省成交总额的44.41%。从统计数据可以看到，2014年我省技术转让成交金额与2013年相比上涨49.11%，继续保持较高的技术转移效率。

(4) 战略性新兴产业成为技术交易的主要领域

江苏正处于"迈上新台阶、建设新江苏"的攻坚时期，研发创新与新兴产业高度融合，技术要素流动加快，电子信息技术、先进制造技术、生物医药、新能源、新材料和节能环保等战略产业技术交易快速发展，上述领域通过技术市场交易的技术合同项数和金额分别占全省成交总项数和总金额的78.16%、92.82%，为产业结构调整、高新技术产业发展提供了有力的科技支撑。其中先进制造技术领域的技术合同成交项数和金额位居各类技术领域之首，成交金额203.21亿元，占总成交金额的31.01%；电子信息技术在各类技术领域中居第二位，成交金额173.07亿元，占成交总额的26.41%。

(5) 科技成果转化和产业化进程进一步加快

技术市场配置科技资源的基础性作用明显增强，促进了传统产业改造升级和高新技术的大规模应用，加快了科技成果转化和产业化进程。2014年全省技术合同成交金额为 655.34 亿元，占江苏省生产总值的 1%，较上年增长 0.02 个百分点，技术市场在促进技术转移、高新技术产业化等方面取得了一定进展。

2014 年全国技术合同成交总额与国内生产总值的比值已达 1.35%，表明技术市场在促进技术转移、高新技术产业化等方面取得了较大进展。

5.1.5 技术交易成效

随着我国技术市场的不断发展和壮大，其交易的规模和质量都有很大幅度的提升，主体结构的分布越来越趋于成熟化，技术交易的合同及金额流向越来越合理，在促进国民经济发展中的作用越来越显著。

第一，从技术交易的规模和结构上看。截至 2014 年，全国技术合同数量已经达到每年近 30 万项，年均增长率达到 6.65%。较能体现技术交易合同质量的技术交易平均成交额从 2001 年的 34 万元增长至 2014 年的 288 万元，平均增长率达到 16.69%。2014 年技术开发合同金额与技术转让合同金额共占到技术合同总金额的 47.64%，较 2001 年有较大幅度的增长。这说明我国技术开发的力度加强了，技术成果转化为生产力的速度加快了，国家政策导向初见成效。

第二，从技术的输出方构成看。2005 年企业输出技术成交金额为 919.0 亿元，占输出技术成交总金额的 59.24%，所占比例最高，科研机构 15.34%和技术贸易机构 9.22%次之，大专院校占比最小。到 2014 年，企业作为技术输出方的占比进一步扩大，技术输出成交额达 7 516.29 亿元，占总金额的 87.63%。

第三，从技术合同流向地区上看，流向东部地区的技术合同最多，数量为 193 936 项，合同金额为 4 711 亿元，占技术合同总金额的 54.92%；流向中部地区的合同金额为 1 139.51 亿元，占技术合同总金额的 13.28%；流向西部地区的技术合同金额为 1 510.21亿元，占技术合同总金额的 17.60%。我国技术合同的区域流向与我国区域发展水平相符，东部区域经济最发达，技术交易活动也最活跃；西部较中部区域的技术交易活动要活跃一些，主要原因可能与国家扶持西部的相关政策有关。

张振宇等借鉴 Fagerberg 模型对科技进步影响要素进行细分，对 C-D 生产函数进行扩展，建立技术交易与经济增长关系的定量模型，使用我国 1987—2012 年的相关数据，根据回归结果可知技术交易的弹性系数 γ_3，进而测算出 1987—2012 年技术交易对经济增长的贡献。

表 5-1 技术交易对经济增长的贡献 (单位:%)

时间段	GDP 年均增长率	技术交易额年均增长率	技术交易贡献	技术交易贡献份额
1987—1990	7.69	29.59	2.34	15.41
1991—1995	12.28	16.11	1.27	10.23
1996—2000	8.64	17.56	1.39	16.91
2001—2005	9.76	17.43	1.38	14.33
2006—2012	10.44	18.86	1.49	15.28

注:技术交易贡献=技术交易额年均增长率×技术交易产出弹性(γ_3);贡献份额=技术交易贡献/国内生产总值(GDP)年均增长率。

从表 5-1 可以看出,1987—1990 年,GDP 年均增长率为 7.69%,技术交易对经济增长贡献了 2.34%,贡献份额占 15.41%,这一阶段,技术交易额增长率达到29.59%,发展最为迅速;1991—1995 年"八五"期间,GDP 年均增长率为 12.28%,技术交易贡献了 1.27%,贡献份额下降为 10.23%;1996—2000 年"九五"期间,GDP 年均增长率下降到 8.64%,但技术交易仍快速发展,对经济增长贡献了 1.39%,贡献份额上升到 16.91%;2001—2005 年"十五"期间,GDP 年均增长 9.76%,技术交易贡献了 1.38%,贡献份额为 14.33%;2006—2012 年,GDP 年均增长率达到 10.44%,技术交易也快速发展,达到 18.86% 的年均增长率,对经济增长的贡献为 1.49%,贡献份额上升为 15.28%。

总的来看,结果表明:1987—2012 年技术交易对我国经济增长的平均贡献份额为 14.46%,在忽略各自溢出效应的情况下,技术交易的贡献份额远大于实际利用外商直接投资的贡献份额。1987—2012 年,我国实际利用外商直接投资额平均约是技术交易额的 473.56 倍,从这个意义上讲,我国技术交易规模虽然不大,平均贡献份额仅为 14.46%,但却在一定程度上表明我国技术交易的发展潜力很大,应该引起理论界和政策层的高度重视[22]。

5.2 技术交易制约因素

我国技术市场经过 30 年的发展,经历了从无到有、从小到大,全国技术交易快速发展,2014 年全国技术合同成交额首次突破 8 000 亿元,达到了 8 577.18 亿元。虽然技术市场的发展取得了一定的成效,但在技术交易过程中也存在许多困难,如在技术需求方、技术提供方、市场运行方面均存在阻碍技术市场发展的制约因素。

5.2.1 来自技术需求方的制约因素

企业作为技术创新的主体，在全国技术交易中一直保持重要地位，2014 年我国企业吸纳技术 209 049 项，成交额 6 609.56 亿元，增长 18.06%，占全国成交额的 77.05%，统计数据可以显示出企业已经成为技术交易的最大需求方。企业通过技术二次开发、集成、产业化，不断提升创新能力，为技术交易注入了活力。但企业在技术交易过程中仍存在很多制约因素：

(1) 技术商品的高风险性。技术商品是对技术进行探索创新的过程，存在很多不确定因素，如技术商品是否成熟，能否成功实施应用，投入成本能否收回，能否取得预期经济效益等。企业承担风险高，投入很可能没有任何回报，因此企业对技术商品在选择时有很多顾虑，使技术交易成功率大为降低。即便是在企业购买技术后，在应用过程中还要对技术进行有效的保护，稍有不慎就可能使核心技术外泄，使技术商品失去原有价值，企业的经济收益就得不到保障。由于我国知识产权保护存在欠缺之处，如果技术商品申请专利，需要公开技术秘密点，技术公开之后可能得不到有效保护，因此企业作为购买方也存在着不可忽视的风险。

(2) 技术交易成本较高。随着技术的高速发展和高度竞争，技术商品的成本越来越高，如研制一种新型号汽车一般需要投入数亿元成本，而一种新药开发一般需要投入超过 10 亿元成本，且开发时间超过 10 年。企业在进行技术交易过程中，所付出的成本不仅包括技术商品本身的价值、交易过程中发生的费用、在技术消化吸收过程中的技术培训、技术使用、技术整合等费用，同时由于技术交易中各种不确定性因素很多，为克服各种风险因素也要付出很高的成本。

(3) 对技术商品价值评估能力不足。技术商品具有探索性、创造性、继承性等特点，由于技术商品的特质，在我国技术交易过程中，交易双方一般采用技术商品化后可以带来的实际经济效益和预估经济效益作为评估的依据，从技术成本、技术利润、税收三方面对技术商品议价。除此以外，企业还要对其他因素进行评估，如技术商品是否具有垄断地位，技术商品产业化程度是否成熟，技术商品应用范围和适用地域，技术商品的市场生命周期，企业自身是否具备经济支付能力和技术应用能力。在购买技术商品时，只有企业具备解决以上制约因素的能力才可能使技术交易风险降到最低，而我国企业现多为劳动密集型企业，技术人员所占比例低，大中型企业中技术人员的比例仅为 7%，中小型企业的情况更不容乐观，整体知识储备和技术整合能力低，技术的消化吸收和后续开发能力弱，对技术商品不能准确评估。为避免风险的承担，很多企业在选择项目时，多寻求创新程度不高、规模小、技术价值低的技术商品，注重短期效益，倾向于接受短、平、快项目,限制了技术交易的活跃程度。

5.2.2 来自技术提供方的制约因素

高等院校、科研院所作为高层次人才的集聚地、科技资源的密集区,是技术研发的创新源头,在我国的技术交易活动中发挥了重要作用。教育部编写的《2013 年高等学校科技统计资料汇编》显示,2012 年全国高校研究与发展经费支出为 594.95 亿元,其中应用研究和实验发展支出 397.91 亿元,占研究与发展总经费的 66.88%;申请专利 106 714 项,其中发明专利 66 342 项;授予专利 68 971 项,其中授予发明专利 34 294 项。从数据可以看出我国高等院校在科研活动中偏向于应用研究和实验发展,从专利申请和授权情况来说取得了较好的成效。但我们同时也看到高校的科研成果在走向市场化过程中不尽如人意,2012 年全国高校仅有 2 357 项专利成功转让,转让金额仅为 8.21 亿元,只占授权专利的 3.41%。同时 2012 年高校的研究发展项目为 365 421 项,其中应用研究和实验发展项目为 153 176 项,可以说科研成果丰硕,但全年只有 10 275项技术成果成功转化,仅占应用研究和实验发展项目的 6.7%,成交金额也只有 38.76 亿元。由此可以看出高等院校、科研院所科技成果的转化效率偏低。

由于技术交易的过程非常复杂,科技成果如何成为技术商品、技术商品如何产业化、最后提升生产力是高等院校、科研院所应该在技术研发、技术创新中多作思考的。作为技术研发源头的高等院校、科研院所,其科技成果转化受阻的影响因素主要有以下几个方面:

(1) 科研的评价体制缺位。我国高等院校、科研院所目前的科研评价体系过于简单化,主要以科研论文所发表的刊物级别、科研项目来源和级别、科研成果的经济收益作为评价指标,科研人员在研究开发过程中更多关注课题的申报、论文的撰写以及论文的数量。科研成果的考核没有与科研成果商品化、产业化挂钩,没有与产生经济效益结合,只要通过结题验收、成果鉴定就可作为完成考核指标以及职称评定标准,导致科研人员成果转化的积极性不高,技术交易成功率偏低。

(2) 科研成果与市场脱节。高等院校、科研院所的科研项目有的来自上级主管部门下达,有的来自研究文献选题。如果项目从政府获得,科研人员更多考虑如何发表高水平论文便于结题;如果自行选题,则书本味较浓,针对性不强,单纯追求学术价值,有的甚至闭门造车。由于科研人员技术创新能力有限,缺乏多学科协作,市场人员未参与,导致研究项目的成熟度和运用性差,技术配套性弱,不能满足市场需求,很多科研成果多年无人问津。有的科研成果由于没有面向市场、针对企业需求,因而研究成果中理论探索偏多,很多项目停留在实验室或小试阶段,很难走向中试、产业化阶段,导致技术成果难以商品化、产业化。

有的项目在启动之前没有对应用对象进行调研，市场目标不明确，导致技术成果的可行性、领先性大打折扣。有的科研成果则属于低层次的技术模仿，缺乏创新性，其市场存在周期短，技术商品价值不高的情况。

(3) 市场判断能力不够。由于技术商品的特质，在技术交易过程中，高等院校、科研院所作为技术提供方所拥有的技术一般局限于某些特定领域，缺乏与市场、企业进行信息交流的渠道。一是对技术商品价值评估不准确。由于技术商品价值可以从技术成本、技术利润、税收三方面进行估价，科研人员可以通过技术研发难度、创新程度、研发周期评估技术成本，却无法评估技术商品化后可以带来的实际经济效益和预估经济效益来核算技术利润和税收。二是缺乏判断技术购买方的能力。在技术交易过程中，技术购买方与需求方同样存在交易风险，科研人员由于市场信息不全面，无法判断技术购买方是否具有实施应用技术能力，是否具备承担风险责任能力，从而易导致技术交易半途而废，使科研人员不仅经济遭受损失，还可能陷入法律纠纷。

5.2.3 市场运行方面的制约因素

我国技术市场经过 30 年的发展，2013 年技术交易突破 7 000 亿元，2014 年技术交易额突破 8 000 亿元，市场规模不断扩大，交易形式不断创新，服务水平不断提高，为科技成果向现实生产力转化作出了巨大贡献。但技术市场的发展相对于我国科技进步和科技实力的增长，其功能和效力并未得到充分发挥。我国技术市场存在以下不足之处：

(1) 技术市场的监管不力。由于我国目前尚未在国家层面制定针对技术市场的法律规章，科技主管部门也没有明确的技术市场监管职能，导致各地的技术市场监管不统一、交易行为不规范，市场信用缺失，具体技术交易行为缺乏法律依据，假冒伪劣技术买卖得不到有效遏制，使技术交易双方的权益得不到全面保护，增加了技术交易的风险成本，使得我国技术合同普遍存在履约率低的问题，据相关数据显示，国内技术市场最高履约率不超过 65%。

(2) 科技中介机构服务能力不高。科技中介机构是技术交易双方的纽带和桥梁，通过服务可以降低交易成本，提高交易效率，但目前我国科技中介机构存在一些问题。一是专业服务水平偏低。由于科技中介是提供科技成果转化全过程服务，不仅在具备科学知识、经济知识、市场知识、法律知识等综合性知识结构的基础上，为交易双方提供信息服务、信息评估、产业化方案实施等服务，还需要具备组织能力、协调能力、经营能力、解决问题的综合能力。而我国现有科技中介机构多由政府部门设置，由于体制限制,缺乏吸引高水平复合型人才的能力;而一些民营科技中介机构,由于经济实力有限,同样也难以吸引人才,导致科技中介机构整体服务水平有限。二是服务功能不全面。我国现有科技中介机构服务功能较为单一,大多从事初级、单一中介业务,而参与系统、深入业务的相对较少,从事技术评价、代理、融资及市场调查等方面业务的就更少。三是服务手段落后。随着互联网的快速发展,科技成果转化与网络信息技术结合将有效提升转化效率,而我国科技中介机构基础设施建设相对滞后,导致交易过程中的信息不对称,人力与物力消耗大,加大了交易的时间与成本。

(3) 与其他创新要素结合不紧密。创新要素可分为创新主体要素、创新资源要素和创新环境要素。创新资源要素包括促进创新的资源,包括技术、人才和资金等。创新环境要素是指支撑创新的环境,包括支撑创新的市场状况、基础设施、文化氛围、制度环境以及政策环境等。创新要素的集聚可以充分发挥市场在资源配置中的基础性作用,实现高等院校、科研院所、企业的优势叠加,营造研发有力、转化顺畅、交易活跃、服务高效的环境。近年来,西安科技大市场、浙江科技大市场在创新要素集聚方面作了探索实践,2014 年陕西输出技术交易额突破 600 亿元,其中西安为 567.25 亿元,有效地提高了技术交易活跃程度。但我国技术市场大多仍为单兵作战,与其他创新要素联动较少。

5.3 技术交易创新模式探索

技术交易市场形成发展 30 多年,在经济增长与科技发展中发挥了举足轻重的作用。随着当今经济全球化的发展趋势,简单技术交易“资本化、国际化”已成必然。技术交易服务模式发展到今天,原来那一套行之有效的工作机制已经不能满足新形势下市场经济对其的新要求,必须探索一套与日益活跃的技术交易市场需求相适应的服务模式。技术交易服务业需要不断注入新的血液和营养,才能保持生命之树常青[25]。

技术市场涵盖的机构种类众多,其运行模式也各有特色。但想要实现企业化运作,前提是要选择一个适应自身发展和市场需求的运行模式。近年来我国各类技术交易机构紧跟市场潮流,结合政府需求、企业需求和社会需求,勇于探索,敢于创新,以较强的服务意识和专业化技能拓展了服务功能,在传统运行模式的基础上不断涌现出一批新型模式。

5.3.1 技术交易现有模式

为了更全面地了解各类技术交易机构的现有服务模式，通过对江苏省内高校、科研院所及国家级孵化器的调研，结合省内国家技术转移示范机构的申报材料，总结各技术交易机构所取得的丰硕成果和经验，对江苏省内技术交易服务模式归纳如下：

（1）中介模式——做好技术服务与需求对接工作

传统的技术中介服务机构的运行模式可概括为：技术孵化型、技术市场型、转移代理型和技术扩散型。这四种传统模式在技术转化阶段、所需中介服务以及中介机构参与技术交易的深度涉及上各有侧重，但运行模式主要包括了为技术交易提供场地设备为主的硬件条件、信息资料为主的软件条件的支持，以及覆盖技术交易全过程的服务、提供管理咨询、法律咨询及金融服务等。

我省技术交易机构主要服务内容一方面包括通过组织和参加省内外科技洽谈会、产学研合作对接会，跨省市展示和宣传依托单位的最新科技成果和科技产品，加强合作单位与企业之间的产学研合作和交流；另一方面也在积极搜集企业技术需求，然后对企业的技术需求进行评估，组织相关专家科研攻关，点对点的提供科技服务。

在我省国家级技术转移示范机构中，中介模式是最普遍、运作最简单、成功率较高的一种模式。例如，常熟紫金知识产权服务有限公司的“双向跟踪、系统运作”的服务运营模式，长期跟踪技术需求方和技术供给方；江苏大学技术转移中心提出“主动请进来，积极走出去”，组织专场对接活动；江苏科技大学技术转移中心、扬州国际技术转移中心均提出“走出去”和“引进来”口号，双管齐下推进技术转移；其他技术转移机构也都非常重视信息的搜集和成果发布工作，有效对接，促成合作。

（2）产学研合作模式——推进产业技术联盟建设

高等院校、科研院所通过成立技术转移中心来发挥学科优势和协同创新作用，帮助创新主体发挥各自在产业链对应环节的优势，形成具有共同研发目标、共同参与研发过程的联合体。例如东南大学技术转移中心有选择地在各地设立分中心，及时了解当地企业技术供给与需求，接触基础的第一手信息，及时解决技术难题，又在一定程度上引导科研院所开发工作，使其研究过程具有了方向性和针对性。

产学研合作的模式既可以激活高等院校、科研院所作为创新源头的活力，又可以提高企业的原始创新能力，在一定程度上也帮助企业培养了专业人才。对于中小企业，特别是对于缺乏研发资金、处于成长期的企业，也具有成本低、运作灵活的优势。

通过协同融合，帮助产学研各方发挥各自在产业链对应环节的优势，形成具有共同研发目标，共同参与研发过程的联合体。比如，江苏大学技术转移中心实施校企"1+1+1"服务模式：即1个学科牵头，构建1个行业技术联盟，与龙头企业共建1个工程技术中心；江苏科技大学技术转移中心依托本校及相关科研单位，充分整合省内相关企业，解决发展中的共性问题和技术难题，进行深层次的合作与交流，形成成果转化、技术创新的无缝对接，通过联合申报项目和共建创新平台等形式，提高企业自主创新能力；南京工程学院技术转移中心与多家国内外知名企业合作，共建数个校企研发中心，增强转移创新的动力和源泉。通过这种模式，企业可以参与技术研发的整个过程，提高了企业的原始创新能力，在一定程度上也帮助企业培养了专业人才。对于中小企业，特别是对于缺乏研发资金、处于成长期的企业，也具有成本低、运作灵活的优势。

(3) 产业化模式——孵化科技企业，促进技术转移

目前江苏省内有些技术交易机构以科技成果产业化为导向，通过加强与各地孵化器、大学国家科技园合作，孵化出拥有自主知识产权的科技型企业，形成产业化运作的新模式。例如，南京工业大学通过科技园管理办公室牵头，以8万平方米的科技创新点大楼为载体，鼓励企业将技术中心建到学校，目前包括国家"973""863"项目，有80余家科技单位携项目入驻园区，其中大部分为学校技术转移项目。扬州国际技术转移中心依托江苏省丰富的科技资源，建立与国际接轨的研发组织方式，在若干战略性新兴产业前沿性、关键性、共性技术领域组织研发团队，促进科技成果资本化、产业化。南航在三航领域，江科大在船舶设计领域协同创新，均成立了专业研究中心，形成了鲜明的特色和优势。

产业化的运作模式将高校院所的科技成果优势和企业的经营优势相结合，推动了成果的产业化和企业的规模化。

(4) 成立新企业模式——培育新兴业态和新的增长点

通过联合形成新企业的方式，实现原有企业间研发能力的整合、提升与技术突破。浙江大学苏州工业技术研究院以核心技术创新团队为主成立研究中心，成果以技术许可或独家转让方式通过上市公司和战略投资者成立高科技公司进行转移，从2011年8月份至今已经成立了12家创新型公司，创新型企业以5%的销售额作为技术许可或独家转让或联合开发新技术方式返还给苏工院。南工院与企业成立了康尼机电工程研究院和鼎牌电器电力工程研究院，企业每年拿出销售额4%作为研究院经费，目前产学研合作项目经费超过600万，有力地推动了企业的技术进步与产品升级。新企业模式将高校院所的科技成果优势和企业的经营优势相结合，最终实现了成果的产业化

和企业的规模化。

(5) 成立技术转移分中心模式——有效发挥技术辐射作用

有选择地在各地设立技术转移分中心，一方面，及时了解当地企业技术供给与需求，接触基础的第一手信息，既可以引进当地先进技术，又在一定程度上引导科研院所开发工作，使其研究过程具有了方向性和针对性；第二，分中心可就地推广已成熟技术，有效发挥技术转移中心在区域内的技术辐射作用。例如，东南大学预计 2015 年底，建立 30 家左右东南大学技术转移中心地方分中心，中心的专职工作人员达到40～50人的规模，形成一批专职化、管理团队专业化工作人才队伍。江科大成立了乌克兰分中心，加强了技术引进，并在此基础上消化吸收，提升了本土科技自主创新能力。南京工程学院虽未成立分中心，但建立了与科技镇长团成员紧密联系、密切互动的长效机制，聘用挂职老师为信息员，及时将地方企业技术需求反馈给中心，中心再根据反馈信息，组织相关教师与企业对接。两年来，该中心技术转移项目中 30%的项目都是由科技镇长们提起的。此外，南通市通州区家纺产业发展服务中心制定了类似分中心的企业联络员制度，加强工作人员与企业的联系，提高了工作人员的科技服务能力，真正做到以企业为主，实现为企业贴身服务的理念，不断聚集优质企业项目资源，努力促进科技成果转化和企业融资，以实际案例吸引企业聚集到技术交易平台。

(6) 二次开发模式——提高项目成熟度

二次开发模式在众多的技术转移机构中不多见。南京工业大学技术转移中心独创二次开发模式，该中心与具有化工石化医药行业工程设计专业甲级资质的南京英凯工程设计有限公司共建成立“南京工大英凯技术转移中心”，作为学校技术转移中心的分支机构，依托学校科技和人才资源，面向市场，服务企业，筛选相对成熟可靠、增值推广潜力较大的技术成果，以项目为中心进行二次开发和工程化设计。同时，以学校为技术依托的南京托普化工有限责任公司，学校占 30%无形资产，注册资金 1 000 万元，作为技术转移中心的中试基地。科技研发、技术集成与技术转移全过程各环节有机衔接、紧密结合，形成从研究、二次开发到产业化的一条龙整体转移模式。努力推动管理、市场、技术及资金的融合，使技术迅速走向市场，实现其商业价值。

二次开发对于大多数中小企业来讲是亟须的、迫切的，顶尖的技术未必适合成长中的每个企业，而二次开发、技术集成、技术改进是一个消化吸收再提炼的过程，对提高企业效率起着举足轻重的作用。

(7) 金融投资与创业指导服务模式——加快技术转移速度和成功率

由技术转移机构的专家组对企业及项目进行全面评估，或交由专业投资公司评估，对可行性项目、市场前景项目进行投资，并给予初创、成长期企业必要的创业指导，加快技术转移速度和成功率。浙大苏工院创新团队与天使投资联合成立的苏州剑桥创业投资有限公司，已直接或间接投入 30 家创新型企业，并及时提供了创业指导服务。此外，浙大苏工院与交行签订了战略合作框架协议，与建行、中行、工行建立了紧密的银企合作关系，为创新型企业提供优惠的贷款服务。

(8) 科技综合体服务模式——打造交易服务一站式

近年来以政府投入为主、社会运作为辅的专业化、特色化科技产业综合体不断涌现。2013 年位于苏大北校区内的苏州自主创新广场开始试运行。该广场一期由 12 000平方米的服务机构集聚中心和 7 000 平方米的科技展示中心组成，力求打造“展示、共享、交易、合作”的一站式、全流程、高端化的科技公共服务平台。提供科技项目、科技人才、科技金融、成果转化与技术交易、资质认定、科技信息、知识产权、科技培训、检验检测、公共平台、科技咨询等一站式窗口服务。2013 年，扬州集聚各类创新要素、整合创新资源，全力打造由江苏信息服务产业基地、联创扬州软件园、清华启迪科技园、惠普软件园等科技创业专业孵化器、加速器、综合配套服务设施等组成的科技产业化综合体。

新兴的科技综合体涵盖了创业培训辅导、专业技术支撑、科技金融服务、知识产权交易、成果转化等综合公共服务平台，为企业提供研发、中试、生产、生活、办公等一站式集成服务，为企业尤其是中小企业的成长助力加速。

(9) 国际技术交易服务模式——技术交易国际化

近年来江苏出现了一批专业化的国际技术转移机构，旨在推动海外优质创新资源向江苏聚集，满足我省创新国际化的需求，促进国内外先进技术成果在江苏实现产业化，提升江苏产业创新的能力和水平。例如江苏省跨国技术转移中心现已陆续建成含有“三网”(JITTC、CITTC 和政府双边计划网)“三系统”(对接系统、调研信息征集系统和客户管理系统)以及“二库”(海外专家库、江苏高科技企业地图)的技术转移服务平台。江苏国际技术转移中心通过在海外设立的五个分中心，与国外技术转移机构和企业合作，充分发挥国内外资源优势，为中小企业提供技术、人才、资金和信息等服务。以国际技术的引进、消化、吸收和再创新为主体，立足江苏、辐射全国，为广大中小企业提供最新国际技术成果、专业技术人才培训以及科技企业孵化等服务，实现科技成果的转移和产业化。

5.3.2 技术交易创新模式

1）交易市场网络化

技术市场的基本职能是通过有效的信息传递，实现人类社会的知识交流和创新。随着社会的不断进步，技术市场的功能也在不断地充实、丰富和发展。现代技术市场呈现出网络化的发展趋势。网上技术市场是传统有形技术市场与网络信息技术系统的结合与创新，它不仅涵盖了传统有形技术市场的所有功能，而且在技术、组织和功能上都有所创新，成为今后技术交易的主流平台。

技术市场是一种技术商品交易的场所。技术市场的交易方式要网络化。网络化是一种整体构建通过技术市场主体间的相互联系而形成的立体交错的空间网，而非平面网。在西方发达国家，网络技术市场得到了较大的发展，且发展势头迅猛。Yet2.com、NTTC等的网上技术市场的发展构建规模和影响力已达到了一定程度。我国的网上技术市场运营对比西方发达国家的网上技术市场的构建及经营方式差距较大，因此对我国网上技术市场构建模式加以分析整理，势必对我国网上技术市场运营效率的提升起到至关重要的作用。

国内学者为了借鉴国外网上技术市场成功经验，对国外网上技术市场模式进行了深入研究，主要基于国外网络市场的功能定位，总结出6种比较有代表性的当前网上技术市场建设模式：战略联盟模式、第三方平台模式、行业平台模式、非盈利专业模式，这些模式的概括有助于我们更好地来了解其市场产品和服务的差异化。

(1) 战略联盟模式。这种模式是知识转移公司首先开始寻找知识型的企业并结成战略联盟，经过评估、鉴别，以合理的价格从高等院校买入具有潜在应用价值的知识成果，然后将这些知识以适当形式与企业交易。这种技术市场模式可以加快企业知识创新速度，很好地改善知识成果利用率低的情况，尤其是极大地促进了高等院校研究成果转化为现实生产力。美国UTEK公司和巴西Inova技术转移中心就是这种模式的成功范例，它们主要将高等院校中具有潜在商业应用价值的科研成果转让给那些努力寻求产品差异化的企业，帮助其在市场竞争中取得优势。

(2) 第三方平台模式。这种模式是由供需双方以外的第三方机构建立的网络交易平台，它活跃于技术需求者与持有者之间，沟通机构间的技术流动，促进创新体系内各参与主体间的互动，并通过知识搜寻、评估和传播，实现创新体系内在的有效联系。这种模式呈现出经营主体多元化，运作方式企业化等特征，形式以兼营性机构或公司形式居多，且服务方式不断创新。市场供求信息由信息中心保存，能有效掌握交易前期活动，提高信息的置信度，且为交易者节省大量时间和精力。同时，信息中心除了收集的供求信息，还包括有相关的技术背景、研发机构状况、企业运行情况等，使交易者能有一个客观的参照。美国 yet2. com、德国史太白经济促进基金会和英国技术集团(BTG)代表了此种模式。

(3) 行业平台模式。该模式是通过借鉴传统知识产品交易的主要流程对知识产品进行在线交易的一种网上技术市场。由于涉及知识产品评估、专利、应用价值等相关方面，因此该交易过程比传统的交易过程要复杂得多。其主要过程可以表述为：首先，官方机构出面来构建拥有相关政策、基础设施、技术保障、资格认定、监督等方面资质的交易平台，这不仅是一个虚拟网络技术平台，而且还是一个具有保障、支撑、监督功能的综合性平台。然后，各级各类科研院所、企业、科技人员等通过资格认定，采用会员制或注册制进入交易平台来完成一般咨询、制作科研任务书、确定科研项目以及购买技术成果、招标知识和技术等交易行为。具有这种模式的机构主要有美国国家技术转移中心(NTTC)、日本产业规划中心(JILC)和亚太技术转移中心(APCTT)等。

(4) 非盈利专业模式。该模式通过网络来发布商业开发、许可、专利和研究开发方面的最新信息及重大立法和法律问题，通过和技术转移领域的资深人士建立联系来分享其经验和知识，帮助会员管理创新项目、获得高等院校技术转移的收益，并将之扩大到公众，并且为会员掌握最佳实践方法，明确发展趋势，确保创新项目与时俱进提供基础。一些非营利性专业组织构成了该模式的市场主体，美国大学技术管理者协会(AUTM)就是这种模式的典型代表。

国外网上技术市场在具体建设和运营模式中还存在以下特点：

第一，网络技术市场经营主体多元化，呈现政府、公共和私人三个层面，三个层面网上市场功能和模式不同，分别面向不同的领域和服务对象，构成一个完整的网上技术市场体系，能够满足科技创新和成果转化为实业的各种社会化和专业化的需求。其运作方式深深植根于市场经济之中，完全按市场机制运作，具有机动性和灵活性。

第二，国外网上技术市场模式非常重视增值服务的提供，如 Yet2. com 为技术交易预备提供专业服务；BTG 和 NTTC 为技术提供评估、商业化计划开发和市场预测等；UTEK 为特定企业搜寻适当技术等。这些服务的提供为网上技术交易的开展奠定了良好的基础，而且拥有良好的市场发展潜力。

第三，国外网上技术市场为了适应竞争，对其服务按照专业性作垂直细分，以提供具有行业特色的技术交易服务，技术范围相对狭窄和固定。例如美国创励技术交易电子商务公司(InnoCentive)提供的技术交易服务范围就主要集中在化学、化工、生物和医药领域[8]。

2）技术交易风险投资

中国的技术产权交易市场尚处在发展的初期，在运作模式和功能服务上都在探索之中。目前技术产权市场不仅可实现科技成果的交易，还可进行技术产权交易，通过科技成果产权化和与风险投资基金、创业基金的结合促进技术成果产业化。不足的是通过产权交易作为风险投资和创业投资退出机制的功能尚不完善，产权交易的形式单一等。

美国的技术产权转让主要是通过完善的风险投资体制和中介组织来完成的，以市场机构为主，兼有政府的公共机构。众所周知的美国纳斯达克股票交易所就是专门为高科技型的中小企业提供风险融资的一个重要场所，通过在证券市场的技术产权的买卖、股权交易、兼并收购等多种方式实现技术产权的转让。现纳斯达克市场的股票交易量已超过纽约证券交易所，可见其交易的活跃程度。与此同时，美国政府在风险投资制度的安排、组织结构、风险控制和收益分配上独特而成熟的经验也是美国的风险投资制度能够成功运行的重要基石。政府为风险资本市场制定了一系列资金支持、政策支持、推进制度供给、税收优惠等方面的政策法规，比较重要的有设立了小企业创业研究基金支持小企业的成长，对研究机构中科研人员的发明规定享有明确的技术权益，放宽金融机构进行风险投资的比例等。

美国技术产权转让的主要模式是通过风险投资资本市场进行交易。大批美国的高新技术中小企业受益于美国独特的金融制度而诞生和崛起。美国的风险投资制度主要表现在：(1) 以创业板市场为主要退出机制的风险融资制度；(2) 以股权融资为基础的宏观金融体系与微观企业所有权结构；(3) 规定科技人员对发明享有明确的技术所有权、使用权、收益权；(4) 降低资本盈利所得税；(5) 允许养老、保险、共同基金等在盈利中划出 5%～10%作创业投资；(6) 允许国外创业投资机构进入国内市场。美国的高新技术产业在整个经济中的比重高达 55%，其中风险投资功不可没。

中国主要是通过技术产权交易所和技术市场这样的一个有形的交易场所来进行技术交易，实现技术的转移。中国的技术产权交易所既有会员制的也有公司制的，相互竞争，相互影响，构成了我国技术产权交易市场的特色。我国的技术产权机构可进一步运用资本市场的其他运作模式，在国家有关政策法规允许的情况下，进行技术产权交易的证券化交易或通过引进风险投资基金、金融机构、券商进行技术产权的投融资、并购、重组等业务模式的尝试。美国是通过其完善的风险资本市场和中介机构的作用实现技术的转移和交易。综合性中介机构和专业性中介机构根据各自的业务范围分别承担实验室技术向社会的转移和大学及研究机构的科研成果的社会化[7]。

3）技术交易在线支付

技术交易的支付方式比较传统，一直沿用现金和支票的支付方式，这不仅不便于技术交易开辟新型市场，而且也不适应现代化的业务发展需求，无法与当前发展迅猛的电子商务市场匹配。随着技术交易的业务多样化发展，对技术交易的支付模式，也有更高的要求，比如支付及时性、支付多样性、不受时间地域的限制等。技术交易的电子商务化，无论是对业务的发展，还是对自身的管理都有很大的帮助。现代服务的发展推动了技术交易的第三方支付商业模式的创新，将极大促进科技成果转化，进一步规范业务交易流程，提高工作效率，减少各种不必要的业务损失。

国内网民对互联网的认知源于互联网在国内的普及，同时，随之兴起的基于互联网的电子商务，也丰富了国内网民的互联网生活，促进了国内电子商务市场的高速发展。技术交易也应该突破以往交易方式的局限，运用互联网技术发展电子商务从而突破交易模式单一的局限性。目前在国内的在线支付服务提供商中，并没有专业的对技术交易提供支付服务的商家，所以，设计开发针对技术交易的电子商务系统，具有广阔的市场前景。同时，国家对第三方支付牌照的发放，对在线支付市场是政策性的规范和支持，因此在国内，在线支付市场是具有良好的发展前景的。

虽然在线支付体系的交易模式和支付方式在不同的商业环境下会有所变化，但安全、高效、便捷是所有在线支付工具追求的共同目标。对于一个在线支付与结算系统，它应具有以下七种基本功能。

（1）为了防止支付欺诈，通过数字签名和数字证书等技术手段来实现对技术交易各方的认证。

（2）使用先进的信息加密技术，对传输的支付信息进行加密。

（3）为防止伪造假冒等欺骗行为，使用数字摘要算法确保在线支付电子信息传输的完整性。

（4）可以用仲裁签名、不可否认签名等技术来实现当技术交易双方出现有关支付结算的纠纷时，支付系统可以确保对交易行为和业务的不可否认性。

（5）支付网关（Payment Gateway）。支付网关关系着支付结算、银行自身、在线支付结算以及金融系统的安全。支付网关为技术交易平台和银行系统的金融网络平台之间提供安全接口，在访问银行结算系统进行交易的支付授权和支付信息获取前，必须通过技术交易支付网关加密在线支付信息。

（6）在线支付结算过程对网上技术交易各方（特别对技术需求方）来讲，必须是方便易上手的，但交易过程不能过于繁琐而影响用户操作，对需方与供方来讲支付过程必须是公开的。

(7) 能够保证网上支付结算的速度,这样才能体现电子商务的效率,发挥网上支付结算的优势。

基于 Internet 平台的网上支付一般流程如下所示。

① 技术交易方用 Web 浏览器,通过 Internet 进行商品的浏览,填写网络订单,选择系统提供的得到银行的授权使用的在线支付结算工具。

② 技术交易方对相关交易信息进行加密,在网上提交订单。

③ 技术卖方对技术买方订单信息进行确认,支付网关传输已经被加密的交易信息到位于银行金融网络的后台服务器进行确认,获得银行方面的支付授权。

④ 银行服务器对支付授权确认后,通过由支付网关建立起来的加密信息通道给商家服务器发送支付确认信息。

⑤ 银行端口服务器收到技术交易方提交的授权支付信息后,将需求方需要支付的资金通过银行内部转账的方式转至技术卖方的账户上,客户和商家都可以接收到来自于银行服务器端口的支付结果信息。

⑥ 技术卖方端收到银行发来支付成功的信息后,向技术买方提供相关服务[8]。

5.4 技术交易服务实践

江苏省高新技术创业服务中心成立于 1996 年,是江苏省科技厅直属的公益性科研服务单位。在单位建设发展过程中,与江苏省技术市场实施整合,先后增挂“江苏省技术产权交易所”“江苏省火炬计划管理中心”牌子。2012 年获批成立“江苏省高新技术创业服务中心(江苏省科技成果转化服务中心)”。中心是国家级科技企业孵化器、国家首批技术转移服务示范机构,同时作为江苏省科技企业孵化器协会、江苏省技术市场协会、江苏省天使投资联盟等面向全省的行业组织依托单位,按照全省实施创新驱动战略发展的整体部署与要求,在省科技厅正确指导下,立足科技创新创业整体服务功能打造,逐渐形成特色鲜明的公益研究与公益服务定位及职能。中心以孵育科技型中小企业、促进科技成果转化为核心,面向全省科技园区、科技企业,坚持深化改革、整合资源、市场导向、开放合作,创新服务模式,完善公共服务平台,拓展科技创业服务链条,推进技术交易服务、科技金融服务、创业孵化服务、火炬综合服务、创业咨询服务等主导业务全面发展,树立服务品牌,打造区域标杆,成为公益特征鲜明、引领辐射作用突出、社会效益显著的非营利性、社会化省级科技创业综合服务机构及科研单位。

近年来江苏省高新技术创业服务中心贯彻落实全省科技创新工程工作部署,围绕高新技术企业培育及科技成果转化，确立创业服务专业化、组织网络化、运行规范化发展方向，持续推进主导业务深入开展，努力拓展公益服务新业务，不断提升公益研究能力及服务发展水平。通过不断强化技术交易服务能力建设，完善全省技术交易服务体系。建设江苏省技术合同登记认定信息服务系统，在全省范围内实现技术合同登记认定的网络申报、省市两级技术市场统计分析功能，为企业提供技术合同登记认定一站式服务窗口，有效提升技术市场服务手段。“十二五”以来，全省技术交易总额每年以高于10%的速度增长，连续多年保持全国省份第一，其中2014年全省技术交易总额为655亿元，服务企业超过5 000家。省创业中心站点近2年共登记合同超过200亿元，企业享受免税近12亿元，产生了较好的社会和经济效益。按照中国创新驿站建设要求，积极申报科技部创新驿站试点，建设江苏区域创新驿站，实现以企业需求为主导的技术转移模式创新。2012年7月科技部火炬中心发文认定中心为中国创新驿站江苏区域站点。

5.4.1 高校、科研院所职务成果挂牌

2006年4月，全省科技创新大会召开时，省政府《关于鼓励和促进科技创新创业若干政策》(苏政发[2006]53号)第十一条明确提出:“高等学校、科研院所实施省级及省以下政府科研项目形成的职务成果，自项目验收之日起第1年内，鼓励和支持项目承担单位实施转化;第2年开始，对未实施转化的项目，由下达部门责成项目承担单位将该成果交省内技术产权交易机构挂牌转让。”

为贯彻全国科技大会、全省科技创新大会精神，落实科技部、省政府有关推动科技计划项目所形成的职务成果加速转化的规定，江苏省技术市场(江苏省技术产权交易所)协助省科技厅于2006年5月专门成立了《职务技术成果挂牌转让实施细则》起草小组，《实施细则》稿前后经23次修改与完善，得到了社会各界的大力支持。2007年1月18日省科技厅召开了《职务技术成果挂牌转让实施细则》(试行)新闻发布会，正式启动了职务技术成果工作。制定发布《职务技术成果挂牌转让实施细则》(试行)、推动职务技术成果进入技术产权交易机构挂牌转让在全国是首创，是贯彻落实国家及省有关政策法规的重要举措。该《细则》的实施，有利于加快我省科技创新成果转化及其产业化进程，增强企业自主创新能力;有利于规范、繁荣和活跃技术市场;有利于加强技术产权交易公共服务平台建设，促进科技资源的优化配置和集成利用;有利于加强科技计划项目验收的后续管理，提高职务技术成果规范化管理水平。

《职务技术成果挂牌转让实施细则》实施以来，省高新技术创业服务中心充分调动各高校、科研院所的积极性，推动职务技术成果进入技术产权交易机构挂牌转让;无偿

对各挂牌职务技术成果项目进行筛选、技术评价与商业策划，提高职务技术成果的转化成功率；举办职务技术成果项目推介，加速技术与资本的对接服务；协助职务技术成果拥有方与成果受让方的商务洽谈，促进职务技术成果的转化及产业化。

省创业中心先后与南京大学、东南大学、南京航空航天大学、江苏省药物研究所等全省多所高校、科研院所建立了密切的合作关系，积极促进这些高校、科研院所科技成果的转化。中心定期、有计划地对全省各高等院校、科研院所进行政策宣传，加强与职务成果拥有者的密切联系与及时跟踪。职务成果进场后，中心对职务成果进行分类与筛选，对具有产业化优势的项目提供有效的商业策划，并定期组织各种形式的推介活动。每年组织大中型综合交易活动 1～2 次，小型技术交易交流活动 10～15 次，为技术供需双方提供交易平台。

职务成果挂牌开展至今，共收集各类职务成果挂牌项目超过 8 000 项，促成近 1 000个项目转让，转让金额超过 20 亿元。其中中国药科大学徐寒梅教授及团队研发的 1.1 类化学新药安替安吉肽，就是通过在省创业中心挂牌转让，与内蒙古奇特生物高科技术(集团)有限公司签订合作开发协议，成功实施转化的职务技术成果。该项目于 2013 年 8 月通过了 CFDA 审批，获得了临床批件。安替安吉肽为自主创新药物，拥有国际及国内专利，曾得到"'十一五'重大新药创制"科技重大专项、"'十二五'863 国家高技术研究发展计划"的资助。安替安吉肽属于靶向抗肿瘤多肽药物，具有以下特点：(1) 肿瘤靶向性，能够有效结合于肿瘤高表达受体 $\alpha v\beta 3$；(2) 生物活性显著，能有效抑制人的非小细胞肺癌、肝癌、胃癌增殖，还能够显著抑制黑色素瘤及乳腺癌的转移；(3) 安全性好，其最大耐受剂量为有效剂量的 600 倍；(4) 不容易产生耐药性，因为安替安吉肽针对肿瘤内皮细胞，而内皮细胞比较稳定，不容易发生突变。

5.4.2 技术合同登记认定服务平台建设

江苏省技术合同登记认定服务平台是江苏省高新技术创业服务中心于 2011 年申报江苏省科技厅的科技基础设施建设计划—科技公共服务平台项目，项目实施期为三年。该项目主要是面向全省技术交易活动的企业、高等院校、科研院所、技术贸易机构、个人提供技术合同登记认定服务，通过平台与科技部火炬中心、税务部门以及市、县科技部门建立信息互动、资源共享，以便捷、实时、系统、准确为目标，整合相关服务资源，实现覆盖全省的技术合同登记认定网络申报功能。经过三年的建设，2014 年平台顺利完成项目验收，目前技术合同登记认定服务平台由工作站点和网络平台两部分组成，实现有形、无形互补。

江苏省高新技术创业服务中心省级中心站点对服务大厅进行了升级改造，按合同登记流程设立服务窗口，设立合同咨询、合同受理、合同扫描专项服务柜台，大厅公示技术合同登记认定标准、工作程序、服务准则等规章制度，强化技术合同登记工作的社会化监督。通过一站式服务方便企业服务企业。在完成省中心站点建设的同时，省创业中心还协助苏州、无锡、南通、玄武软件促进中心、鼓楼科技广场等 13 个分站点完成信息网络升级，保障各分站点顺利使用技术合同申报系统，辅导 30 个基层站点熟练操作合同申报系统。

技术合同登记认定网络平台自 2011 年起进行系统需求分析，2012 年完成系统开发，2013 年试运行以来，已经实现与国家技术市场统计软件实时对接，与南京市国税部门实现并网运行。技术合同登记服务平台已经完成平台门户网站的建设(www.jstcr.com)，现有技术市场新闻、技术交易动态、政策法规、技术需求、成果挂牌及技术合同登记认定申报系统登录等栏目，技术合同登记认定申报系统现有企业申报系统、合同管理系统及税务管理系统三个部分组成。

(1) 企业申报系统。系统包括企业信息注册及企业合同申报两部分。企业信息注册由企业自行填报，用户信息以国家统计软件基础数据表为基准，在此基础上增加企业税务相关信息，包括企业基本信息如企业名称、注册地址、法人代表、纳税机关、税务登记号等。企业注册后统一使用加密登陆方式，通过后台审核后取得用户名和密码，再进行合同的网上申报工作，按企业增值税、所得税分别进行申报免税认定。申报企业可通过平台查询自身的合同申报、合同执行等状况，帮助企业进行规范的合同管理。

(2) 合同管理系统。系统包括对合同的受理审核及技术市场统计两部分，合同受理审核主要事项是对合同是否属于技术合同及何种技术合同进行审核，并核定技术性收入。合同登记员对合同申报用填报的技术合同进行校对、审核，出具技术合同认定表校对稿。合同审批员对合同扫描件、企业承诺书、认定表校对稿一一审核，最后出具技术合同认定表，完成合同登记认定流程。统计使省市两级科技部门能动态掌握所辖区内的技术交易情况，其中数据库查询是按地域对所管理的地区的技术合同进行统计分析，并兼容科技部火炬中心的统计软件，能够提供国家统计表，按需求随时进行实时统计分析，同时可以按地域对申报企业用户进行统计分析。数据库对接是与国家统计软件保持即时对接，确保统计报表及时准确。

(3) 税务管理系统，目前已完成一期建设，即南京市税务管理系统已上线运行。税务管理系统的作用一是实现纳税人、税务机关、技术市场三方信息共享，便于税企双方及时掌握合同执行情况，形成一个税企双方信息共享、操作简便的合同执行情况后续管理平台。技术市场负责技术合同的认定和反馈技术合同认定信息。纳税人及时录入合同执行情况，是系统数据的提供者、更新者、使用者。税务机关可以实时获得纳税人的合同认定与执行信息，如发现纳税人的异常数据，能够及时跟踪管理。二是强化后续管理工作，实现税企双方都减负。依托该系统，税务机关能够及时获取技术市场认定信息和企业合同开票数据，了解企业合同执行情况，避免出现合同超期、未认定合同申报免税以及增值税迟申报等涉税风险事项，同时为优惠政策数据采集分析等后续管理事项打下基础，降低了税收管理难度和税收管理成本。对于税务机关，可以避免税企信息不对称造成管理缺失，还可以根据需要，实时查询整体或单户纳税人执行免税情况的详细信息，方便日常税收管理。同时，税务机关可以在核查前调取系统数据，与申报系统进行比对，使核查更有针对性，提高工作效率。对于纳税人来说，该系统可以帮助纳税人进行合同管理，避免经济损失，降低管理成本。依托该系统，纳税人可以避免合同未执行完成却已超期，不能继续享受免税的情况。可以避免人员变动导致业务不清。可以以网络数据库代替手工台账，避免数据丢失。

平台 2011 年开始建设，2013 年试运行至今，已实现省内企业合同登记认定的网络申报，省市两级技术市场统计分析功能，保证技术交易信息的及时、准确传递与处理。对省、市两级管理部门动态掌握所属区域的技术交易情况，新增的税务管理系统实现了科技部门与税务部门减免税信息的对接，可对技术合同减免税情况进行实时监测。自平台项目建设以来，全省技术交易总额每年以高于 10%的速度增长，连续三年保持全国省份第一的位次。2011 年全省技术交易总额为 463.13 亿元，2012 年全省技术交易总额为 531.95 亿元，2013 年全省技术交易总额为 585.56 亿元。2014 年，全省技术合同实现网络申报，共申报登记合同 24 681 项，技术交易总额为 655.34 亿元，服务企业超过 5 000 家，技术市场得到快速发展。其中省创业中心省级站点三年共登记合同超过 300 亿元，为企业享受免税近 18 亿元，为企业发展创造了良好的政策环境。省创业中心还依据平台数据编制全省技术市场统计数据分析，报告，通过对技术合同类别、知识产权、技术领域、技术交易双方构成进行数据分析，反映全省技术交易总体情况及特点。

5.4.3 中国创新驿站区域站点建设

中国创新驿站是科技部在借鉴欧盟创新驿站经验的基础上。建立的技术转移新模式，是以企业需求为导向，集成利用科技中介服务资源，以信息化手段为支撑，以国家政策和内部标准化质量管理体系为指引的跨地区、跨行业、跨领域的技术转移服务体系。目前，全国已有创新驿站区域站点 26 个，基层站点 58 个。

2012 年 7 月，在省科技厅的指导下，江苏省高新技术创业服务中心被科技部火炬中心批准为中国创新驿站区域站点。2012 年 11 月省科技厅发布《关于组织开展江苏区域创新驿站体系建设的通知》(苏科成[2012]360 号),在全省展开江苏创新驿站的建设工作。经过几年的努力已经初见成效。

(1) 建立创新驿站服务体系。根据中国创新驿站的要求,制定了标准化体系文件,编制了基层站点、服务站点的相关管理类、业务类文件。2013 年 4 月发展了第一批创新驿站站点 42 家,其中基层站点 6 家、服务站点 36 家;2013 年 12 月认定了第二批江苏创新驿站站点 37 家,其中基层站点 3 家、服务站点 34 家。并与创新驿站各站点签订了江苏区域创新驿站服务协议。截止 2014 年共有创新驿站区域站点 1 家,基层站点 13 家,服务站点 85 家,初步形成了江苏创新驿站服务体系。

(2) 构建江苏创新驿站门户网站(www.jscxyz.com)。初步建成了专家信息库、技术经纪人库、科技金融库等有效数据库。在驿站信息体系中,我单位与省老科协合作,设立老专家信息,首批发布了 100 位老专家信息。对各站点工作人员进行网站使用的点对点培训,并给各个站点分配账号,便于各站点供需信息的输入,促进信息交流与对接。

(3) 出台相关激励机制。为促进江苏技术经纪人与创新驿站工作的有序发展。2013 年中心出台《江苏区域创新驿站促进技术转移奖励办法》,对符合条件的站点及技术经纪人予以奖励,内容包括:对提供有效技术需求信息的经纪人,给予 50 至 200 元的现金奖励;对于开展经纪活动,形成供需方对接,并成功签订技术转移合同,将其作为成功案例上报省创业中心,经核实其真实性后,每项成功案例奖励 500 至 2 000 元的现金奖励;对持有省创业中心颁发的《技术经纪人培训结业证书》,从事技术经纪活动半年以上,完成两个以上技术经纪案例,获得较好的社会效益和经济效益的技术经纪人,经驿站各级站点推荐,区域站点综合评议,在年底的总结会上予以表彰。

5.4.4 技术经纪人培育发展

按照“政府推动、市场导向、创新机制、分类服务”的思路,加强江苏技术经纪业相关制度建设与研究;组建一批相对固定的、专业化的优秀技术经纪人培训专家队伍,开展专业化的培训活动,加强业务交流与指导,大力发展涉及十大战略新兴产业、高新技术产业专业领域的技术经纪人队伍;举办各种形式的专场对接推介活动,促进技术交易,活跃市场,强化企业自主创新能力,使科技企业得到可持续性快速发展。

(1) 推动省级技术经纪人资质认定。自 2012 年起,中心就开始主动与江苏省工商行政管理局、南京市工商行政管理局就技术经纪人资质确认问题洽谈合作事宜,共同分享上海、浙江、深圳以及苏州的相关创新业务模式,推动和加强与省、市经纪人协会的合作。经过多轮的沟通、协调,该项工作取得重大突破,自 2014 年起,中心与江苏省工商行政管理局为培训合格的技术经纪人联合发放从业资质证书,截至目前已有 213 人获得“江苏省技术经纪从业人员资格证书”。

(2) 省市合作开展专业化培训。一是与常州、南通、徐州、泰州等地科技主管部门联合举办,省市合作,扩大地方技术经纪队伍的规模,推动地方技术交易的开展。二是与科技成果转化中心、大学技术转移中心、科技企业等 200 多家单位合作举办培训,提升技术经纪人专业素养。

(3) 着重提升培训质量。为有效提升技术经纪人服务水平,省创业中心首先以《全国技术经纪人培训大纲》为依托,在学习、借鉴 2007 版《技术经纪人培训教材》(长三角区域创新体系建设联席会议办公室编著)的基础上,编撰了技术经纪人培训教材,新增相关章节和内容,使之更贴近实际工作的需要。其次是精心设置课程,安排包括技术合同登记实务、国际技术转移及案例分享、项目评估、知识产权保护、科技金融、技术合同法相关知识等基础实用性课程,也包括“新三板”、国家财税改革等社会热点问题方面的课程,另一方面还邀请国家火炬中心相关工作负责人、上海技术交易所总裁、省创投管理公司、省财政厅税政处、省知识产权局专利管理处相关负责人、高校金融系学者、国际技术转移方面的专家等一批专业领域内的专业人士为培训学员授课。

(4) 有效融入江苏区域创新驿站服务体系。目前已有的 84 家江苏创新驿站基层站点、服务站点中,每家基层站点培育和聘请技术经纪人不少于 2 人,每家服务站点培育和聘请技术经纪人不少于 1 人;各级站点从自身实际情况出发,利用网络化手段设施,实现服务资源、服务信息和服务手段的共享共建,确保服务效能的发挥。

5.4.5 知识产权纠纷鉴定

江苏省高新技术创业服务中心是省高院在册的知识产权纠纷案的技术鉴定机构。省高新技术创业服务中心自 2003 年起承接法院、公安等司法机关的委托知识产权纠纷案的技术鉴定 64 例,涉及不同类型的知识产权案件,主要有商业秘密、计算机软件、专利、著作权等。

鉴于知识产权案件的技术鉴定经常既涉及专业技术知识,又涉及专利等知识产权法律知识,就具体技术领域而言,还涉及各个不同的技术领域,中心在鉴定专家构成上,通常是按照技术鉴定问题所涉及的技术领域和法律背景,既邀请专业技术专家参加,又邀请少数熟悉专利等知识产权法律知识的专家参加,以保证鉴定工作的全面、客观与公正。为此中心拥有广泛的专家资源,不仅与国内高等院校和研究院所的技术专家有着良好的合作关系,还与从事知识产权研究的法律专家保持着良好的合作关系。

知识产权案纠纷技术鉴定与其他伤害、医疗、产品质量等案件中的鉴定相比，具有特殊性，与科技成果鉴定相比也具有显著不同。中心根据现有涉及鉴定程序的有关规定，总结多年来从事知识产权案件技术鉴定工作实践，对鉴定范围、形式、程序、结构、费用及重新鉴定和补充鉴定等均作了明确规定；在此基础上还制订了一整套内部控制程序，确保每次技术鉴定会邀请的专家具有代表性、权威性，使鉴定充分做到客观、公正、公平，为地方法院审判提供证据。

5.5 技术交易服务案例

案例 1 平台站点进园区，服务全程一站化

江苏省技术合同登记认定服务平台是我省技术合同登记认定服务一站式服务窗口，线下有省中心站点、苏州、无锡等 13 个分站点、36 个基层站点的物理服务窗口，线上有网络平台。技术合同登记认定申报系统 2013 年试运行以来，已经实现与国家技术市场统计软件实时对接，与南京市国税部门实现并网运行。技术合同登记服务平台建设了平台门户网站（www. jstcr. com），现有技术市场新闻、技术交易动态、政策法规、技术需求、成果挂牌及技术合同登记认定申报系统登录等栏目，技术合同登记认定申报系统由企业合同申报系统、合同管理系统及税务管理系统三个部分组成。

南京市玄武区软件促进中心作为省技术合同登记服务平台的分中心站点，其服务企业主要分布在各软件园，包括南京国图信息工程有限责任公司、江苏润和软件股份有限公司等近百家南京知名软件企业。2012 年 10 月开始，省创业中心协助南京市玄武区软件促进中心对现有设备进行更新，完成信息网络的升级改造，为服务园区企业提供必要的硬件配备。其次是对技术合同登记认定专职人员进行业务培训，主要针对合同认定标准、工作程序、服务准则等内容进行学习，对合同是否属于技术合同及何类技术合同，何类合同可以免增值税、何类合同可以免所得税，如何核定技术性收入，如何统计所辖区内的技术交易情况，如何签署服务承诺书等进行详细解读。三是针对所属园区企业举办科技创新优惠政策专题讲座，宣讲国家对科技创新税收优惠政策，并针对企业如何使用技术合同登记认定系统进行辅导，如指导企业进行信息注册，在线填报包括企业基本信息如企业名称、注册地址、法人代表、纳税机关、税务登记号等相关信息，注册并通过平台审核后取得用户名和密码，注册后进行的合同的网上申报工作，包括企业增值税申报，企业所得税申报的具体实务操作等。由于平台税务管理系

统已经实现纳税人、税务机关、技术市场三方信息共享，形成了一个税企双方信息共享、操作简便的合同执行情况后续管理平台。省创业中心重点辅导企业熟练运用系统，一是可以避免合同未执行完成却已超期，不能继续享受免税的情况；二是可以避免人员变动导致业务不清；三是可以以网络数据库代替手工台账，避免数据丢失。企业及时录入合同执行情况，可通过平台系统查询自身企业信息、合同备案信息、技术合同备案信息等。企业在学习使用平台系统后普遍反映平台系统不仅可以申报合同进行技术合同登记，还可以协助企业及时了解合同执行情况，加强企业自身合同管理，避免经济损失，降低管理成本。

通过近一年的平台分站点建设筹备工作，南京玄武区软件促进中心分站点于2013年1月开始正式运行。分站点充分发挥平台系统功能优势，通过平台为企业做好技术合同登记认定，技术交易项目、技术需求信息的挂牌、发布，并提供双软认定服务及订立技术开发、技术转让合同的咨询服务，定期举办科技创新政策宣讲，让企业对税收优惠政策有清晰了解，熟练掌握技术合同网络申报流程。2013年该分中心站点通过平台为企业服务数量超过1 300项次，通过网络申报技术合同1 012份，技术合同登记金额5.86亿元，2014年该分中心站点服务企业数量超过1 500项次，通过网络申报技术合同1 136份，技术合同登记金额6.09亿元，两年共为企业免税额超过8 000万元，咨询服务工作得到企业一致好评。

案例2 职务成果挂牌进场，成功实现产业化

为推动科技计划项目所形成的职务成果加速转化的规定，我省2006年制定发布了《职务技术成果挂牌转让实施细则》(试行)，明确提出“高等学校、科研院所实施省级及省以下政府科研项目形成的职务成果，自项目验收之日起第1年内，鼓励和支持项目承担单位实施转化；第2年开始，对未实施转化的项目，由下达部门责成项目承担单位将该成果交省内技术产权交易机构挂牌转让”。

《职务技术成果挂牌转让实施细则》实施以来，省高新技术创业服务中心充分调动各高校、科研院所的积极性，推动职务技术成果进入技术产权交易机构挂牌转让；无偿对各挂牌职务技术成果项目进行筛选、技术评价与商业策划，提高职务技术成果的转化成功率；举办职务技术成果项目推介，加速技术与资本的对接服务；协助职务技术成果拥有方与成果受让方的商务洽谈，促进职务技术成果的转化及产业化。省创业中心先后与南京大学、东南大学、南京航空航天大学、江苏省药物研究所等全省多所高校、科研院所建立了密切的合作关系，积极促进这些高校、科研院所科技成果的转化。中

心定期、有计划地对全省各高等院校、科研院所进行政策宣传，加强与职务成果拥有者的密切联系与及时跟踪。职务成果进场后，中心对职务成果进行分类与筛选，对具有产业化优势的项目提供有效的商业策划，并定期组织各种形式的推介活动。

复合发泡水泥保温板是南京工业大学潘志华教授研究发明的一种以水泥为主要原料并借助于多种混凝土外加剂和发泡剂，经浇注成型、静停发泡和自然养护制备而成的多孔性板材。本产品95%以上原料为硅酸盐水泥，不含可燃性组分，因而属于不燃性保温材料，满足外墙外保温材料A级防火要求，同时具有低导热系数，可以替代先前普遍使用的可燃性聚苯泡沫板保温材料，用于房屋建筑的外墙外保温施工工程。与先前以硫铝酸盐水泥为主要原料的同类产品相比，具有明显的强度高、长期耐久性稳定、制造成本低等优势。该项目经南京工业大学推荐给省创业中心，中心服务团队对项目信息进行重新梳理，在省技术合同登记服务平台挂牌后，省创业中心携带项目参加了国内多场技术对接会，积极寻找合作企业进行沟通。经省中心服务团队推荐，河北德祥建材有限公司对该项目表示了极大的兴趣，该公司是一家集研发、设计、生产、销售、安装于一体的高新建材企业，希望在轻质节能建材领域引进新技术，研发新产品。在对复合发泡水泥保温板有了初步了解后，省创业中心团队积极组织双方见面约谈。在双方座谈会上南京工业大学潘志华教授介绍了复合发泡水泥保温板项目的研发情况，企业介绍了自身经营发展情况，双方表达了进一步合作意向。为了使双方更深入的相互了解，经省创业中心服务团队建议，由潘教授带领研发团队去河北德祥建材有限公司考察该企业的运营及其生产情况。在详细了解该公司生产，销售，研发，安装等各个部门后，潘教授对企业的规模表示了认可，并热情邀请企业到工业大学实验室参观，潘教授详细介绍了该项目的生产原料、性能、未来的应用范围，对于产品的绿色环保、耐火耐高温、隔热吸水率、轻质高强、耐老化、过火完整性、抗冻性、隔音性、成本预算都重点作了介绍，企业对实施该项目有了充分的信心。之后在省创业中心团队的协调下双方就合作协议的签订又进行了多轮商讨，最终于6月正式签订了合作协议。在项目实施过程中，省创业中心团队的服务意识、服务水平得到了双方的认可。

案例3 打造校企合作通道，促成“三航”技术民用

技术交易是连接技术与经济的桥梁纽带，是技术创新、扩散和转化的主要中介，是企业增强自主创新能力的一个重要环节。《中共中央关于全面深化改革若干重大问题的决定》中明确提出“发展技术市场，健全技术转移机制……促进科技成果资本化、产业化”。面对我省技术交易的现状及存在的诸如科技成果转化率较低、网络信息化覆

盖不完善、科技中介服务能力参差不齐、高素质技术经纪人才稀缺等问题，江苏省高新技术创业服务中心积极探索在技术交易服务过程中将服务终端前移，深入一线去了解企业发展过程中的真正需求，主动引导企业去明确去释放这种需求；走访调研各高校、科研机构等技术创新源头，对创新源头的应用技术领域进行梳理归类，建立一种适用于创新源头与企业之间便捷通畅的合作研发、委托研发的渠道；深度挖掘单位现有各类丰富的资源，带动高校和科研院所的科技成果转化和校企合作，在技术交易过程中寻求点的突破带动面的改革和创新。

南京航空航天大学是我省以工为主，理工结合，多学科协调发展，具有航空、航天、民航特色的研究型大学。省创业中心与南航科研处长期保持密切联系，着力于南航国防科研成果如何转向民用领域应用方面进行突破。中心组织相关专家对南航国防领域可民用化项目进行收集梳理，其中双凸极无刷电机及其控制技术的先进性和在民用方面的可推广性得到专家组的认可。该技术是由南航的新能源发电与电能变换重点实验室研制，在新型无刷直流发电机系统结构技术及其发电控制、电动控制和高效励磁技术上取得重要突破，虽然在国防领域得到了广泛应用，但民用化方面有待推广。

省创业中心在扬州组织座谈会，重点对企业需求进行调研，参会的扬州英泰集团有限公司提到电动客车驱动系统中异步电机的应用技术相对成熟，但是异步电机发电运行却较为困难，需要由外部提供无功实现发电，功率因数低，并且调压困难，控制方法复杂，整套系统成本高。目前对于增程式电动客车大功率车载发电系统还没有成熟的现成货架产品可用，迫切需要研发适合于增程式电动客车运行工况的高效车载发电系统。省创业中心介绍了南航的双凸极无刷电机及其控制技术信息，企业非常关注该技术，很快与南航科研处进行对接，落实与研发团队的沟通方案。经过多轮沟通协商，南航研发团队与英泰集团有限公司开展产学研合作。在校企产学研合作过程中，省创业中心对合作过程中出现的问题及时进行协调沟通，为企业提供相关产品技术发展动态信息，对企业在享受科技创新税收优惠政策方面的疑惑提供咨询服务，促成双方建立新能源汽车驱动电机系统研发中心和新型高效无刷发电机研发平台等。通过多方的通力合作，目前已研发出 45 kW 车载发电系统、132 kW 混合励磁电机驱动系统样机，相对于永磁发电机、异步电机有很强的应用优势。可靠性高、电磁兼容性好，且成本低。增程发电系统采用双凸极无刷直流电机，既可向驱动电机供电又可向蓄电池充电；列装增程发电系统的电动客车续驶里程将≥500 km，节油率超过 50%，分别较混合动力客车提高 30%以上。设计和研制的 7.5 kW 新型无刷直流发电机已成功销往日本市场。

案例 4 中美电机项目对接会

2014 年，江苏省高新技术创业服务中心分别在南京、常州连续举办了两场中美电机行业专场节能产品与技术的项目对接会。项目提供方是美国加州的诺瓦电机公司。该公司研发出一项节能型的机电产品，无需用到传统的稀土资源，能够节省 30%以上的效率，并且不需要冲压铸造，通过光纤激光切割和焊接，具有成本低、灵活和自动化等优势。对接会吸引了南京、常州、无锡、苏州及上海的 25 家规模以上企业，近 60 余名企业家、电机专家前来参会。

诺瓦公司是美国加州的一家 40 人规模的高科技公司，该公司项目由美中创新技术合作协会(简称美中协会)推荐。美中协会致力于为美中双方各行各业的企业提供商业发展咨询和金融服务，重点关注清洁能源、软件科技。

公司总裁艾米丽女士亲自向与会企业家和电机专家推荐他们的新一代产品。诺瓦公司通过低成本铁氧体磁体、锥形空气隙、集中表层磁通等技术，开发出可取代传统异步电机、性能优异的可变速马达，并在美国大型工程的暖通空调、通风设备中已得到应用，节能效果非常明显。诺瓦公司对合作伙伴选择也提出了相应的要求:(1) 在机电行业内有一定的销售渠道(包括海外销售渠道)和生产制造能力;(2) 有投资一千万到两千万美金的资金实力;(3) 具有较强的电子电力以及工程制造的专业团队。

江苏大中电机股份有限公司(简称大中电机)是一家具有现代化生产规模的综合性电机制造企业。现有员工 1 860 人，工程技术人员 460 多人，拥有总资产 5.2 亿元，年生产能力 80 万台，1 200 万千瓦，产品出口量占生产总量的三分之一。大中电机董事长周巧林在对接会后亲自邀请艾米丽女士去大中公司进行实地考察，希望对项目做进一步了解。

江苏富丽华通用设备有限公司(简称富丽华)，公司注册资本 1 000 万元，专业从事风机的设计、制造和销售服务。公司产品规格和产品产销量均列全国同行前列，年产销各类风机数十万台。富丽华将诺瓦公司的技术向母公司进行了汇报，母公司总裁连夜赶至南京与艾米丽女士商洽合作事宜。

无锡鸿昊达机械电气有限公司(简称无锡鸿昊达)，注册资本 1 195 万元，是一家主要从事机械设备、电气设备(含永磁同步电机、控制系统)以及精密模具的研发、生产和销售，并提供精密机械加工服务的企业。在对接会现场，无锡鸿昊达总工程师和董事长助理表达了去美国进行实地考察的愿望，恰好无锡鸿昊达将于十月初赴美国考察其在美国的销售商，希望届时能一并考察诺瓦公司。

常州乐士雷利电机有限公司(简称雷利)，创建于1993年，公司专业生产永磁步进电机、SM系列减速永磁同步电机、Q系列排水电机、BPX系列排水泵、HM系列磁滞同步电机和DC直流电机等6大系列微电机产品，下属5个分公司，固定资产12 000万元，现有员工近3 000人。公司现有中、高级技术人员200余人，年生产电机能力1.2亿台。在与包括20余家世界500强企业在内的众多知名客户合作过程中，雷利多次被评为优秀供应商。雷利品牌已经赢得了市场广泛认可和信赖，部分产品稳居行业领先地位，产品远销20多个国家和地区。在常州举办的对接会结束后，雷利公司便邀请艾米丽女士和省创业中心人员一同前往公司进行现场调研，并表达了愿与诺瓦公司开展多种形式合作的愿望。

诺瓦公司回到美国后，对以上几家企业的实力、能力进行了进一步的评估和论证，并决定与雷利公司合作，商谈下一步的合作事宜。2015年初，雷利公司与诺瓦公司开始了第一轮的洽谈。

本次美国电机节能技术在江苏成功开展技术转移活动是省创业中心在创新驿站工作体系下，联合各合作伙伴，共同致力于技术转移服务的专业化、市场化和国际化，以企业需求为导向，集聚全球科技资源服务江苏传统行业企业转型升级的首次尝试与探索。

6 技术交易分析

6.1 全国技术交易分析

6.1.1 全国技术交易总体情况

近年来，全国技术市场在全国经济社会平稳发展的大环境下，技术交易不断繁荣，交易规模和水平不断攀升，技术合同成交额持续增长且增幅较大，从 2001 年的 782 亿元增长到 2014 年的 8 577 亿元(见图 6-1)，年均增长率达到 18.66%(年平均增长率计算公式：$g=\sqrt[n]{\frac{Y_n}{Y_1}}-1$，其中 g 为年平均增长率，Y_n 为第 n 年的技术合同成交额，Y_1 为第 1 年的技术合同成交额)，这充分体现了科学技术对经济社会发展的促进作用。在技术交易总量增长的同时，技术转移环境也不断优化，技术市场优化配置科技资源的作用得到进一步发挥，技术交易活力持续释放，为促进科技成果转化和推动全国经济转型升级提供了重要支撑。技术市场为加速技术成果商品化和高新技术产业化进程，加快转变经济发展方式、调整经济结构发挥了重要作用。

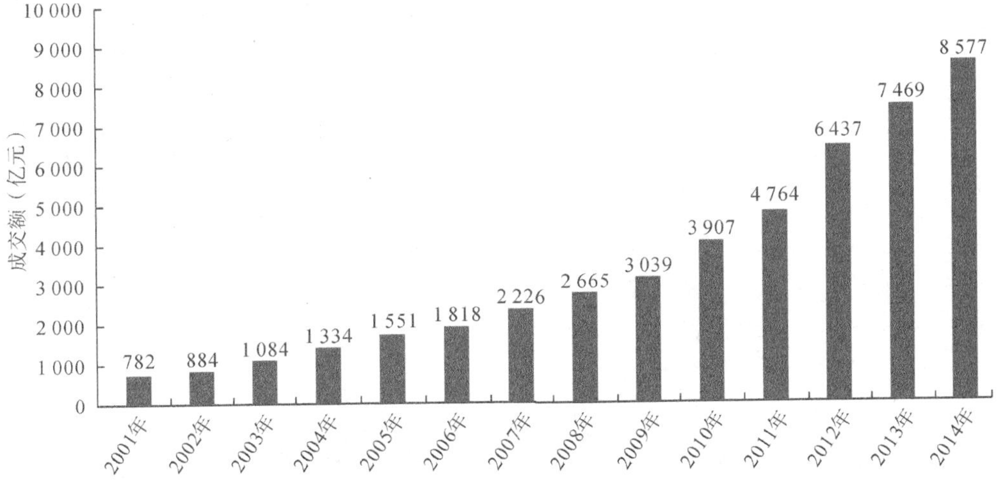

图 6-1　2001—2014 年全国技术合同成交额情况

在全国技术合同成交额保持较快增长的同时，全国技术合同数量等指标亦均保持快速增长趋势。截至 2014 年，全国技术合同数量已经达到每年近 30 万项（见图 6-2），年均增长率达到 5.64%。较能体现技术交易合同质量的技术交易平均成交额从 2001 年的 34 万元增长至 2014 年的 289 万元（见图 6-3），平均增长率达到 16.52%，技术交易水平正在稳步提高。全国技术合同成交额占国内生产总值的比例从 2003 年的0.93%上升到 2014 年的 1.35%（见表 6-1），技术交易对经济发展的重要性愈发显著。

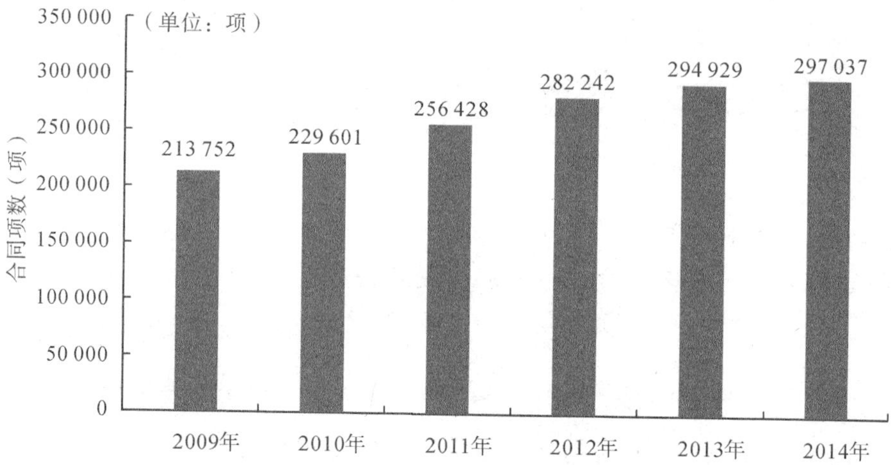

图 6-2　2009—2014 年全国技术合同情况

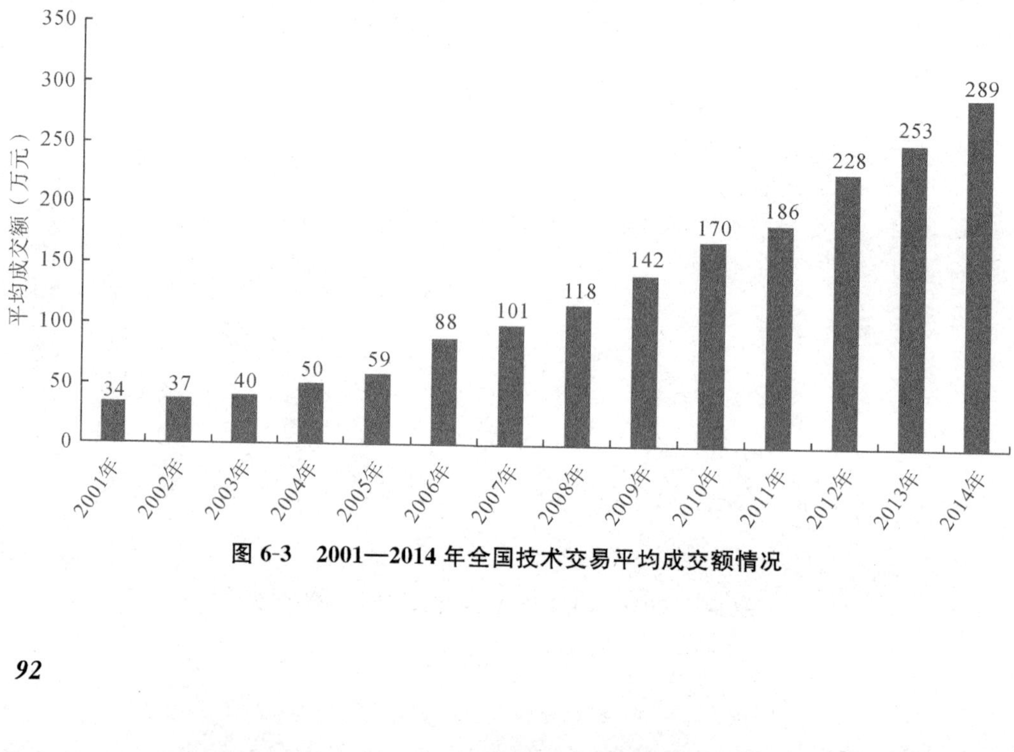

图 6-3　2001—2014 年全国技术交易平均成交额情况

表 6-1 2003—2014 年技术合同成交额与国内生产总值的比较

项目	2003 年	2004 年	2005 年	2006 年	2007 年	2008 年
国内生产总值(GDP)(亿元)	135 822.76	159 878.37	184 937.37	216 314.43	265 810.31	314 045.43
技术合同成交额	1 084.67	1 334.36	1 551.36	1 818.18	2 226.53	2 665.23
技术合同成交额/国内生产总值(%)	0.93	0.98	0.85	0.87	0.90	0.89
项目	2009 年	2010 年	2011 年	2012 年	2013 年	2014 年
国内生产总值(GDP)(亿元)	340 902.81	401 512.80	473 104.05	519 470.10	568 845.21	636 462.70
技术合同成交额	3 039.01	3 906.58	4 763.56	6 437.07	7 469.13	8 577.18
技术合同成交额/国内生产总值(%)	0.89	0.97	1.01	1.24	1.31	1.35

6.1.2 全国技术交易特征分析

1) 技术服务与技术开发为技术交易的主要形式，技术服务发展水平实现快速提升，领跑四类技术合同成交额

通过 2009 年至 2014 年的统计数据分析可以发现(选取六年平均值进行分析)，从技术交易合同项数来看，技术服务、技术开发合同六年平均项数占技术开发、技术转让、技术咨询、技术服务四类技术合同六年平均成交总项数的 84%(见图 6-4)，特别是技术开发合同项数六年来的年均增长率达到了 9.16%，呈现出快速增长的趋势，而技术转让和技术咨询的合同项数出现了小幅下降，年均增长率为−1.00%和−0.75%。

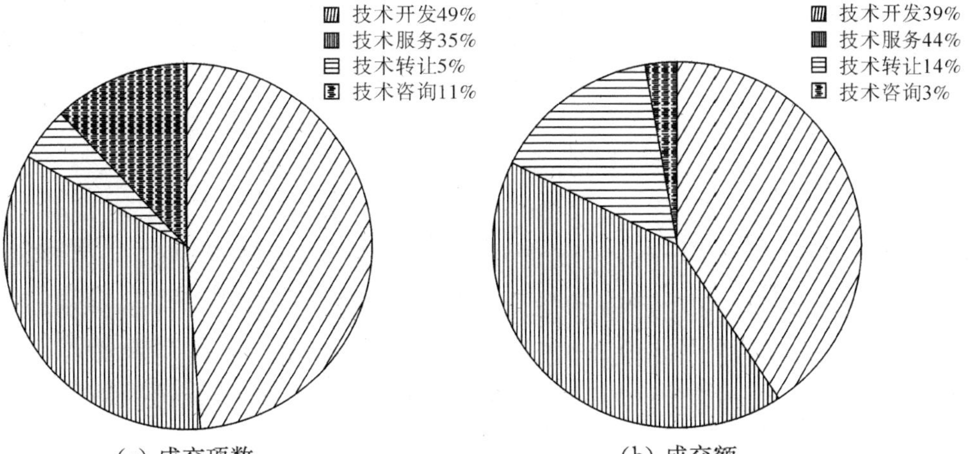

图 6-4 2009—2014 年各类技术合同年均成交数量和年均成交额

从技术交易成交金额来看,技术服务和技术开发也是技术交易的主要形式,两者的年均成交额占四类合同年均成交总额的83%。而与各类技术合同成交项数增长差异较大的情况不同,各类技术合同成交额在六年来均实现了快速的增长,技术开发、技术服务、技术转让、技术咨询的年均增长率分别为15.16%、24.47%、13.27%、17.23%,这说明全国各类技术合同的总体成交水平处于健康快速的增长中。更值得关注的是,技术服务合同的成交额增长尤其迅速,从2013年开始技术服务合同的成交额首次居“四技”合同首位,达到3 416.85亿元,占全国技术合同成交额的45.75%,而2014年也继续保持领军趋势,成交额达到4 246.72亿元,占全国技术合同成交额的49.51%。其中以技术中介服务、技术培训服务为主要方式的技术服务成为科技人员研发能力转移、研发设备开放共享的重要形式。

而从四类技术合同历年的平均成交额中(见表6-2)也可以看出,四类技术合同的平均成交额都处于增长趋势中,技术开发、技术转让、技术咨询、技术服务的年均增长率分别为6.64%、14.14%、15.68%、20.41%。从这四组数据中也能看出,技术服务不仅在总成交额增长上领跑四类合同,在平均成交额增长上也是四类合同的龙头,这说明技术服务合同在总量上和发展水平上都有了较大的提升。

表6-2　2006—2014年各类技术合同平均每份成交额　(单位:万元)

合同类别	2006年	2007年	2008年	2009年	2010年	2011年	2012年	2013年	2014年	
									成交额	比上年增长
技术开发	111.00	119.40	134.10	143.61	154.72	171.63	175.52	180.16	197.99	9.90%
技术转让	276.60	366.30	446.40	405.45	492.93	472.93	860.89	918.41	909.81	—0.94%
技术咨询	23.60	23.80	25.80	32.24	42.09	52.63	46.10	59.86	87.52	46.21%
技术服务	74.10	85.50	100.70	137.21	184.26	217.96	300.15	353.59	394.38	11.54%
单项合同平均成交额	88.32	100.78	117.75	142.17	170.15	185.77	228.07	253.25	288.76	14.02%

从细分领域来看,技术开发主要以委托开发为主、合作开发为辅,2009年至2014年委托开发的平均成交额占到了技术开发总成交额的91%(见图6-5)。但合作开发在近年来特别是2014年出现了较大幅度的增长,凭借2014的爆发性增长,其年均增长率20.39%也高过了委托开发的年均增长率14.66%,未来技术开发中委托开发仍将占据主导,但合作开发的增长值得期待。

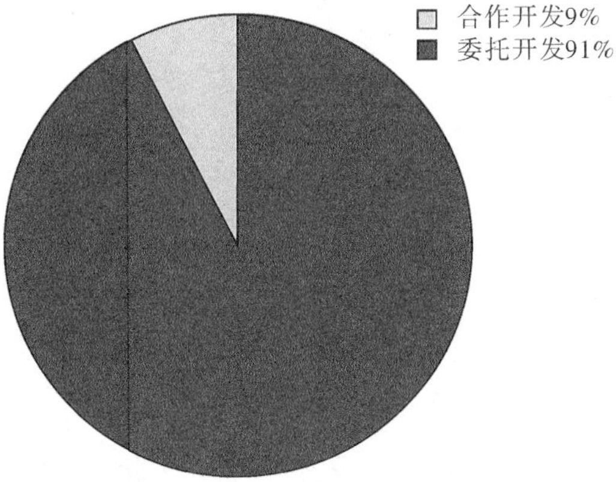

图 6-5 技术开发类别构成饼状图

在技术转让领域，技术秘密转让、专利实施许可转让和专利权转让三个类别的技术合同成交额占据前三位，并且三个类别总体上保持良好的增长趋势，年均增长率分别为 17.00%、5.45%和 5.76%。其中专利权转让技术合同成交额在 2012—2013 年出现了一定的下滑趋势，2013 年成交额甚至低于 2009 年成交额，这说明专利权转让技术交易出现了一定的疲软，但 2014 年已经开始回升，如图 6-6 所示。

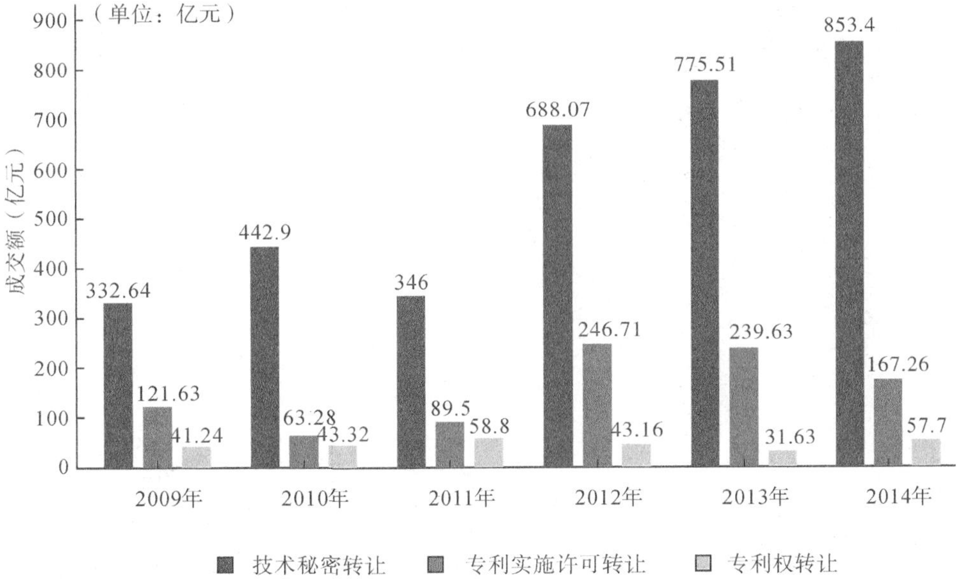

图 6-6 2009—2014 年技术转让主要类别成交额情况

2）技术要素向战略性新兴产业和民生领域集聚，电子信息技术领域合同项数和成交额居首位

产业结构调整带动新一代电子信息、新材料等战略性新兴产业蓬勃发展，电子信息、生物医药、新能源、新材料和节能环保等战略性新兴产业领域技术合同平均成交额占全国技术合同平均成交总额的56%（见图6-7），这说明全国产业升级已经在技术交易维度上有了一定的成效。涉及民生的环境保护与资源综合利用、生物医药和医疗器械、现代交通、城市建设与社会发展等领域的合同成交额增长显著，其中城市建设与社会发展、环境保护与资源综合利用领域技术合同成交额的增长尤为抢眼，年均增长率分别达到了28.25%和26.58%，这体现出与民生息息相关的环保产业和城镇化带来的产业升级已经迸发出巨大的发展潜力，而同样与民生密切相关的农业技术领域技术合同项数增长率达到13.90%，为各领域合同项数增长率的首位，这进一步说明技术要素正在朝着民生领域集聚。

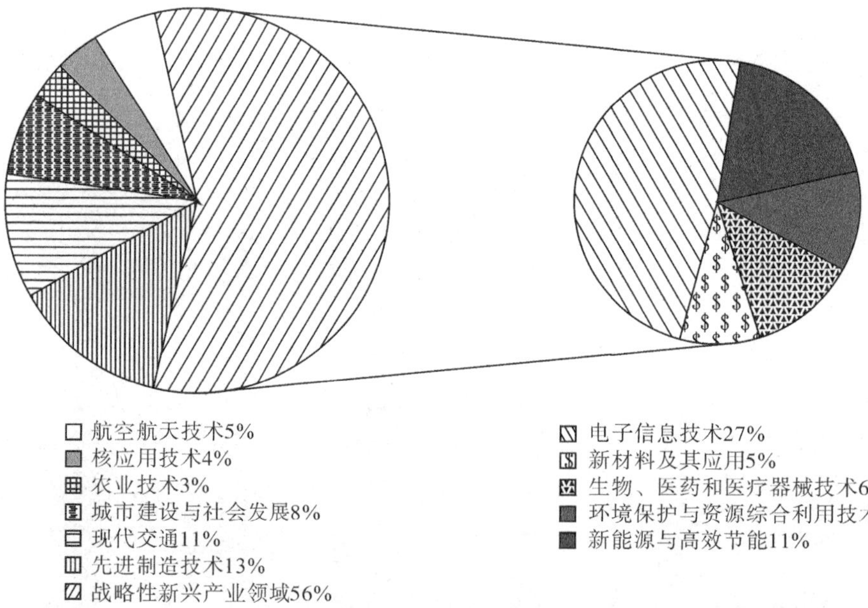

图6-7　2009—2014年全国各领域技术交易平均成交额饼状图

电子信息技术领域的合同项数和成交额六年来均居于各领域的首位且领先优势较为明显，其单领域的成交额就占到了所有领域总成交额的30%左右。同时电子信息技术领域在体量已经较大的情况下仍保持较高的增长速率，合同项数和成交额的年均增长率分别为6.60%和14.87%，其强劲的增长势头主要得益于其细分领域中计算机软件领域带来的技术交易成果。

3）涉及各类知识产权的技术合同成交额逐年增长，但涉及各类知识产权的技术合同项数占总合同项数和成交金额占总成交金额的比例呈略微下降趋势

全国涉及知识产权的技术合同成交额保持较快增长趋势，2014 年成交额达到 4 127.86亿元，是 2009 年成交额的 2 倍多，年均增长率为 14.56%。按照 2009 年至 2014 年的六年平均成交额来看，全国涉及知识产权的技术合同成交额占技术合同成交总额的 54.64%，其中技术秘密合同、计算机软件合同和专利技术交易合同成交额分列第一、第二和第三位（见图 6-8），同时这三类技术合同成交额也保持较高的增长速度，年均增长率分别达到 16.50%、10.09%和 13.51%。集成电路布局设计和生物、医药新品种类别的合同成交额在 2013 年出现一个较高的增长，2013 年环比增长率分别达到 143%和 244%，这体现出这两个类别的技术交易具有较大的发展潜力，但 2014 年这两个类别的技术交易成交额出现了回落。

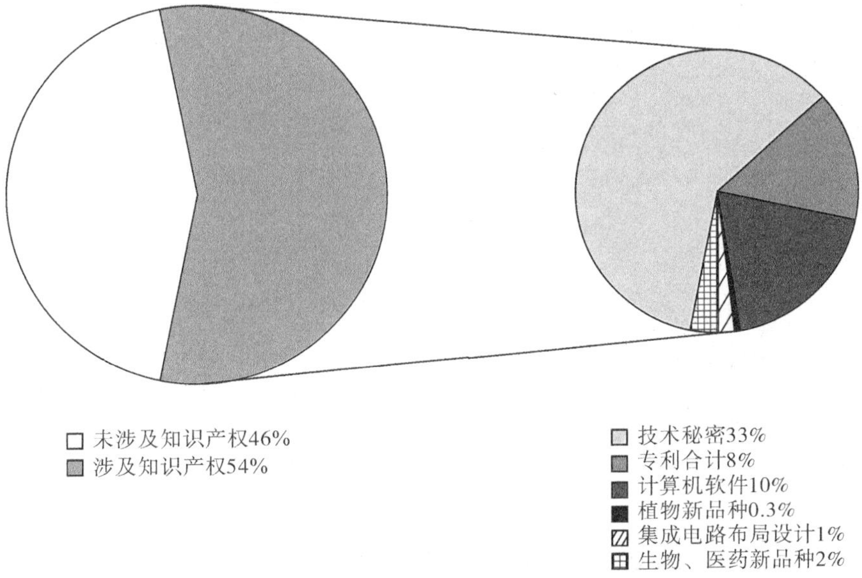

图 6-8　2009—2014 年各类知识产权平均成交额饼状图

但与技术合同成交额的增长趋势不同，涉及各类知识产权的技术合同项数占总合同项数和成交金额占总成交额的比例则呈现下降的趋势，如图 6-9 所示。

4）社会发展和社会服务，能源生产、分配和合理利用，基础设施以及城市和农村规划等方面的应用成为主要社会—经济目标

在社会—经济目标类别中，以促进社会发展和社会服务为目标的技术合同的项数

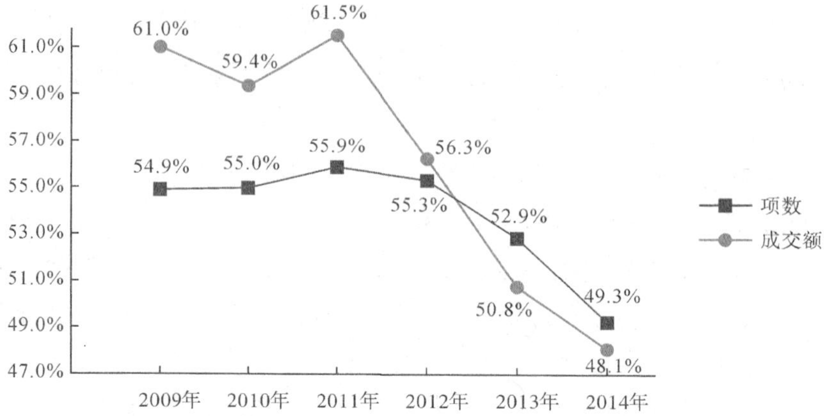

图 6-9　2009—2014 年涉及知识产权技术合同项数和成交额占技术合同总项数和总成交额比例趋势图

和成交额所占比重均位居各类合同之首，同时其也保持良好的增长势头，合同项数和合同成交额的年均增长率分别达到 11.75%和 27.74%。能源生产、分配和合理利用目标成交额在近年来快速发展，其合同成交额的年均增长率达到 21.75%，其成交额也从 2014 年开始超越基础设施以及城市和农村规划目标，位居各类社会—经济目标中的第二位（见图 6-10）。

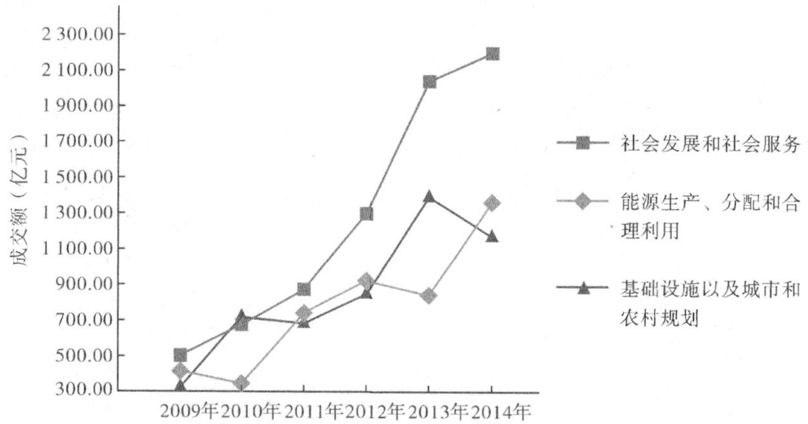

图 6-10　2009—2014 年社会发展和社会服务，能源生产、分配和合理利用，基础设施以及城市和农村规划目标技术合同成交额趋势图

5）计划外科技项目技术合同占据主导，计划内科技项目技术合同成交额波动性较大，但总体呈现增长趋势

从总体上看，除去全国各类政府计划的计划外项目技术合同成交项数和成交额均占据主导地位，技术合同项数和成交额的占比分别在 85%和 80%左右，这说明全国技术交易市场已经具有较为成熟的市场化现状，非政府主导的技术交易环境良好。

计划内科技项目技术合同的成交额则呈现出波动性较大的特点（见图 6-11），但总体上来看还是处于增长的态势。

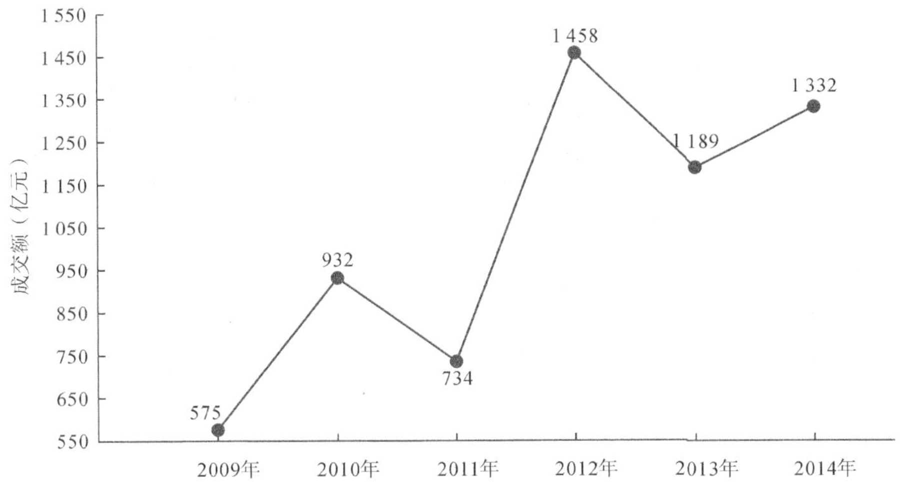

图 6-11　2009—2014 年计划内科技项目合同成交额情况

在计划内科技项目合同细分领域中，省、自治区、直辖市及计划单列市计划的技术合同成交额较高，国家计划、部门计划和地市县计划的技术合同成交额则基本持平，如图 6-12 所示(数据选取 2009—2014 年各类计划内科技计划技术交易成交额平均值)。

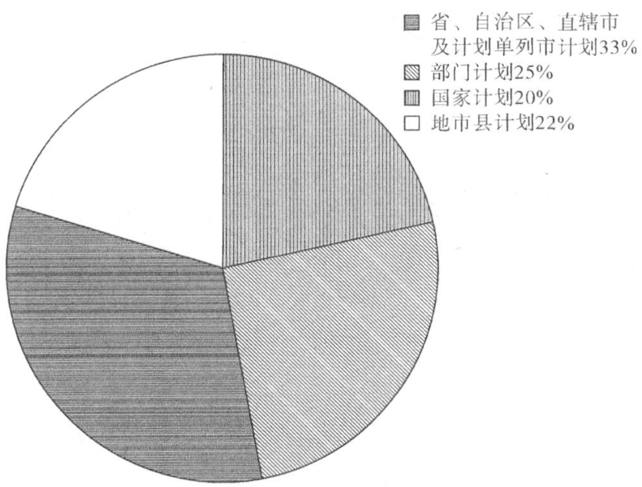

图 6-12　计划内各类科技计划技术交易成交额饼状图

在国家科技计划技术交易状况中，自然科学基金技术成交项数和成交额均居于各类国家科技计划的首位，并且两项指标保持高速增长态势，合同项数和成交额的年均增长率分别达到 26.20%和 41.96%，由此可见自然科学基金在国家科技计划中对技术交易的促进作用最为明显。

6）重大技术合同交易成交项数及成交额双增长，技术服务、电子信息技术、技术秘密成交额领跑各类别重大合同

全国技术市场1 000万元以上的重大技术合同成交项数和成交额均实现了快速的增长（见图6-13），2014年全国重大技术合同成交9 128项，2009年至2014年年均增长率达到17.39%；2014年全国重大技术合同成交额6 219.72亿元，2009年至2014年成交额的年均增长率达到21.44%。

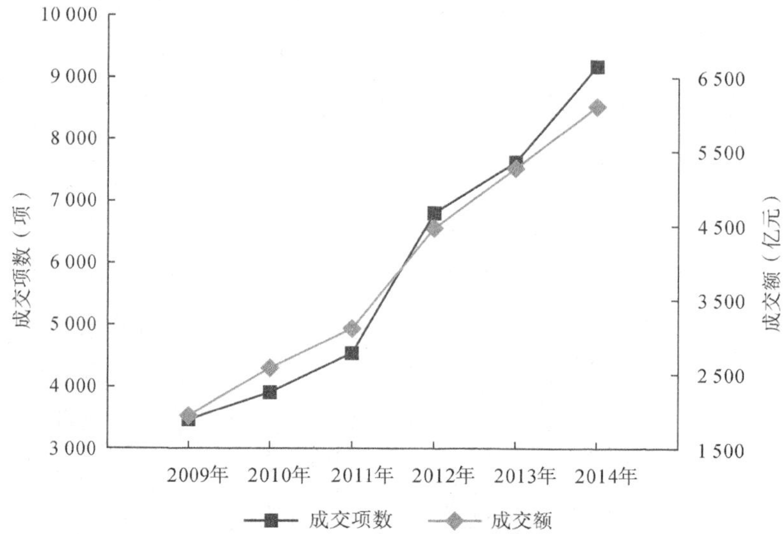

图6-13　2009—2014年全国重大技术合同成交项数和成交额趋势图

全国重大技术合同成交额除了总量上的增长之外，其在全国技术合同成交总额中的占比也在同时增长（见图6-14），2014年全国重大技术合同成交额占到了全国技术交易成交总金额的72.51%。

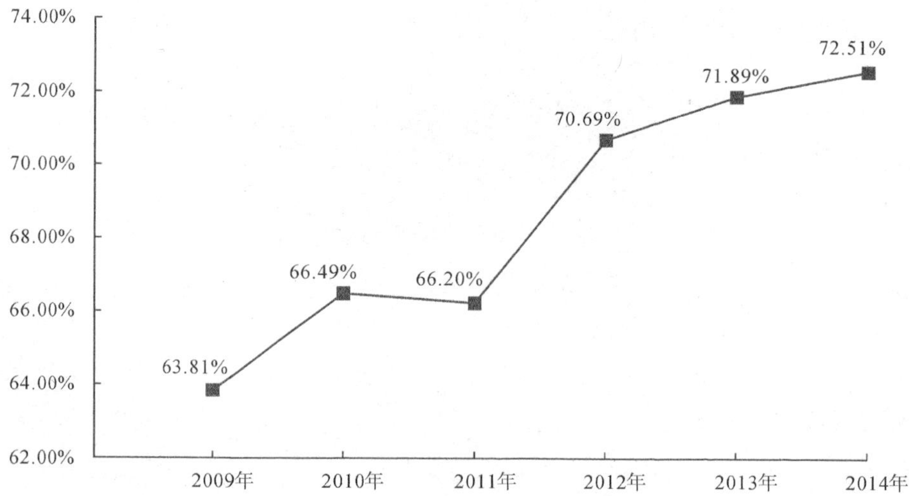

图6-14　2009—2014年全国重大技术合同成交额占全国技术合同成交总额比例趋势图

从细分领域来看，在合同类别构成上，技术服务的重大合同成交额在“四技”合同中居于第一位，2014 年技术服务类别重大合同成交额达到 3 441.61 亿元，并且技术服务类别重大合同在总量较大的情况下仍保持较高的增长率，2009 年至 2014 年年均增长率高达 27.44%。

在技术领域构成上，电子信息技术重大合同成交额笑傲群雄，2014 年成交额达到 1 232.41 亿元，其年均增长率为 17.58%，成绩非常可观。同时先进制造技术和现代交通领域的重大合同成交额也较为抢眼，无论从成交额总量还是增长率的角度都处于快速发展的状态。

从知识产权构成来看，技术秘密类别的重大合同成交额非常突出，其单项的重大合同成交额超过了其他所有知识产权重大合同成交额的总和，如图 6-15 所示。同时技术秘密类别的重大合同成交额增长率也较高，2009 年至 2014 年年均增长率达到 19.97%，可以预见其将继续在知识产权构成重大合同成交额中占据主导地位。

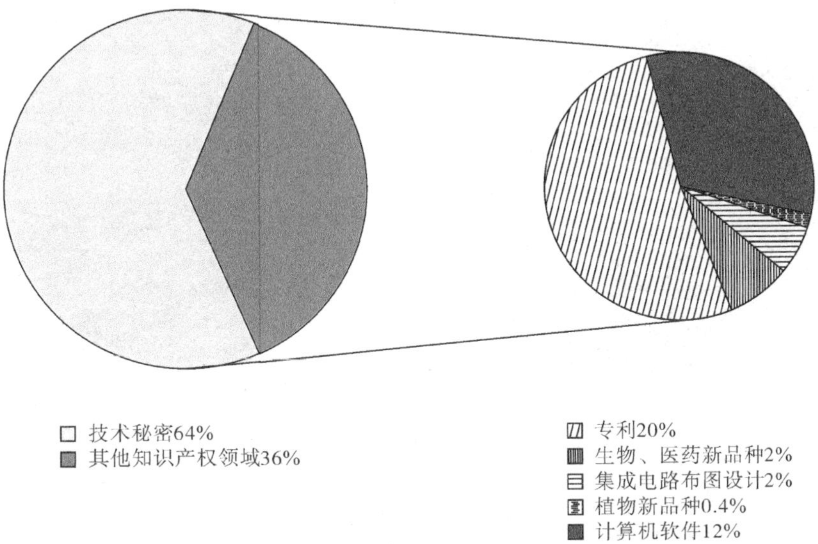

图 6-15 各类知识产权重大合同成交额饼状图

7）企业技术转移双向主体的地位进一步凸显

随着创新驱动发展战略的不断推进，自主创新激励机制和知识产权制度不断完善，企业技术创新活力空前高涨。2009 年至 2014 年企业输出技术合同成交额占全国技术合同成交额的 87%，吸纳技术合同成交额占全国的 77%，企业既是技术的最大输出方，也是技术的最大吸纳方，且大大超过其他技术交易主体的输出和吸纳成交额（见图 6-16 和图 6-17），其技术转移的双向主体地位进一步得到凸显。

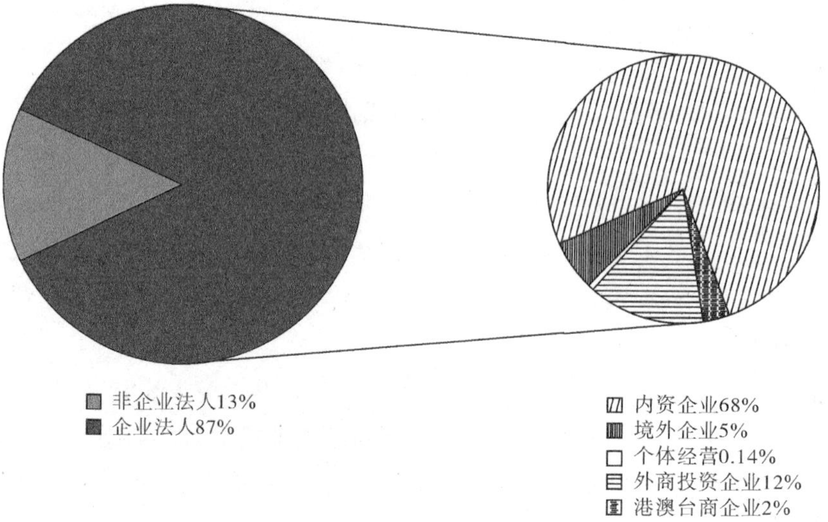

图 6-16　各类技术交易主体技术输出成交额构成饼状图

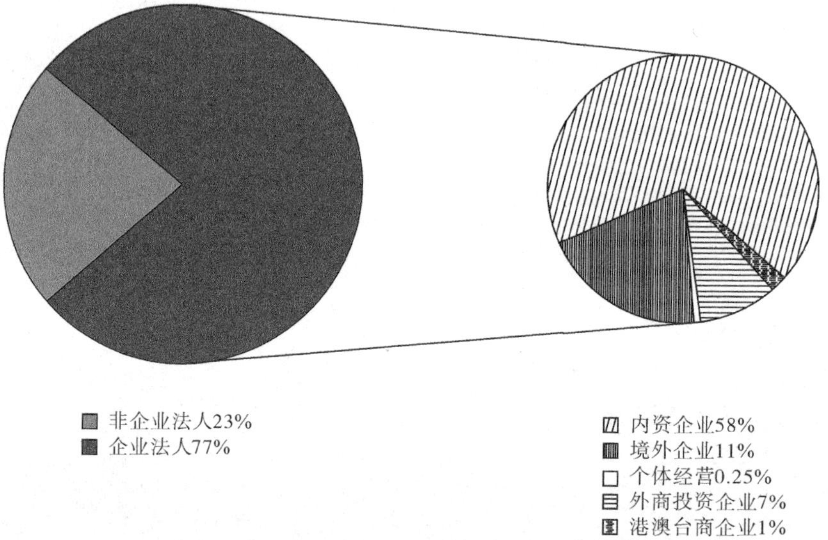

图 6-17　各类技术交易主体技术吸纳成交额构成饼状图

从图 6-16 至图 6-17 还可以看出，在企业技术输出和技术吸纳的构成中，尤以内资企业技术交易最为活跃，内资企业的技术输出和技术吸纳成交额分别占到了企业法人技术输出和技术吸纳成交总额的 68%和 58%。

8）高校和科研机构技术交易稳中有升

地方促进高校、科研机构科技成果转化相关政策和激励措施的出台，使高校、科研机构逐步确立市场导向的技术转移机制，针对市场需求深化与企业间的协同创新，2014 年技术输出合同成交额达到 773.96 亿元，其成交额占全国技术合同成交额的比例基本保持在 10%以上并基本呈现上升趋势，2013 年更是达到 11.12%的高位，但 2014 年的占比出现了下滑(见图 6-18)，同时 2009 年至 2014 年高校和科研机构技术输出合同成交额的年均增长率也处于较高水平，分别为 15.15%和 15.77%。

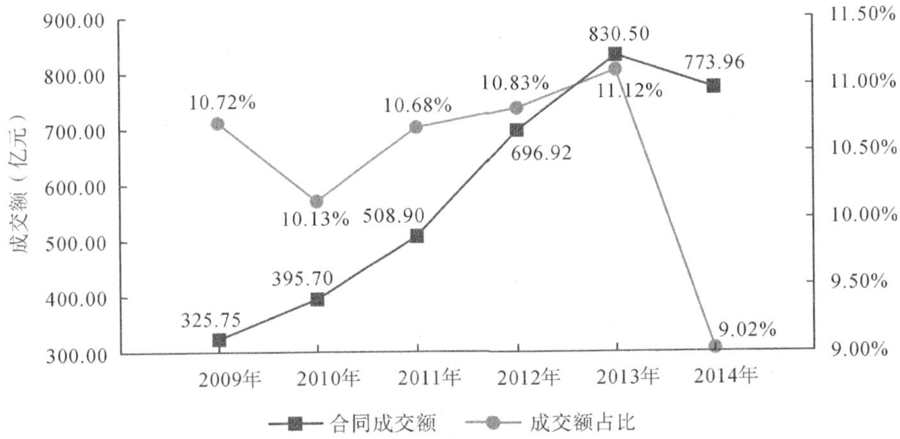

图 6-18　2009—2014 年高校和科研机构技术输出合同成交额趋势图

9）科技资源统筹和区域创新政策驱动技术交易快速增长

北京、陕西等省市资源集聚与政策推动效应逐步显现，辐射带动了区域经济转型发展。2014 年北京近六成技术辐射到东、中、西部地区，带动了区域经济平衡发展，同时也为中、西部的技术交易发展提供了一定的支持。2009 年至 2014 年，以陕西和湖北为代表的西部和中部地区技术交易实现大幅增长，特别是陕西和湖北两省，技术输出合同成交项数和成交额均实现快速增长(见图 6-19 和图 6-20)，分别领跑西部、中部地区技术交易，陕西省更是凭借强劲的增长势头将技术输出合同成交额全国排名从 2009 年的第 9 名上升到了 2014 年的第 2 名，可以说是近年来出现的一匹“黑马”。

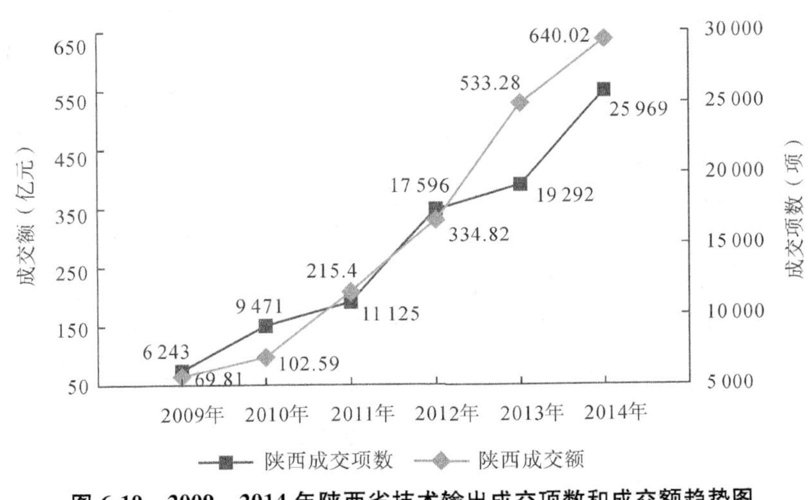

图 6-19　2009—2014 年陕西省技术输出成交项数和成交额趋势图

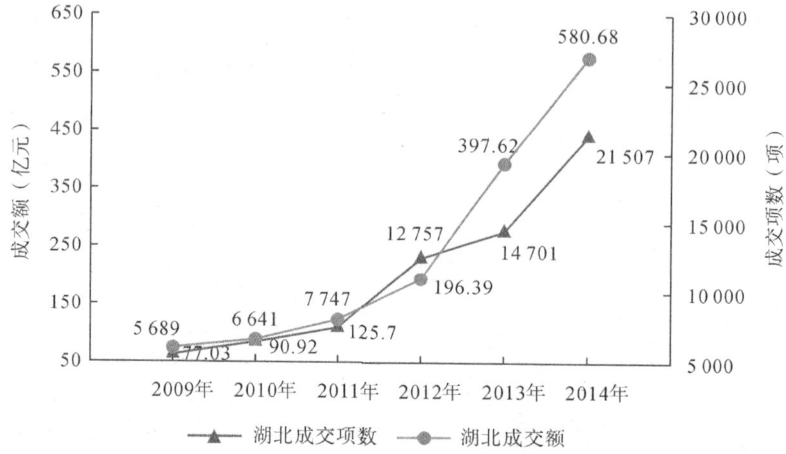

图 6-20　2009—2014 年湖北省技术输出成交项数和成交额趋势图

10）各省市技术交易服务体系逐步完善，技术市场进一步繁荣和发展

从 2011 年开始，除西藏未设立技术市场管理部门外，全国 30 个省、自治区、直辖市均已设立省、市、县三级技术市场管理机构。2014 年全国技术合同认定登记首次覆盖西藏自治区，在全国实现技术合同认定登记工作的全面布局。

全国技术合同认定登记总量不断提高，登记项数和成交金额均有大幅提高，综合 2009 年至 2014 年的技术合同成交额平均值，全国认定登记技术输出合同成交额前 10 名的省（直辖市）为北京、上海、江苏、广东、陕西、湖北、天津、辽宁、山东、四川（见图 6-21）。

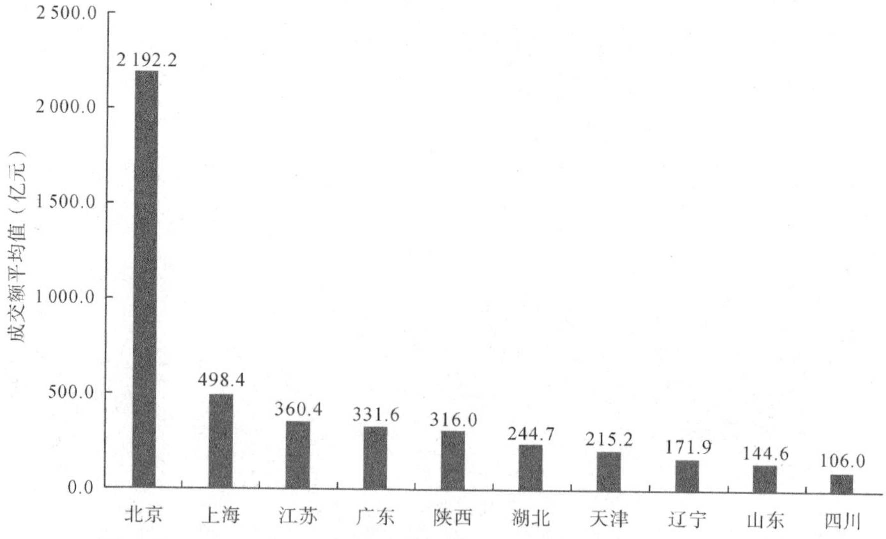

图 6-21　2009 年—2014 年全国技术合同成交额平均值前十名情况

11）东部地区技术交易最为集中和活跃，技术输出能力强于技术吸纳能力

东部地区经济发达，创新资源集聚，因此技术交易非常活跃，以北京、上海、江苏、

广东为代表的东部省市既是技术输出大省,同时也是技术吸纳大省。2014 年,东部地区输出技术 197 164 项,成交额 5 697.44 亿元,占全国技术合同成交总额的 66.43%。2014 年东部地区吸纳技术合同 193 936 项,成交额 4 711.00 亿元,占全国技术合同成交额的 54.92%。

从技术交易类别来看,东部地区技术输出能力要强于技术吸纳能力,但两者差距处于波动状态,如图 6-22 所示。

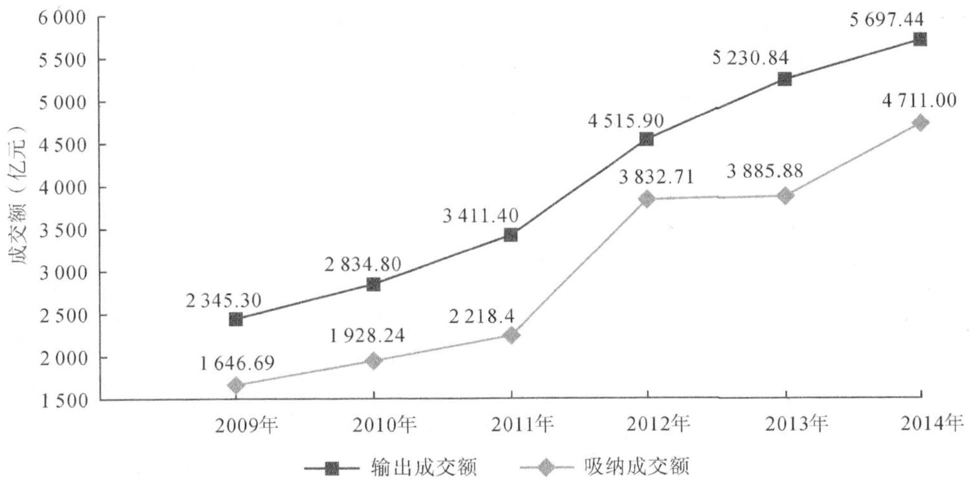

图 6-22　2009—2014 年东部地区技术输出和技术吸纳成交额趋势图

12) 国家技术转移示范机构数量增长较快,全国技术交易规模和规范度不断提高

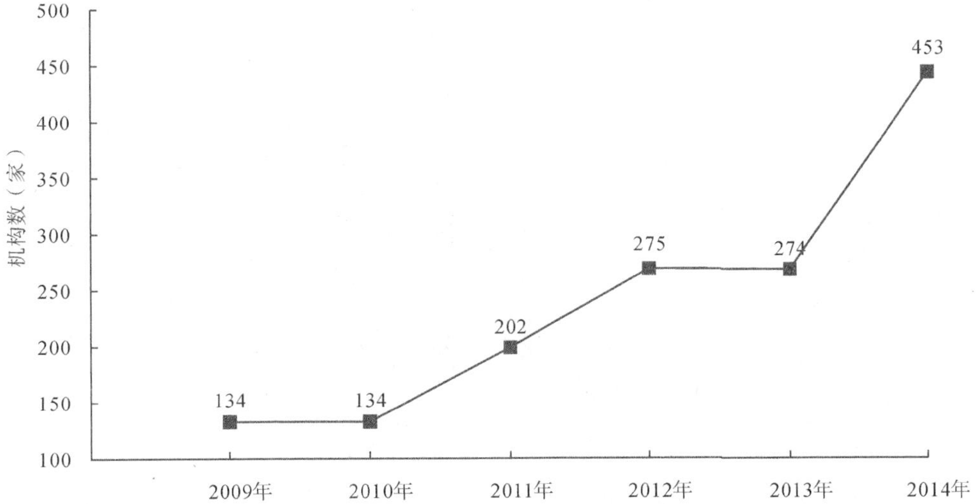

图 6-23　2009—2014 年国家技术转移示范机构数量趋势图

截至 2014 年底，覆盖大学、科研院所、企业、科技中介机构、政府部门的国家技术转移示范机构已达 453 家，以企业需求为导向、大学和科研院所为源头、技术转移服务为纽带、产学研相结合的新型技术转移体系逐步形成。对比 2009 年 134 家国家技术转移示范机构的数据，短短六年内，国家技术转移示范机构数量翻了三倍多，这说明全国技术交易的规模和规范度都在不断地提高。

6.2 江苏省技术交易统计

6.2.1 江苏省技术交易发展现状

近年来，江苏省技术市场在全省经济平稳较快发展的大环境下，技术市场环境进一步优化，技术交易进一步活跃，保持了较好的增长势头，技术交易规模和水平大幅度提升。技术交易成交项数从 2006 年的 10844 项增长到 2014 年的 24 681 项(见图 6-24)，年均增长率 23.76%；技术交易成交额增长幅度更为可观，从 2006 年的 68.82 亿元增长到 2014 年的 655.34 亿元(见图 6-25)，年均增长率高达 28.45%。技术合同数和成交金额的快速增长为我省经济转型升级和科学发展提供了有力支持。技术交易在促进科技资源优化配置，加速知识流动和技术转移，促进科技与经济结合等方面的支撑作用进一步显现。

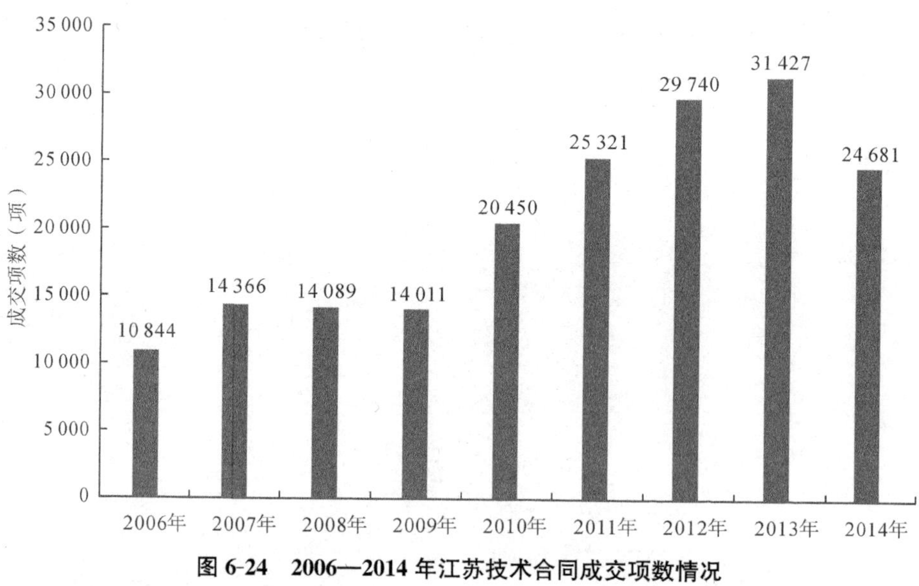

图 6-24 2006—2014 年江苏技术合同成交项数情况

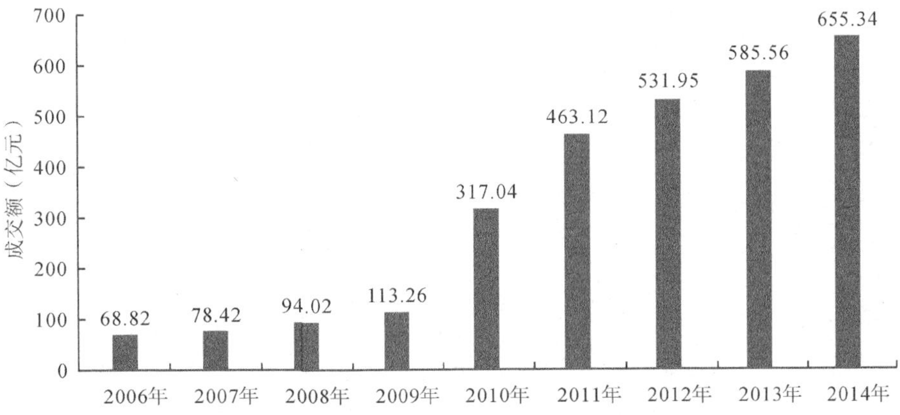

图 6-25 2006—2014 年江苏技术合同成交额情况

除了技术交易成交项数和成交额的总量快速增长之外，每份技术合同的平均成交额也呈现较快的上升趋势，技术合同平均成交额从 2006 年的 63.46 万元增长到 2014 年的 190.96 万元(见图 6-26)，增长了接近两倍，年均增长率达到 13.02%，这说明江苏省技术交易的交易水平和质量都有一定程度的提高。

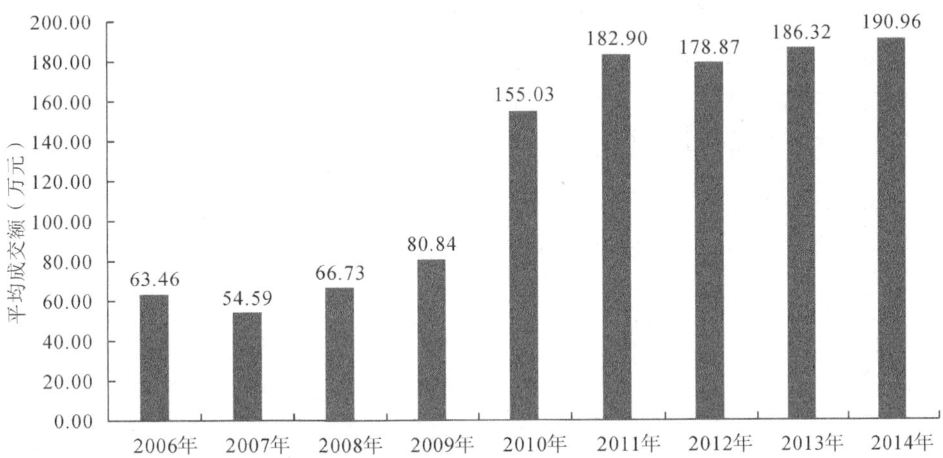

图 6-26 2006—2014 年江苏技术合同平均成交额情况

从 2010 年起至 2014 年，江苏省技术交易成交额便稳居全国省份第一，并且总成交金额虽然与北京市仍有较大差距，但与上海市的差距在逐年缩小，2014 年总成交额仅相差 12.48 亿元。与此同时，广东省、陕西省凭借较快的增长速度，与我省之间差距有所减少(见图 6-27)。

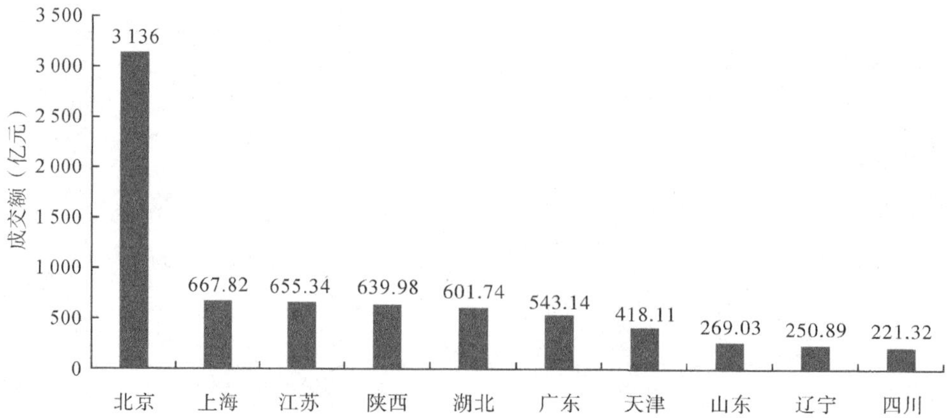

图 6-27　2014 年全国各省市登记技术合同成交额前 10 位

6.2.2　江苏省技术交易特征分析

1) 科技成果转化和产业化进程进一步加快

近年来江苏省技术市场配置科技资源的基础性作用明显增强，促进了传统产业改造升级和高新技术的大规模应用，加快了科技成果转化和产业化进程。2006 年至 2013 年江苏省技术合同成交额占江苏省生产总值的比例保持上升趋势，从 2006 年的 0.32%上升到 2013 年的 0.91%，但对比 2006 年至 2013 年全国技术合同成交额占全国生产总值的比例可以发现，江苏省在这一指标上的数据与全国的数据仍有一定差距(见图 6-28)，这说明江苏省在科技成果转化和产业化进程推进过程中还有一定的上升空间。

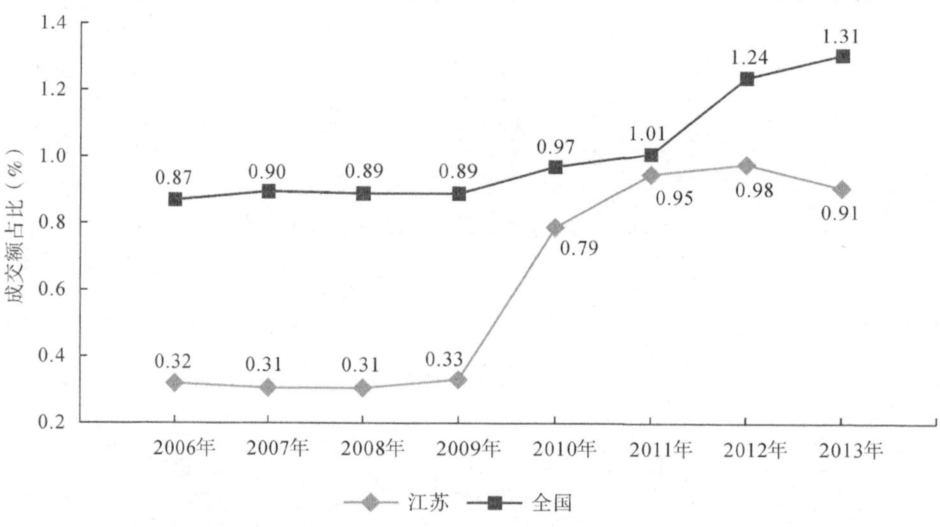

图 6-28　2006—2013 年江苏省和全国技术合同成交额占当年 GDP 比例趋势图

2) 技术创新和技术转移扩散能力增强

按照建立以企业为主体、市场为导向、产学研相结合的技术转移体系的要求，企业与高等院校、科研机构以产学研结合等形式展开合作，江苏省技术创新能力明显增强，通过技术市场登记的技术开发合同从 2009 年的 9 215 项增长到 2014 年的 15 499 项，年均增长率9.05%。技术开发合同成交金额增长更为迅速，从 2009 年的 79.97 亿元增长到 2014 年的 295.96 亿元(见图 6-29)，年均增长率高达 24.37%，其占全省技术市场成交总额的比例连续五年位居四类合同首位。

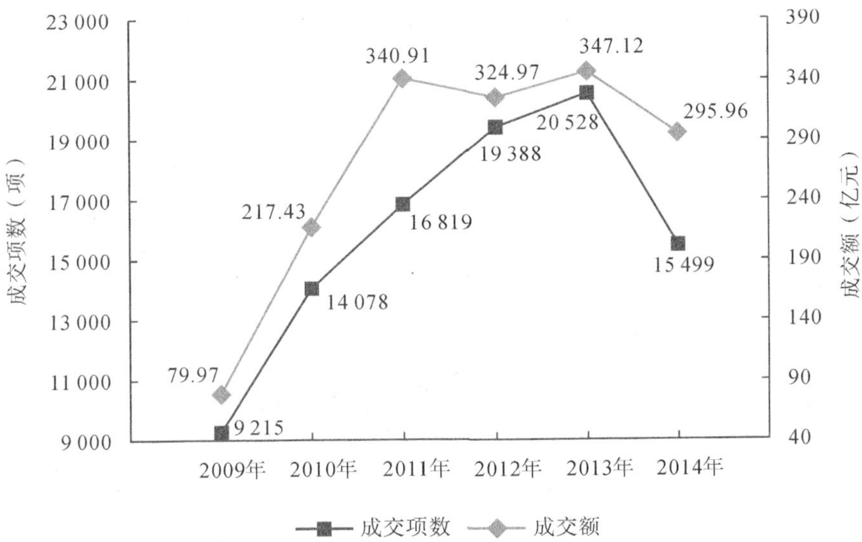

图 6-29 2009—2014 年江苏省技术开发合同成交项数和成交额趋势图

随着国家鼓励技术转移税收优惠政策的发布实施，技术扩散能力进一步增强，技术交易日益活跃。统计数据显示，2009 年至 2014 年江苏省技术转让合同成交金额大幅增长，从 2009 的 18.55 亿元增长到 2014 年的 291.10 亿元，年均增长率高达 58.23%，技术转让的活力不断提高。同时其占江苏省技术合同成交总额比例的增长幅度也较大，从 2009 年的 16.38%增长到了 2014 年的 44.42%(见图 6-30)，增长了超过一倍，这说明技术转让在江苏省技术交易中的重要程度正不断提升，江苏省的技术交易市场将保持较高的技术转移效率。

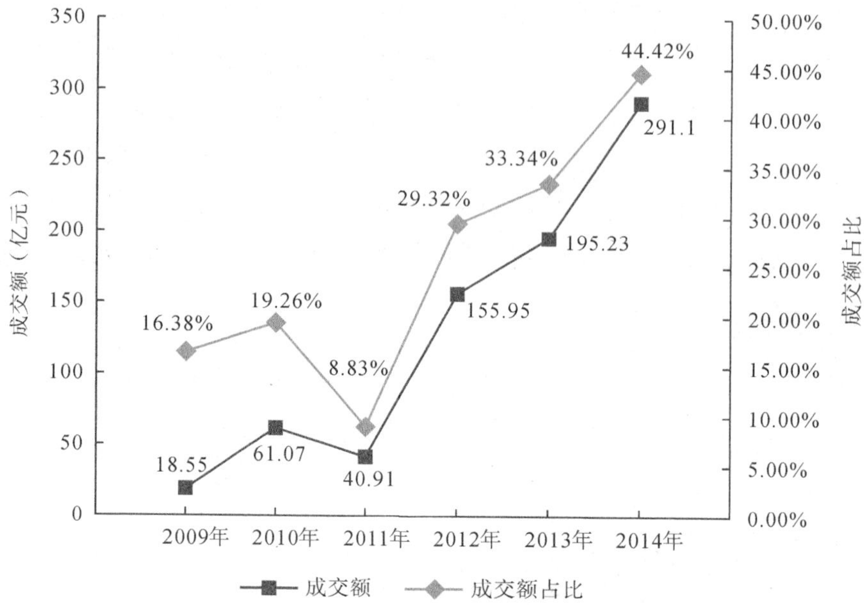

图 6-30　2009—2014 年江苏省技术转移合同成交额和占比趋势图

3）战略性新兴产业成为技术交易的主要领域

江苏正处于加快经济发展方式转变、发展创新型经济的关键时期，研发创新与新兴产业高度融合，技术要素流动加快，电子信息技术、先进制造技术、生物医药、新能源、新材料和节能环保等战略产业技术交易快速发展。根据 2009 年至 2014 年的统计数据，上述领域六年来通过技术市场交易的技术合同项数和金额占全省成交总项数和总金额的平均比例为 80.84%和 86.03%。这些领域的技术交易为产业结构调整、高新技术产业发展提供了有力的科技支撑。其中和全国技术交易领域构成特点相似，电子信息技术领域的技术合同成交项数和金额位居各类技术领域之首，且远高于其他技术领域，六年平均成交金额 130.54 亿元，占平均总成交金额的 34.33%。先进制造技术在各类技术领域中居第二位且增长强劲，成交金额从 2009 年的 18.94 亿元增长到 2014 年的 203.21 亿元，年均增长率高达 48.51%，2014 年成交额已经占当年成交总额的 31.01%，先进技术所代表的新经济发展方式已经有了显著的发展成果。

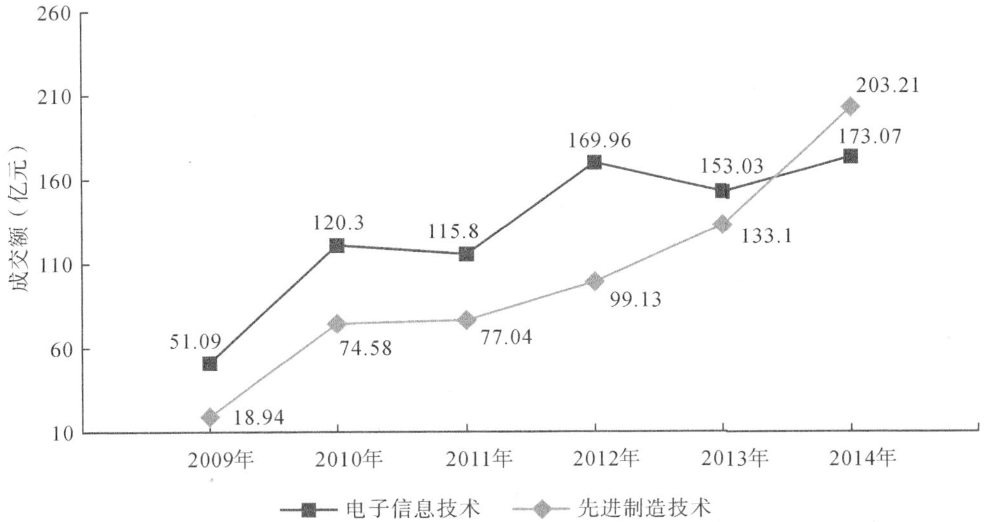

图 6-31　2009—2014 年电子信息技术和先进制造技术领域技术合同成交额趋势图

4）产学研合作加速技术转移进程

江苏省大学、院所技术创新源头作用明显，产学研合作进一步深化。2013 年大学、科研院所输出技术交易项数为 16 954 项，成交金额为 59.55 亿元，占全省技术市场成交项数的 53.94%，占全省技术市场成交总额的 10.17%。2014 年居全省大学技术交易前三位的分别为东南大学、南京大学、南京航空航天大学，居全省科研院所前三位的分别是南京水利科学研究院、江苏省环境科学研究院、环境保护部南京环境科学研究所。

5）企业集成技术创新的能力进一步增强

根据统计数据，2009 年至 2014 年企业法人的技术输出成交额和技术吸纳成交额均居于各类技术交易主体的首位，企业技术交易双向主体的地位非常稳定，企业对于技术交易的活跃度也最高。2014 年江苏省企业法人机构输出技术交易额超过吸纳技术交易额，达到 557.31 亿元，占总输出技术交易额的 85.04%；江苏省企业法人机构吸纳技术交易额 364.53 亿元，占总吸纳技术交易额的 55.63%。目前江苏省企业已成为技术交易主体，集成技术创新的能力大幅度提高。

但对比 2009 年至 2014 年的企业技术输出和技术吸纳成交额占总成交额的比例可以发现，两组数据的变化趋势具有较大的差异，企业技术输出的成交额占比处于稳中有升的趋势，但企业技术吸纳的成交额占比则处于下降趋势（见图 6-32）。

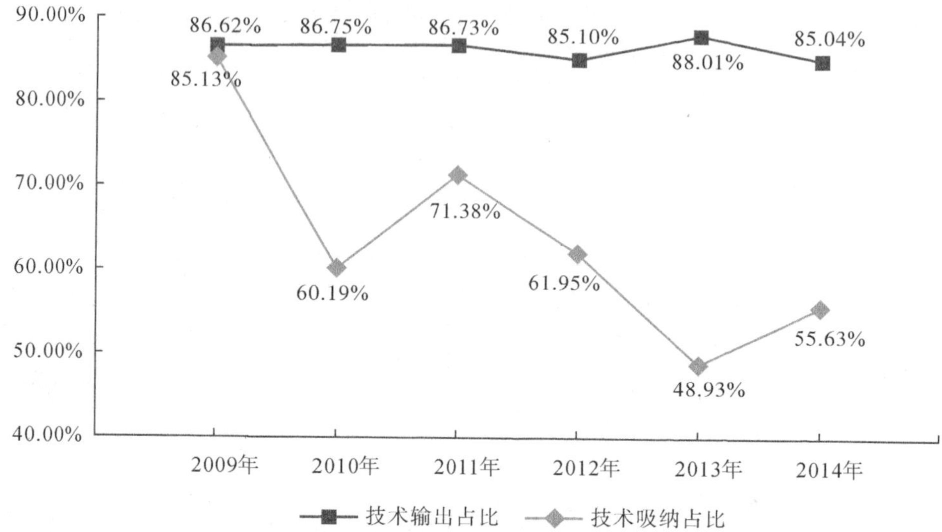

图 6-32　2009—2014 年企业法人技术输出和技术吸纳成交额占当年技术输出和技术吸纳成交总额比例趋势图

反观机关法人则在近年的技术吸纳成交额指标上增长迅速，技术吸纳成交额从 2009 年的 4.89 亿元增长到 2014 年的 247.47 亿元，年均增长率达到了惊人的 92.32%，2014 年技术吸纳成交额已经占到了技术吸纳成交总额的 37.76%，不过与企业法人的技术吸纳成交额相比还显得略低(见图 6-33)。

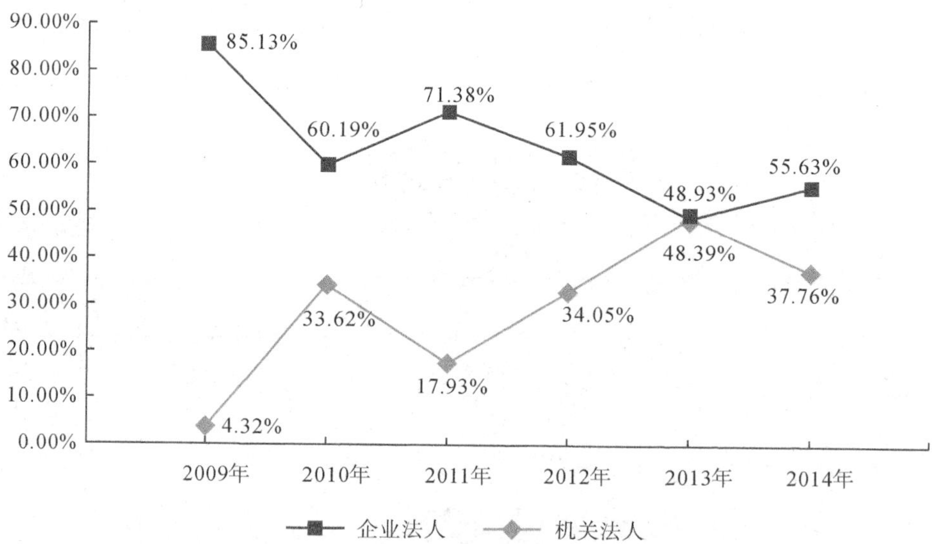

图 6-33　2009—2014 年企业法人和机关法人技术吸纳成交额占当年技术吸纳成交总额比例趋势图

6）涉知识产权成交额屡创新高，技术秘密占据各类知识产权类别技术交易主导地位

江苏省涉及知识产权的技术合同成交额快速增长，屡创新高，从 2009 年的 70.38 亿元增长到 2014 年的 457.77 亿元，年均增长率高达 36.63%，这凸显出江苏省技术交易对知识产权的重视和关注。

在细分类别中，技术秘密在涉及知识产权的技术交易中占据主导地位，成交项数和成交额均占据各类别的首位，并且具有非常强劲的增长势头，技术秘密类别成交额从 2009 年的 49.22 亿元增长到 2014 年的 381.26 亿元，年均增长率高达 40.66%。

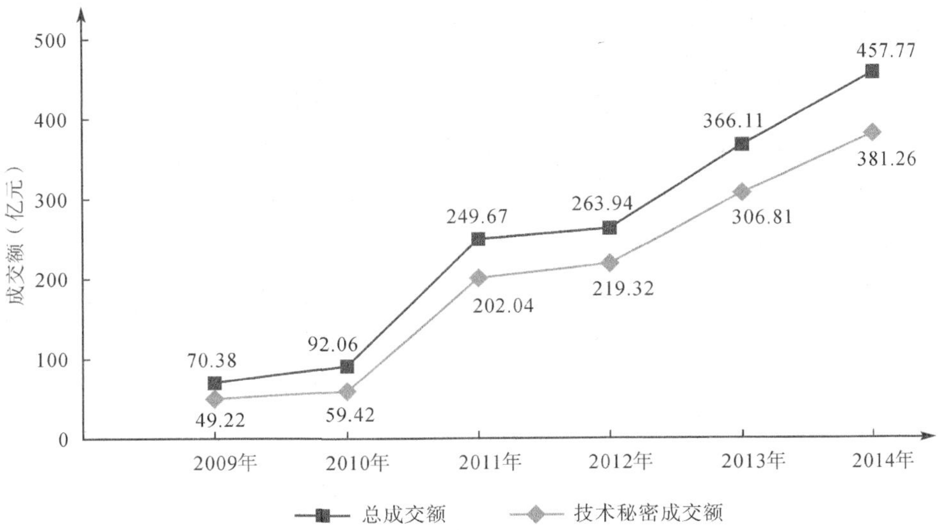

图 6-34 2009—2014 年涉知识产权成交总额和技术秘密类别成交额趋势图

7）工商业发展为技术交易中最重要的社会—经济目标，卫生事业发展目标技术成交额增长迅速

在江苏省技术交易的社会—经济目标中，工商业发展目标非常抢眼，成交额居于各类目标首位，这与江苏省工商业极为发达的背景相称，说明技术交易正在助推江苏省的工商业取得更大的发展。社会发展和社会服务目标在技术成交项数上居于第一位，但在技术成交额指标上仍居于第二位，两者技术成交额的差距处于波动状态（见图 6-35），这体现出两者的增长潜力均较高。工商业发展目标、社会发展和社会服务目标技术成交额的年均增长率分别为 34.25%和 42.44%，均处于较高的水平。

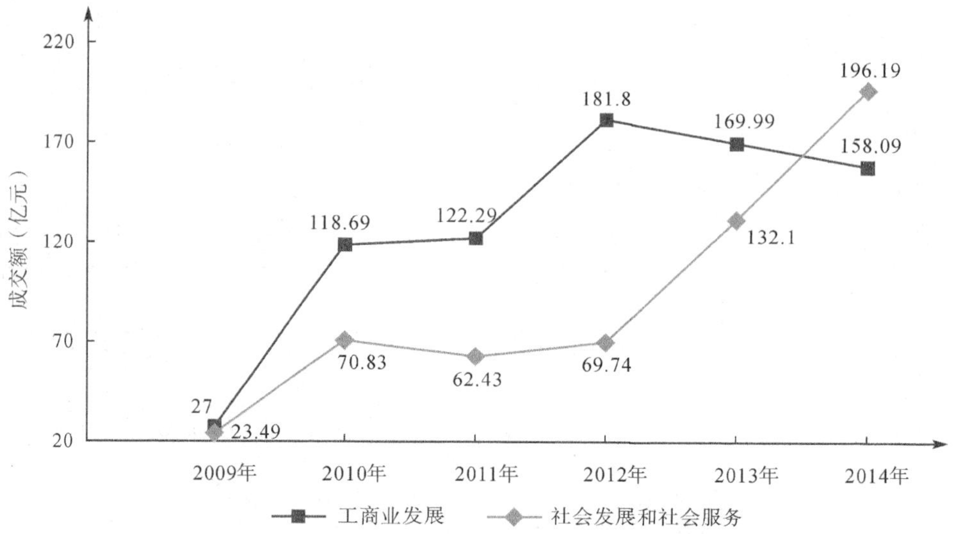

图 6-35　2009—2014 年工商业发展及社会发展和社会服务目标技术成交额趋势图

同样值得关注的还有卫生事业发展目标的增长潜力，该目标技术成交项数和成交额均实现了大幅增长，特别是技术成交额从 2009 年的 3.46 亿元增长到了 2014 年的 62.96 亿元（见图 6-36），年均增长率高达 62.18%，远高于 34%的平均增长率。预计与民生息息相关的卫生事业将会继续保持高速发展，再创新高。

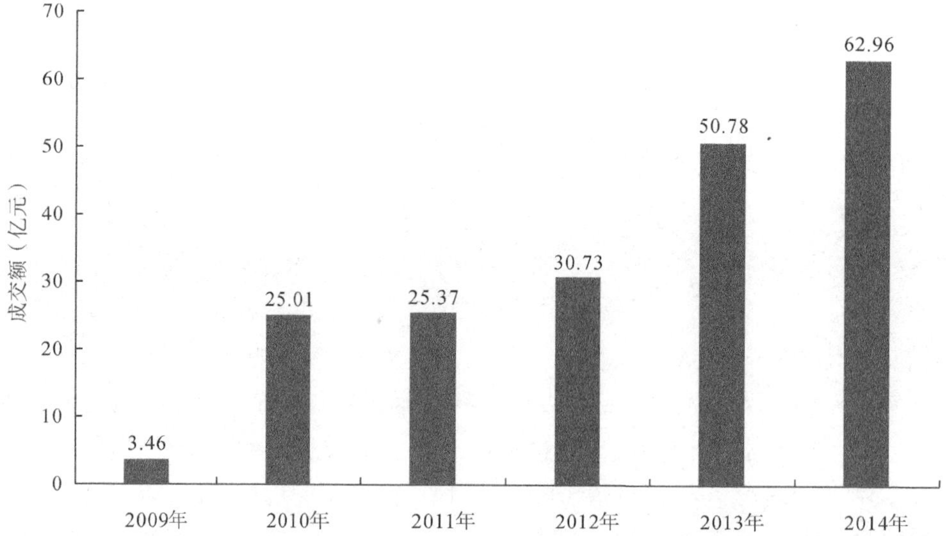

图 6-36　2009—2014 年卫生事业发展目标技术成交额情况

8）地市县科技计划技术成交额增长迅猛

在技术交易的科技计划范畴内，国家计划和部门计划等的技术成交额均具有一定的波动性，但江苏省地市县计划的技术成交额则保持了稳健迅猛的增长势头，其技术成交额从 2009 年的 1.43 亿元增长到 2014 年的 38.14 亿元（见图 6-37），总量增长了接近 26 倍，年均增长率高达 72.85%，且五年来均保持稳定的增长趋势，这说明地市县科技计划对技术交易的拉动作用较为可观。

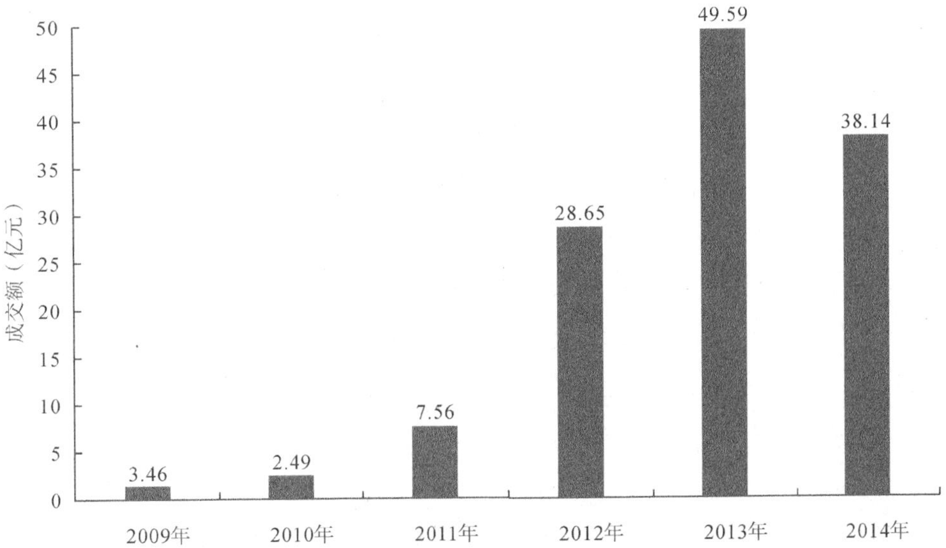

图 6-37 2009—2014 年地市县科技项目技术成交额情况

9）南京技术交易领跑全省，苏州无锡分列二三

从地域范围来看，南京市在江苏省各省辖市中技术交易领跑全省，无论从技术输出还是技术吸纳来看，南京市的技术成交项数和成交额均位于全省首位，并且大幅高于其他省辖市，这凸显出南京市在技术交易上的显著成绩。除了总量上的突出，南京市在技术吸纳成交额这一指标上也显示出非常强劲的增长势头，该项指标的年均增长率高达 51.63%，远高于各省辖市 30.52%的平均增长率，因此可以预见南京市将继续在江苏省保持技术交易的主导地位。

苏州市和无锡市分别列全省第二位和第三位，虽然两市与南京市的技术交易指标还有一定的差距，但两市均保持良好的增长势头，技术输出成交额年均增长率分别为 40.37%和 55.35%，技术吸纳成交额年均增长率分别为 46.63%和 43.76%，可以预见两市的技术交易将进一步繁荣。

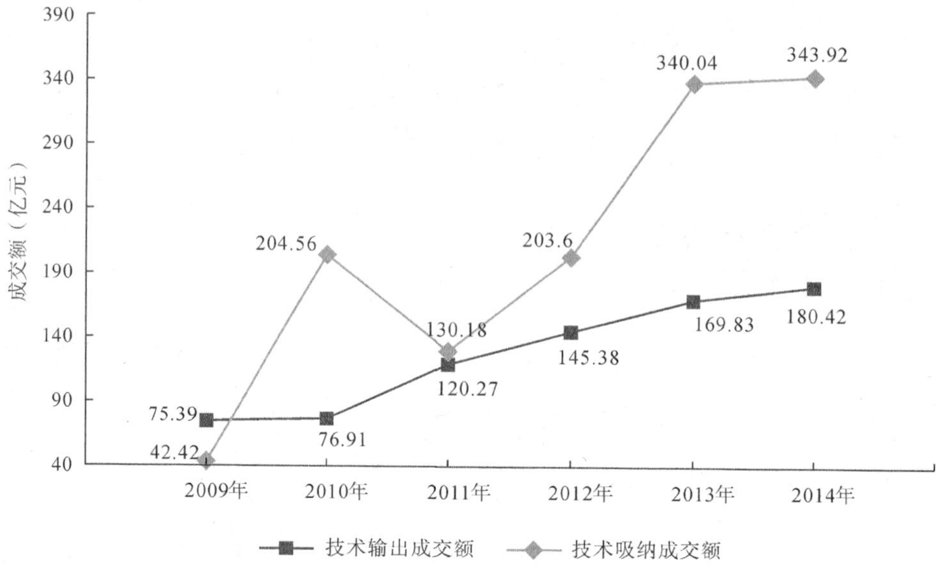

图 6-38　2009—2014 年南京市技术输出和技术吸纳成交额趋势图

10）江苏北京国外分列技术流向最集中地域前三名

在江苏省技术合同的地域流向中，江苏省自身吸纳了最多的技术合同，并远超其他地域，同时留在江苏的技术合同正处于增长的趋势，2009 年至 2014 年留在江苏的技术合同项数和成交额均实现快速增长，合同项数和成交额的年均增长率分别为 11.16%和 46.68%。

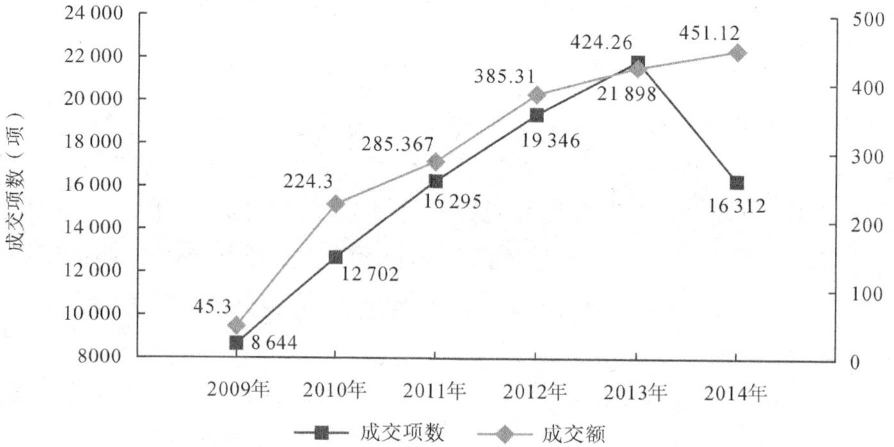

图 6-39　2009—2014 年流向江苏省技术交易成交项数和成交额趋势图

北京和国外分列江苏省技术合同流出地域的二、三名。北京作为全国技术交易的核心地域，其与江苏省技术交易的频繁充分证明了江苏省技术合同的质量和水平处于较高的层次;而江苏省与国外技术交易的频繁也证明了这一点。同时技术交易能够大大促进江苏省和国外的贸易往来,带动江苏省的产业进一步升级。

11) 江苏稳居长三角技术交易第二位并正逐步缩小与上海差距

长三角的经济基础相对较好,因此技术交易也较为繁荣,根据统计数据,从 2006 年至 2014 年,江苏省均位居长三角各省技术交易的第二名,仅次于上海市。更为值得关注的是,近年来江苏省与上海市的差距正逐步减小,并且江苏省技术成交额的年均增长率高达 28.33%,远高于上海市的 9.1%,因此可以预见到江苏省和上海市的技术交易差距将进一步减小甚至超越上海市成为长三角技术交易最强者。

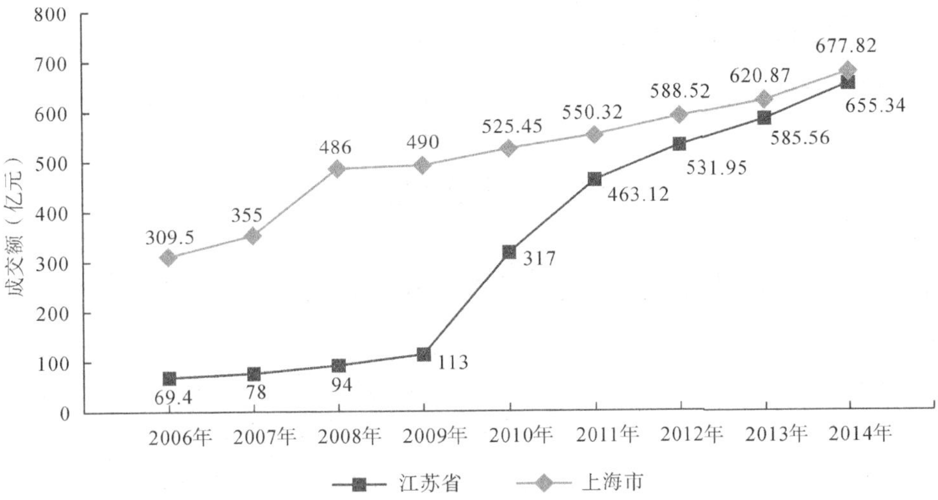

图 6-40 2006—2014 年江苏省和上海市技术交易成交额趋势图

7 技术交易发展对策

我国技术市场开放30周年，全国的技术交易量从1984年的7亿元增长到2014年的8 577亿元，占全国GDP的比重达到1.35%。在国家实施创新驱动发展战略、全面深化改革的环境带动下，技术交易也将迎来新的发展机遇。时任国家发改委副主任张晓强在“中国经济年会”上透露，我国的科技成果转化率仅为10%左右，因此分析我国技术交易存在的问题，提出发展对策，对于进一步繁荣交易活动，鼓励企业成为自主创新主体，激发高校、科研院所等创新源头释放创新活力具有重要意义。

7.1 制定完善技术交易相关的政策法规

近年来我国为了促进科技成果转化，活跃技术交易，制定出台了一系列政策法规。如2008年科技部、教育部、中科院出台了《国家技术转移促进行动实施方案》及2014年底国务院通过《中华人民共和国促进科技成果转化法修正案(草案)》。《中华人民共和国促进科技成果转化法》于1996年出台，对于引导和规范技术交易活动、调动科技成果转化积极性起到了促进作用。近20年来经济及科技的快速发展，很多条款已不能完全适应形势发展的要求，表现为政府部门对成果使用、处置事项的审批环节多、周期长，影响了转化的时效性；尚未形成符合科技成果转化特点的科研事业单位资产管理和收益分配制度；对科技人员的激励政策落实不到位，削弱了单位和科技人员科技成果转移转化的积极性等。为此，2013年，科技部与多个部门和单位对法案重新进行修订，重点完善了科技成果信息发布、处置收益分配等制度，突出了企业在科研方向选择、项目实施等方面的主体作用，强化了知识产权保护等方面内容。以上政策的制定实施使我国技术交易的环境得到明显优化，有效促进大学和科研院所与企业之间的知识流动和技术交易，企业的自主创新能力和核心竞争力获得了较大提升。但我们也应该看到目前与技术交易相关的政策法规建设还需加强，技术交易的政策体系应有一个完整的架构组成，包括技术市场管理、技术交易服务规范、知识产权保护、技术及技术服务信息发布标准、科技中介服务机构管理、技术经纪人管理、重大技术交易项目的审查等一系列法规制度构成。

(1) 制定国家层级《技术市场条例》。为促进技术交易,维护技术市场秩序,保障技术交易当事人的合法权益,推动技术进步和经济发展,北京、上海、山东、浙江、广东、陕西等地区均对原技术市场条例进行了修订完善,对技术交易准则、技术交易服务机构条件、技术市场管理、技术交易中法律责任进行了明确规定,从而加快了区域技术交易的发展。我国技术市场发展并不均衡,有的地区对技术市场发展不重视,有的地区甚至取消技术市场条例,使技术市场行政执法依据不充分,缺乏国家级法律、法规依据。因此通过制定国家层面的《技术市场条例》可以明确政府、高等院校、科研院所、创新企业在技术交易中的责任,规范各技术交易主体的行为,为技术市场管理提供法律保障,维护技术市场秩序。在此基础上,依据各地技术市场发展状况,鼓励各省市制定地方法规,促进技术交易健康发展。

(2) 制定国家层级的《技术交易服务规范》。2008 年江苏省制定了《技术交易与技术产权交易服务规范》,成为全国首项地方性技术交易服务规范,该规范对提高江苏省技术交易质量、规范受理服务程序,提升科技中介服务机构的能力有很好的促进作用。因此建议制定国家层级的《技术交易服务规范》,通过对技术交易的范围、从业条件、职业道德、工作条件、行业管理进行规范,对技术交易双方的权利义务、违约责任,规范受理服务程序进行约定,从而推进技术交易服务业的可持续发展。

(3) 制定《科技中介服务机构管理办法》。科技中介服务机构在技术交易过程中起着纽带和桥梁作用,是技术交易的催化剂。目前我国科技中介服务机构服务能力、服务水平参差不齐,业务结构不合理,区域发展不均衡,技术交易的纽带作用未能充分发挥。通过制定相关法律法规,一是建设科技中介服务机构准入机制,采用差别化准入模式科学设定机构准入条件;二是建设信息披露制度,对资金、人才、技术信息等实行分级,确立披露机构,制定披露原则,对披露权限与对象进行设定;三是建立信用评价指标体系,主要包括评价机构、评价指标、评价原则、评价等级、评价方法及评价效力,定期对机构进行检查、监督,每年进行一次评价、考核,对机构履行能力、可信任程度进行综合评估,结果及时向社会公开,对信用评级优秀的机构、个人给予表彰、支持和扶持,逐步创立市场信用品牌;四是建立淘汰机制,研究制定淘汰细则,对有严重违规、失信、提供虚假信息行为的机构,结合信用评价考核情况,采取提示、警示、公示的方式,清理和整顿一批不符合市场要求的机构。

(4) 制定技术经纪人培养机制。技术交易从业人员的素质优劣、水平高低对技术交易成功与否起着决定性作用。我国现有技术经纪人存在着素质参差不齐，从业人员数量少，结构不平衡，业务渠道和经济来源不畅通，产业化程度不高，行业自律能力差等一系列问题。建立技术经纪人培养机制，通过对技术经纪人专业技术、市场经济、法律法规等相关知识的培训，使其掌握信息获取、项目论证、市场调研、沟通协调等能力，分初级、中级、高级三个层次进行培养，让经纪人在技术交易的不同领域、不同阶段发挥自身作用，造就一批懂技术、懂法律、懂管理、懂经营的复合型高素质的技术经纪人队伍。

(5) 加强科技成果知识产权执法。知识产权的明晰界定和有效保护，对技术市场的健康运行具有特殊且重要的意义。首先，它是技术买卖双方能够取得预期收益的基本前提。承担高风险的企业、科研机构能够获得收益的关键，在于保证其技术在一定时期内的独占地位。其次，它也是降低技术风险的制度，如风险资本、创业资本等得以发展和有效运作的基本前提。如果没有有效的知识产权保护，技术创新就可能只有高投入、高风险，但没有高收益，因为技术领先者的优势会被技术追随者以极低的成本侵蚀。这样风险资本、产业资本就难以运作下去。再次，专利制度可以促进技术信息披露，从而加速信息传递，降低信息搜寻成本。最后，以专利、商标、商业秘密等形式对工业产权进行保护，是推动我国技术引进的基础和关键。在知识产权保护领域，中国目前的问题不在于缺乏法律，而在于执法不严。执法不严，必然会影响到人们对专利制度的信心。这样可能导致两种情形：一种是技术研究人员不愿对所发明的技术申请专利；另一种是申请专利时隐藏更多的关键信息，使专利制度通过保护来推动创新和技术扩散的功能无法发挥。

一种制度要想有效实施，必须具备以下条件：第一，必须形成一种必要的信息交流机制，以提供交易双方依据的必要信息，通过获取这些信息，使制度监督成为可能。第二，对违反制度或法律的惩罚不仅要大于违法所获得的收益，而且要大于违法者所造成的私人成本和社会成本；否则，制度的有效运作难以得到保证。第三，由于惩罚常常是一种公共物品，在此共同体中的成员均能获益，但成本却仅由少数人承担，因此，制度必须提供一种激励，使违约者违约时能够有人对其进行惩罚。

有人将中国知识产权保护效率低归结为中国的企业和科研机构不愿打官司，其实这是将因果关系倒置了。中国知识产权保护执法中存在的问题，关键在于缺乏有效的信息交流机制，对违法者违法行为的认定成本太高；而一旦认定违法者的违反行为，法律对违法者判罚太轻，不足以补偿受害者的损失，甚至不足以补偿监督成本。所以，知识产权权益人不愿利用法律武器。

因此,加强知识产权执法的关键,是提高对违法者的惩罚力度,并将其用于补偿知识产权权益人的损失。这样才能提供一种激励,使权益人在权益受到伤害时主动寻求法律保护,使违法者违法时能够受到应有的惩罚[2]。

7.2 加大技术交易税收优惠力度

我国现有的针对技术交易供需双方的税收优惠政策在加速科技成果转化、优化资源配置上发挥了重要作用,但近几年对全国技术市场统计数据分析及对从事技术贸易单位大量走访调研,发现激励技术交易的优惠政策操作过程中出现了一些具体问题以至于未达到预期的效果。一些省市也陆续出台了相关条例来激励技术交易活动,但还是缺少了对创新主体的内在驱动力。因此,加大技术交易相关税收优惠势在必行。

(1) 扩大增值税优惠范围

技术合同减免税的现行政策是符合条件的技术转让、技术开发和与之相关的技术咨询、技术服务的收入,免征增值税(原营业税),独立的技术咨询和技术服务合同则不在免税范围之内。据全国技术市场统计年报数据显示,2013 年全年共成交技术咨询和技术服务合同合计 120 206 项,成交金额 2 780.29 亿元,在四类合同中占比达 43.19%,几乎与技术开发和技术转让成交金额持平。其中,在技术输出中占比达 90%的企业存在大量技术咨询、服务合同,这部分技术交易具有相当规模,但现行的增值税税收优惠政策覆盖范围不能满足这些企业的发展需求。

技术咨询和技术服务是科研能力应用和技术转移的重要方式,也是实施高效、高质科技服务的重要内容和手段,它们在促进技术进步方面均产生了积极影响。同时,在国家促进经济结构转型、产业结构调整大潮的带动之下,越来越多的科技型企业在实践如何从制造型向服务型转型,诸如国内很多软件企业正开始全面推进软件产品的支持服务,来完成从卖产品到卖服务的变革。这种从短期一次性销售收益到长期贯穿整个产品生命周期且长期而持续的服务模式的变化将推动科技服务业的整体发展,这更加需要政策的大力支持。

近几年技术咨询、服务合同与技术开发、转让合同的成交金额已基本持平,2013 年全国技术服务合同成交额首次居四类合同首位。技术咨询和服务同样是科技成果转化和应用的重要方式,是实施高质科技服务的重要手段,并且在新形势下很多科技型企业正在实践从制造型向服务型转型,从单纯的产品到构建公共服务平台转变,更加需要政策去支持创新主体加速技术进步和科技服务业的发展。

建议扩大增值税优惠政策的覆盖范围，将独立的技术咨询和技术服务纳入增值税免征范围，从现有"两技"扩大到"四技"。

(2) 放宽所得税优惠范围

2008年新企业所得税法实施后，规定了居民企业技术转让所得可以免征、减征企业所得税，缩小了减免税的优惠范围，取消了原先"科研机构、高等学校服务于各业的技术成果转让、技术培训、技术咨询、技术服务、技术承包所取得的技术性服务收入享受所得税的优惠"。2010年底，财政部国家税务总局下发了《关于居民企业技术转让有关企业所得税政策问题的通知》(财税[2010]111号)，明确了技术转让的范围，包括居民企业转让专利技术、计算机软件著作权、集成电路布图设计权、植物新品种、生物医药新品种，以及财政部和国家税务总局确定的其他技术，并且明确符合条件的技术转让是指所有权或5年以上(含5年)全球独占许可使用权的行为。这个文件的出台，将技术转让的范围显著缩小，大量的不涉及知识产权的技术秘密转让、非5年以上(不含5年)全球独占的技术使用权转让被排除在所得税优惠范围之外。

受此冲击，以江苏省为例，据江苏省国税局、江苏省地税局技术转让企业所得税优惠统计资料显示，在2009—2011年间江苏各地享受技术转让企业所得税优惠的企业分别为168家、113家和76家，实际享受额度分别为32 058.82万元、28 673.24万元和22 731.13万元，减免户数及金额下降显著。以2011年当年江苏全省技术合同知识产权的构成为例，2011年在全省范围内技术秘密转让占技术转让合同的89.72%，专利权转让、计算机软件著作权转让、集成电路布图设计专有权转让、动植物新品种权转让、生物医药新品种权转让，这几项仅占全部技术转让交易金额的10.28%。111号文件规定的税收优惠范围未考虑企业研发技术的实际情况，导致税收优惠效果大打折扣。

在研发过程中很多实际情况是这样的：一是研发主体为保护自己的核心技术不被泄露，往往不愿以专利这种公开的形式进行保护，更倾向于采取技术秘密的形式进行保护；二是从研发到产品的周期较长，很多技术在没有取得专利等知识产权的情况下就已经产生了流动需求。技术秘密虽未取得专利证书，但更为普遍地存在于研发领域，在推动创新型国家建设，提升自主创新能力方面发挥了更为重要的作用。以制药行业为例，新药开发具有投资大、风险高、周期长的特点。药物从最初的实验室研发到小试中试、批量生产再到临床验证直至批准上市平均需要12年的时间，但是很多情况下企业根据自身规模和特点往往选择在小试中试成功或者临床试验成功这种取得某一阶段性成果的情况下就转让相应的技术，或者是一些工艺改进、处方改进的革新技术等，通过技术秘密这样的多次转让来实现最终的产业化。这样的转让发生在还未取得临床批件、新药证书的时候，而 111 号文的实施导致企业在最需要资金支持的研发过程中无法真正享受技术转让所得税优惠。

每年约有 70%的技术转让是发生交易双方之间的技术秘密转让，出于知识产权保护或者研发周期长等原因，技术秘密相比于专利更为普遍地存在于研发领域，在推动企业提升自主创新能力方面发挥了更加重要的作用。放宽转让专利使用权适用优惠的条件，只要是企业转让了专利的使用权，无论独占与否，不区分使用时限，都可以享受企业所得税优惠，是对这些技术转让的鼓励。虽然表面上损失了眼前的转让所得部分税收，但增强了产品及企业竞争力，从长远看是培养了优质产品和企业，增强了区域经济实力，增加了税收。

建议从技术转让中的实际情况出发，将技术秘密转让、专利申请权转让重新纳入所得税优惠范围，并且放宽使用权转让中“5 年以上(含 5 年)全球独占许可使用权”的规定。

(3) 统一开具增值税专用发票

建议增值税减免统一开具增值税专用发票，并实行增值税即征即退。如果统一开具专用发票，实行即征即退，既保证技术交易卖方享受增值税减免，又保证买方增值税抵扣链条畅通。江苏省从 2012 年 10 月 1 日起明确对交通运输业和部分现代服务业实行营业税改征增值税试点，截至 2013 年 8 月 1 日“营改增”试行范围已推广到全国。“营改增”后技术合同继续享受增值税优惠的同时也暴露了一些问题，主要是乙方(供方)享受技术合同免税导致了增值税抵扣链条的中断，与甲方(需方)行使增值税抵扣形成利益冲突。

通过傅翠晓等人对上海科技服务企业的研究发现[9]，“营改增”后为了调和冲突，一般会出现以下几种情况：一是乙方处于市场优势地位时，甲方愿意接受增值税普通发票，这样不会影响到技术合同认定登记，目前主要体现在甲方不是“营改增”范围内的企业，不存在增值税抵扣问题。但双方都是“营改增”企业时，甲方更倾向接受增值税专用发票。二是甲方处于市场优势地位时，在合同价格不变的情况下，不愿接受普通发票，乙方不得不放弃免税为甲方开具专用发票，导致乙方税负增加，影响企业利润，同时使技术合同认定的数量减少。三是交易双方通过洽谈达到一个折中的结果：其一，乙方仍然享受免税，但价格上给予甲方一定的优惠；其二，乙方放弃免税，将增加的税负加在合同价格上形成新的报价。

(4) “四技”合同支出直接纳入研发费用加计扣除

2008 年为进一步鼓励我国企业加大研发投入，提升创新能力并配合新所得税法的实施，国家税务总局发布了《企业研究开发费用税前扣除管理办法(试行)》，规定了企业从事研究开发活动产生的费用可以在企业所得税税前加计扣除。该政策自实行以来，在很大程度上提升了企业加大研发投入的积极性，但是，诸如实际操作流程复杂和限定的加计扣除范围窄等问题也进一步显现。

相比于目前技术交易中卖方享受增值税、所得税优惠的操作流程，买方享受研发费用加计扣除的手续更为复杂。企业要享受该政策，不但内部各相关部门要制定相应的操作规范并严格执行，同时还需要与税务主管部门、科技主管部门和中介机构合作完成[10]。同时，企业享受研发费用加计扣除的项目必须在国家重点支持的高新技术领域和当前优先发展的高技术产业化重点领域指南(2007 年度)范围内，这使得很多不在此范围内的研发支出丧失了享受税收优惠的机会。八大类可加计扣除研发费用与《高新技术企业认定管理工作指引》和《关于企业加强研发费用财务管理的若干意见》所规定的研发费用相比，其范围和项目都要减少不少。从现实操作角度来看，每一个企业申报加计扣除的研发费用都要大大低于该企业实际发生的研发费用，比如企业研发人员的社会保险费、公积金和外聘研发人员的劳务费，与研发活动直接相关的会议费、培训费、差旅费、专家咨询费等都不可以列入研发费用加计扣除的范围，这最终会降低企业享受研发费用加计扣除的积极性。特别是一些中小型企业，由于专业人才和成本的限制，本身研发费用的归集就不是很规范，很难做到严格地区分每项研发费用，再加上最终享受的税收优惠也不是很明显，最终有可能促使这些企业放弃享受这一税收优惠[11]。

为了更好地提升政策的可操作性，激发交易过程中买方的积极性，建议将买方企业产生的“四技”合同支出直接纳入加计扣除的范围中，并且卖方单位将合同在科技主管部门备案之后，买方企业同样可以凭借合同和申请认定表直接到税务部门申报研发费用加计扣除，简化操作流程。

7.3 建设综合性创新要素市场

建设综合性创新要素市场，聚集创新要素是实施创新驱动战略的重要基础，对强化企业在创新驱动中的主体地位，引导支持创新要素向企业转移集聚，提升自主创新能力起着无可替代的作用。创新要素市场是指由产生创新的机构、服务创新的机构、促进创新的资源和支持创新的环境等要素组合而成的创新资源市场。创新要素市场将创新主体要素、创新资源要素和创新环境要素有机整合，以市场化手段整合资源、配置资源，推动创新要素向企业集聚，为企业自主创新营造了良好的环境。

我国已有西安科技大市场、浙江科技大市场在创新要素集聚方面先行先试，并获得显著成效。西安科技大市场是由西安市科技局和西安高新区管委会共同筹建，现已基本建成“一厅一网”格局。“一厅”就是服务大厅，设有成果展示、项目发布等多个服务功能区域，以及 6 个服务窗口。“一网”是指科技资源信息网，将汇集西安高校、院所、军工单位、科技企业、中介机构等人才、设备、技术、成果、资金等创新要素，目前已汇聚了 900 多家高校院所和军工单位、近 1.7 万名行业专家、7 300 多项技术成果、7 700多家科技企业，通过共享大型仪器设备 7 000 多台(套)、累计为企业节约投入 5.2 亿元，吸纳科技中介服务机构 475 家，引入驻场服务机构 31 家，开展技术转移运营和二次开发。自 2011 年西安科技大市场建设以来，西安技术合同交易额从 2010 年的 98 亿元，增加到 2014 年的 567 亿元，每年递增 100 多亿元，实现连续四年高增长。浙江科技大市场是浙江省科技厅在对省科技信息院新大楼布局调整的基础上，全面启动了“展示、交易、服务、共享、交流”五位一体的科技大市场建设。引入 33 家科技中介服务机构入驻，还组建了浙江伍一技术股份有限公司，标志着省级科技大市场进入实体化运营、市场化运作，与网上技术市场真正形成了有形与无形、线上与线下、网上与网下互联、互动、互补的技术市场体系。西安科技大市场、浙江科技大市场通过建设具备在线技术交易的功能及科技资源信息交流场所的创新要素市场，为打通科技成果转化的“最后一公里”作出了有价值、有创新的尝试。

建设创新要素市场需以加速创新要素的培育、引导、交互为主线，通过完善创新主体、创新资源、创新环境三大要素的结合，充分发挥市场机制在配置科技资源中的基础性作用，实现高校、科研院所和企业优势叠加、技术创新链和产业链双向融合，构建多元化、多层次的科技创新投融资体系，加强创新型园区、科技企业孵化器等平台载体建设，完善包括技术、管理、市场、资金等内容的科技服务体系。通过探索建立政府引导、市场驱动、各方参与的创新机制，营造研发有力、转化顺畅、交易活跃、服务高效的环境，最大限度地发挥创新要素市场的桥梁和纽带作用，使创新要素向企业集聚，提升企业自主创新能力，为全面推进创新性省份建设提供有力支撑。

创新要素市场的建设分为有形交易的综合常设市场和运用信息化手段建设的无形网络市场两部分，实现有形、无形互补，线上线下互动。常设市场建设包括重点展示、柜面交易、综合推介等内容，为创新要素搭建实体舞台。网络市场包括建设品牌效应的网络交易平台，推动国家、省、市创新要素信息共享联动，实现创新要素的在线展示、交易。

创新要素市场建设具体细分为以下几个分系统：成果交易系统、创业引智系统、科技金融系统、产股权交易系统、政府保障系统、中介服务系统、科技条件平台系统和信息支撑系统。这些分系统相互之间良性互动，形成以政府为引导、企业为主体、市场为导向、产学研结合的创新体系，有效实现创新要素市场的功能。

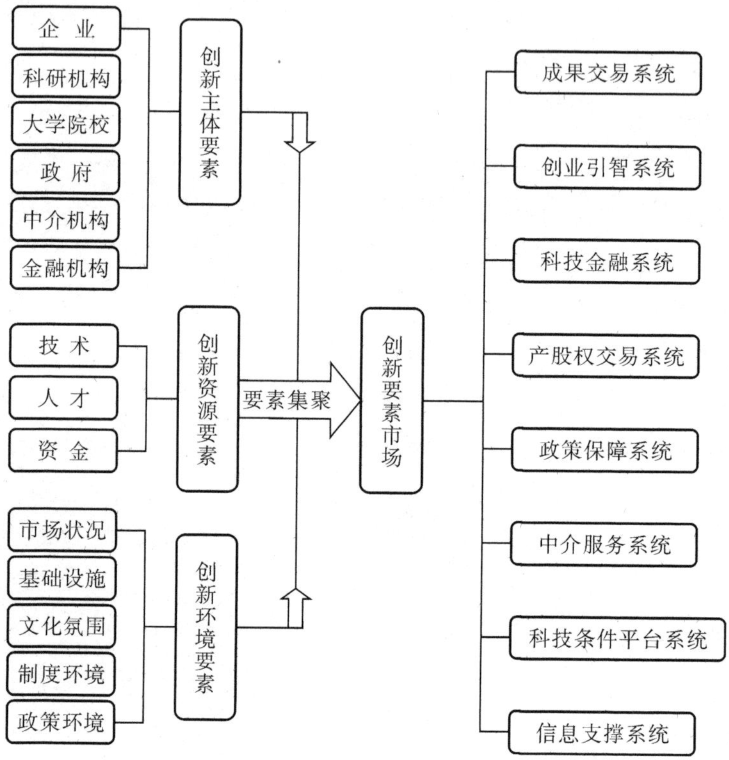

图 7-1　创新要素市场架构图

7.4　建设完善技术中介服务体系

技术市场体系中不同类型的科技中介服务机构在技术交易不同阶段发挥着作用。由于技术转移具有较高的外部性，同时技术的市场化具有较高的风险，为其提供服务的除社会公共性中介机构外，还需要针对技术交易各环节及参与者设立一系列专业类中介机构。

科技中介服务机构应建立起集“信息集散—技术评价—市场预测—决策支持—专家咨询—用户服务”于一体的综合化服务模式，以推动我国技术型企业的健康、高速和规范化发展。其职能如图 7-2 所示：

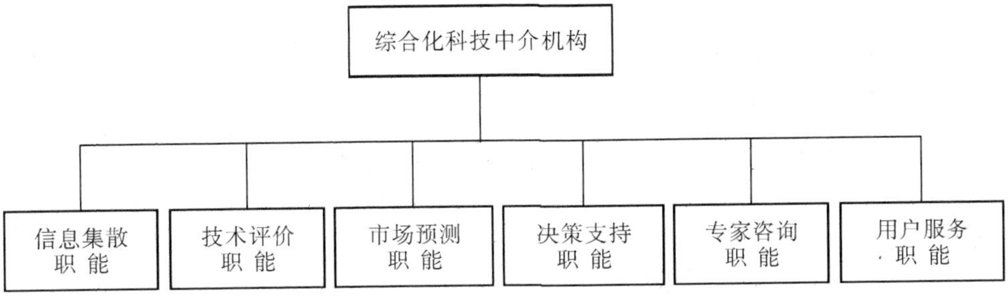

图 7-2 综合化科技中介主要职能构成

(1) 信息集散职能。信息集散职能主要包括:建立技术中介与技术源、生产企业及与技术转化有关的其他部门的信息网络;收集大量的科技、政策、经济、市场、企业、管理等信息,为市场预测和项目决策提供依据;联络技术供需信息,建立用户信息反馈通道。为了保证技术转化成功率,所有的信息必须具备及时性、准确性、广泛性和完整性的特点。

(2) 技术评价职能。技术评价职能主要是根据已有的各方面信息,协助用户对拟采用技术的先进性(即已被和将被采纳的情况)、科学性(即科学合理程度)、经济性(即投资额多少及其回收期长短)、适用性(即适用范围大小)、风险性(即技术转化成功的概率)进行评价。首先,要确定技术评价指标,建立评价指标体系;然后,要选择评价方法进行有关计算,并准确地得出拟采纳技术的多目标综合评价结果。

(3) 市场预测职能。市场预测职能主要是根据已有的信息资料,协助用户分析技术吸纳后的市场供求状况及其发展趋势;分析拟采纳技术产品的市场容量、现实需求、潜在需求和技术吸纳企业的市场占有率、竞争企业状况等;建立预测模型库,选择适当的预测模型对市场需求量和企业销售量进行量化预测;对企业采纳技术后的经济效益进行测算,社会效益进行剖析,使用户充分了解拟采纳技术的过去、现状和未来的市场状况。

(4) 决策支持能力。决策支持能力主要是根据已有信息资料和技术吸纳企业的人力、物力、财力、资源情况及市场预测结果,协助用户对于技术的取舍进行决策。对于可取项目还须作出投资决策、设备材料决策、技术条件决策和人力决策,向用户提供可行方案,并对各方案作较为详细的利弊比较,确定出最优方案。此择优过程须从决策模型库中选择适当的决策模型对拟选方案的关键数据指标进行量化计算,并得出准确结果,使用户在具有较大成功把握的状态下作出技术采纳的最终决定。

(5) 专家咨询职能。专家咨询职能主要是对于技术吸纳用户进行有关的咨询。包括转移方式及转移各方权益咨询、转移合同及法律程序咨询、选定技术投产前咨询、技术难点咨询、用户在技术转化过程中的随时咨询及用户经营状况诊断等。建立与技术源、有关专家和技术转化有关部门的密切联系，建立技术档案、专家档案及专家智能诊断、咨询系统，随时为用户提供解决问题的对策。

(6) 用户服务职能。用户服务职能主要是对技术吸纳企业进行生产技术培训；建立技术资料档案，为用户提供随时查询技术信息和数据的条件；对技术吸纳企业进行经营管理辅导；对技术转化后的产品进行销售指导。建立与技术源、生产企业的密切合作关系，组织专业技术人员随时赶赴现场为技术吸纳企业解决生产、技术问题，以保证技术转化的顺利进行，进而保证技术转化的成功率。

科技中介服务机构采用盈利性模式比非盈利性模型更有助于有效发挥技术中介机构的作用。在以盈利中介为主体的技术中介市场体系中，由于技术供给和需求的有限性，必须保持技术中介机构的适度垄断性才能保证技术中介获取合理的利润，才能促使技术中介投资于专业知识，保持自身的竞争力。过度的市场竞争会导致技术市场的混乱，这已被我国的实践所证实[2]。

附录1 江苏省高新技术创业服务中心企业标准

Q/JSIC

江苏省高新技术创业服务中心企业标准

Q/JSIC 500.01—2015

技术交易服务规范

2015—08—15 发布　　　　2015—08—15 实施

江苏省高新技术创业服务中心　发布

前　言

本标准规范了技术交易服务过程的受理服务程序，提高了技术交易的服务质量。

本标准按 GB/T1.1-2000《标准化工作导则　第 1 部分：标准的结构和编写规则》编制。

本标准附录 A、附录 C 为规范性附录；附录 B、附录 D 为资料性附录。

本标准由江苏省高新技术创业服务中心提出。

本标准由江苏省科学技术厅归口。

本标准起草单位：江苏省高新技术创业服务中心。

本标准主要起草人：夏春阳、戴力新、郑宁、顾宁、朱奕、朱晨晨。

技术交易服务规范

1. 范围

本标准规定了技术交易服务规范的术语和定义、服务受理条件、服务流程、服务要求。

本标准适用于以技术交易、地方技术合同登记、技术交易的减免税为中心内容的技术交易服务规范。

2. 规范性引用文件

下列文件中的条款通过本标准的引用而成为本标准的条款。凡是注日期的引用文件，其随后所有的修改单(不包括勘误的内容)或修订版均不适用于本标准。然而，鼓励根据本标准达成协议的各方研究是否可使用这些文件的最新版本。凡是不注日期的引用文件，其最新版本适用于本标准。

《中华人民共和国合同法》

《中华人民共和国促进科技成果转化法》

《关于贯彻落实〈中共中央、国务院关于加强技术创新，发展高科技，实现产业化的决定〉有关税收问题的通知》(财税字[1999]273号)

《关于印发〈技术合同认定登记管理办法〉的通知》(国科发政字[2000]063号)

《关于实施〈国家中长期科学和技术发展规划纲要(2006—2020年)〉若干配套政策的通知》(国发[2006]6号)

《江苏省技术产权交易管理暂行规定》(苏科成[2003]396号)

《关于印发〈职务技术成果挂牌转让实施细则(试行)〉的通知》(苏科成[2007]12号)

《关于将铁路运输和邮政业纳入营业税改征增值税试点的通知》(财税[2013]106号)

3. 术语和定义

下列术语和定义适用于本标准。

3.1　交易 dealing

技术交易或技术产权交易，即拥有技术或技术产权的权属方通过协议、竞价(含拍卖)、招标、合作开发等不同形式出让其所拥有的全部或部分技术或技术产权的过程。

3.2　交易主体 deal's actor

出融资或投资需求的交易让与方、受让方及其代理机构，是具有完全民事行为能力的自然人、法人或其他经济组织。

3.3　项目挂牌 release the project

通过特定的网络渠道对外公开发布交易项目信息。

3.4　技术合同 contracts for technology

当事人就技术开发、转让、咨询或者服务订立的确立相互之间权利和义务的合同。

3.4.1　技术开发合同 contract of technique development

当事人之间就新技术、新产品、新工艺或者新材料及其系统的研究开发所订立的合同。

技术开发合同包括委托开发合同和合作开发合同。

——委托开发合同是一方当事人委托另一方当事人进行研究开发工作并提供相应研究开发经费和报酬所订立的技术开发合同。

——合作开发合同是当事人各方就共同进行研究开发工作所订立的技术开发合同。

3.4.2　技术转让合同 contracts of technique transfer

技术转让合同包括专利权转让、专利申请权转让、技术秘密转让、专利实施许可合同。

——专利权转让合同，是指一方当事人（让与方）将其发明创造专利权转让受让方，受让方支付相应价款而订立的合同。

——专利申请权转让合同，是指一方当事人（让与方）将其就特定的发明创造申请专利的权利转让受让方，受让方支付相应价款而订立的合同。

——技术秘密转让合同，是指一方当事人（让与方）将其拥有的技术秘密提供给受让方，明确相互之间技术秘密使用权、转让权，受让方支付相应使用费而订立的合同。

——专利实施许可合同，是指一方当事人（让与方、专利权人或者其授权的人）许可受让方在约定的范围内实施专利，受让方支付相应的使用费而订立的合同。

3.4.3　技术咨询合同 contracts of technique consultant

技术咨询合同包括就特定技术项目提供可行性论证、技术预测、专题技术调查、分析评价报告等合同。

3.4.4　技术服务合同 contracts of technical service

技术服务合同是指当事人一方以技术知识为另一方解决特定技术问题所订立的合同，不包括建设工程合同和承揽合同。

技术服务合同的另外两种形式：

——技术培训合同，是当事人一方委托另一方对指定的专业技术人员进行特定项目的技术指导和业务训练所订立的合同。

——技术中介合同，是当事人一方(中介方)以知识、技术、经验和信息为另一方与第三方订立技术合同，为实现技术创新和科技成果产业化进行联系、介绍、组织工业化开发并对履行合同提供专门服务。

4. 总则

4.1　交易服务机构应具备的基本条件

——交易服务机构应设置固定交易场所开展交易服务工作；

——交易服务机构应配备专人(机构服务受理人员)负责从事交易服务工作；

——交易场所应配置计算机和宽带网络，并确保其正常运行；

——交易服务应建立项目交易规范，并上报上级行政主管部门备案；

——交易服务机构应提供必要的经费保障交易服务行为的正常开展。

4.2　交易规则

交易主体、机构服务受理人员及其他交易参与方应自觉遵循诚实信用和公平、公开、公正的原则，确保交易服务行为的正常开展。

5. 服务流程

5.1　技术交易和技术产权交易按照申请登记、审核验证、挂牌上市、查询洽谈、成交签约、结算交割、变更登记、技术合同登记及减免税等科技服务的程序进行。服务流程见附录 A。

5.2　需求登记

交易主体提出登记申请，填写《需求/挂牌登记表》，见附录 B。

5.2.1　凡委托交易服务机构进行项目投资的交易主体，应填写《项目需求登记表》，见附录 B 中的表 B-1。

5.2.2　凡委托交易服务机构进行项目融资的交易主体，应填写《项目挂牌登记表》，见附录 B 中的表 B-2、B-3。

5.2.3　凡委托交易服务机构进行挂牌交易的交易主体应如实、完整地填写《需求/挂牌登记表》及其他相关表格。

1) 交易主体应保证填报的信息以及相关材料真实、可靠且合法，并承担由此产生的一切法律责任。

2) 交易主体提供与《需求/挂牌登记表》及其他相关表格相对应的书面材料与电子版材料。

3）交易主体应出具相关的佐证材料，包括有：企业营业执照、法人身份证复印件或个人身份证复印件、出让产权的归属证明和出让批文、出让技术的专利证书或专利受理文件证明、技术鉴定证书或产品检测报告、项目可行性分析报告或商业计划书、交易服务机构需要提供的其他材料。

5.3　需求挂牌

5.3.1　形式审查

机构服务受理人员对交易主体提交的所有材料，在规定的工作时间范围内，进行形式审查。在审查无疑义的情况下，出具准予挂牌的通知。

5.3.2　形式审查内容

1）登记表所有款项填写的完整性、规范性。

2）佐证材料品种、数量、格式应符合规定要求。

3）项目纸质材料与电子版材料一致。

4）提交的项目材料内容（技术或信息）根据有关国家法律、法规规定审查是否涉及危害国家经济利益或安全利益等。

5）对于涉及药品、食品、工程安全的项目，应审查是否具备相关主管部门颁发的有关资格证书。

5.3.3　机构服务受理人员应与委托交易的交易主体进行沟通，确保其所提交的材料符合本交易服务机构的挂牌要求，对于未审核通过的不符合要求的需求登记应给予备案，留下处置纪录，并出具不予挂牌上市的理由说明。

5.3.4　对准予挂牌项目的书面材料与电子版材料进行归档整理，明确机构服务受理人员名单和交易服务时限，并依照项目类别对挂牌项目进行项目编号，启动挂牌工作。

5.3.5　信息发布

机构服务受理人员将挂牌需求的完整资料输入本交易服务机构内部交易系统，并以下列形式公开发布：

——挂牌上市；

——网站推广；

——组织各类交易推介会；

——新闻媒体宣传推介；

——交易服务机构的内部网络定向发布；

——其他方式。

5.4　挂牌交易

5.4.1 交易主体可根据挂牌交易的项目信息进行考察、调研、咨询、论证，并进行意向性洽谈。

5.4.2 服务内容

1) 机构服务受理人员应对交易主体洽谈、对接的全过程给予跟踪、指导和监督。

2) 交易服务内容：

——协助交易主体筛选、推荐和安排意向洽谈。

——根据需要，邀请有关专家，适时安排技术论证、项目可行性论证会。

——根据交易洽谈的情况，协助确定交易形式，包括协议成交、场内竞价等。

——指导和协助技术或技术产权让与方对项目进行有效包装和商业策划。

——为交易主体的洽谈提供便利，如组织考察、安排洽谈、提供必要的诚信调查等。

——接受交易主体的委托促进项目的进一步合作。

5.5 交易见证

5.5.1 合同签订

交易主体就交易的各项实质性条件达成协议后，在机构服务受理人员的主持下，按《中华人民共和国合同法》的有关规定签订技术交易或技术产权交易合同。交易合同经交易主体签字盖章后，由交易服务机构出具交易见证，并给予交易备案。

如若交易主体未能在机构服务受理人员主持下签订技术交易或技术产权交易合同，该交易合同生效后必须经得机构服务受理人员的审核确认方可交易备案，且在出具的交易见证中应注明机构服务受理人员未能主持合同签订的缘由。

5.5.2 交易合同

技术交易及技术产权交易合同一式三份，交易主体的双方各持一份，交易服务机构存档备案一份。交易合同应载明下列内容：

——交易标的；

——交易主体的名称、住所、法定代表人；

——交易价格及支付方式和期限；

——债权、债务的承继及清偿方式；

——技术及技术产权交割事项；

——违约责任；

——合同争议解决方式；

——签约日期；

——需要约定的其他事项。

5.5.3　交易见证

交易见证应载明下列内容：

——交易主体的名称及法定代表人；

——交易标的；

——交易的价格、支付方式和期限；

——签约日期；

——交易合同的备案编号。

5.5.4　结算交割与登记变更

机构服务受理人员监督和协助交易主体按照合同约定及有关法律法规办理结算交割和变更登记等有关手续。

5.6　技术合同登记及其他服务

机构服务受理人员依照技术合同登记减免税流程及享受其他国家有关优惠政策的相关手续协助办理相关服务。

技术合同登记

一般技术合同登记减免税流程见附录C。

5.6.1　登记认定申请

申请免税单位签订技术合同后，带原件和复印件到所在地区的技术合同登记机构提出认定登记申请，技术合同登记机构对当事人所提交的合同文本和有关材料进行审查和认定。审查事项如下：

——是否属于《中华人民共和国合同法》所列明的技术合同，合同条款是否违反现行法；

——是否属于技术转让、技术开发、技术咨询、技术服务、还是与技术转让(技术开发)有关的技术咨询(或技术服务)合同。

5.6.2　经登记的合同取得的技术性收入，应开具增值税普通发票，并可凭开具的发票及奖酬金提取成本核算表办理技术奖酬金的审批、提取事宜。

5.6.3　减免税办理

在申请期限内，填写申请免税登记表，送审批部门审批通过后，再送各申请免税单位所在税务分局，按税务机关规定办理相关手续。

5.6.4　审批程序

——提交的各类文件、资料进行初审。

——是否属于《中华人民共和国合同法》所列明的技术合同。

——是否属于技术转让合同或者技术开发合同。

——核定技术性收入，扣除商标使用费或类似性质的收入，样品、样机、设备的价值。

6. 服务要求

6.1　服务受理

机构服务受理人员应在规定的时间内接受交易主体或其委托机构提交的所有有关交易的资料，并依照交易服务机构的规范要求，对提交的资料进行分类保存、归档，及时做好记录工作。

6.2　资料的保存与维护

6.2.1　项目相关登记、挂牌、交易等纸质材料保存应分类有序保存，同时应具备防潮、防霉、防水、防火、防盗的保存条件。

6.2.2　项目相关登记、挂牌以及交易等电子材料应标识、分类、备份、防病毒。

6.2.3　机构服务受理人应做好纸质材料和电子材料的保密工作，不得外泄。

附录A　技术交易服务流程

（规范性附录）

A. 1　技术交易服务流程见图 A-1。

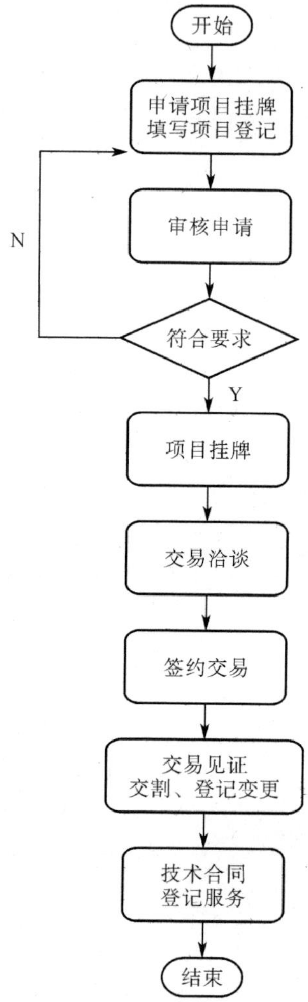

图 A-1

附录 B　需求/挂牌登记表

（资料性附录）

B. 1　需求登记表

项目需求登记表见表 B-1。

编号：________

江苏省高新技术创业服务中心
项目需求登记表

□ 科技成果
□ 企业产权

单位名称：（中文）________________________________
（英文）________________________________

江苏省高新技术创业服务中心

填表说明

1. 有意委托江苏省高新技术创业服务中心挂牌的项目需求方必须填报此表；
2. 省创业中心根据本所收费标准向委托方收取相应费用；
3. 投资方须提供以下资料，并保证其真实性、合法性，并承担由此产生的一切法律责任，本所不承担因填写错误及虚假材料所引发的后果；
   (1) 投资方资金承诺书或资信证明
   (2) 投资方的营业执照复印件或身份证复印件
   (3) 投资方经办人身份证复印件、法定代表人授权委托书
   (4) 省创业中心规定的其他材料
4. 填报材料恕不退回，请自行留底；
5. 此登记表可自行复印，经签字(盖章)后生效；
6. 上述说明经项目方确认后签字认可。

填报方：________________________

签字(盖章)

日期：　　　年　　　月　　　日

表 B-1

<table>
<tr><td>挂牌项目名称</td><td colspan="3"></td><td>挂牌编号</td><td colspan="2"></td></tr>
<tr><td>单位名称</td><td colspan="3"></td><td>注册资本(万元)</td><td colspan="2"></td></tr>
<tr><td>法定代表人</td><td colspan="3"></td><td>所在地区</td><td colspan="2"></td></tr>
<tr><td>主营业务</td><td colspan="6"></td></tr>
<tr><td>组织形式</td><td colspan="6">□ 非上市股份有限公司　□ 上市公司　□ 有限责任公司
□ 外商投资企业　□ 海外企业　□ 其他</td></tr>
<tr><td>联系地址</td><td colspan="6"></td></tr>
<tr><td>联系人</td><td colspan="2"></td><td>电话</td><td>1.</td><td colspan="2">2.</td></tr>
<tr><td>E-mail</td><td colspan="2"></td><td>网址</td><td colspan="3"></td></tr>
<tr><td>需求项目领域</td><td colspan="6">□ 微电子与电子信息　□ 光电子与光机电一体化　□ 新材料
□ 新能源、高效节能　□ 环境保护与环境生态　□ 新医药、生物
□ 先进制造技术　□ 其他：________</td></tr>
<tr><td rowspan="2">需求项目所处阶段</td><td>科技成果</td><td colspan="5">□ 研制阶段　□ 试生产阶段　□ 小批量生产阶段
□ 批量生产阶段　□ 其他：________</td></tr>
<tr><td>企业</td><td colspan="5">□ 种子期　□ 创建期　□ 成长期　□ 扩张期　□ 成熟期</td></tr>
<tr><td rowspan="4">合作方式</td><td colspan="2">□ 技术转让</td><td>转让金额</td><td colspan="3"></td></tr>
<tr><td colspan="2">□ 合作开发(不参与管理)</td><td>投资金额</td><td colspan="3"></td></tr>
<tr><td colspan="2">□ 股权出让(可参与管理)</td><td>出让比例</td><td></td><td>出让金额</td><td></td></tr>
<tr><td colspan="6">□ 其他：________</td></tr>
<tr><td>拟投资金额</td><td colspan="6">至　　　　万元</td></tr>
</table>

<table>
<tr><td colspan="2">项目需求陈述（包括投资方式年限、投资地区、投资回报要求等）：</td></tr>
<tr><td>挂牌有效期</td><td>□ 一个月　□ 三个月　□ 半年　□ 一年　□ 不限</td></tr>
</table>

<table>
<tr><td colspan="4">以下部分由管理部门填写</td></tr>
<tr><td colspan="4">经办人意见：

部门经理意见：</td></tr>
<tr><td>项目挂牌代码</td><td></td><td>审核号</td><td></td></tr>
<tr><td>交易会员代码</td><td></td><td>交易会员代码</td><td></td></tr>
<tr><td colspan="4">项目交易记录：</td></tr>
</table>

B.2 挂牌登记表

项目挂牌登记表见表 B-2、B-3。

编号：________

江苏省高新技术创业服务中心
项目挂牌登记表
（个人）

□ 科技成果

项目名称:（中文）________________________________

（英文）________________________________

江苏省高新技术创业服务中心

填 表 说 明

一、有意委托江苏省高新技术创业服务中心挂牌项目的项目方必须填报此表；

二、省创业中心根据本所收费标准向委托方收取相应挂牌费用；

三、项目方保证所填报信息及相关材料的真实性、合法性，并承担由此产生的一切法律责任，交易所不承担因填写错误及虚假材料所引发的后果；

四、委托省创业中心出让项目应提交有关的申请材料和证明材料；

五、填报材料恕不退回，请自行留底；

六、此登记表可自行复印，经填报方签字（盖章）后生效；

七、上述说明经项目方确认后签字认可。

有关的申请材料：

1. 个人身份证复印件
2. 产权归属证明文件
3. 专利证书或专利受理文件（自有非专利可不提供）
4. 政府有关部门的立项批文（未列入立项的可不提供）
5. 检测报告或技术鉴定证明
6. 其他补充材料

有关项目背景的资料（为便于了解项目，由项目方自愿提供）

1. 项目方状况（教育经历，工作经历等）
2. 项目可行性分析报告

填报方：________________

签字（盖章）

日期：　　　年　　　月　　　日

表 B-2

<table>
<tr><td>挂牌项目名　称</td><td colspan="2"></td><td>挂　牌
关键字</td><td></td></tr>
<tr><td>挂牌人</td><td colspan="2"></td><td>身份证号码</td><td></td></tr>
<tr><td>地　址</td><td colspan="2"></td><td>邮编</td><td></td></tr>
<tr><td>电　话</td><td colspan="2">1.　　　　2.</td><td>传　真</td><td></td></tr>
<tr><td>E-mail</td><td colspan="2"></td><td>网　页</td><td></td></tr>
<tr><td>所属行业</td><td colspan="4">□ 农林牧渔　□ 动力能源　□ 办公文教　□ 食品饮料　□ 绿化环保
□ 包装印刷　□ 服饰皮革　□ 交通运输　□ 商业服务　□ 纤维纺织
□ 房产建筑　□ 安全保安　□ 电子电工　□ 工业用品　□ 科研文化
□ 家用电器　□ 家具用品　□ 机械家电　□ 电脑软件　□ 医疗保健
□ 金融贸易　□ 化学化工　□ 礼品工艺　□ 玩具行业　□ 冶金矿产
□ 运动休闲　□ 通讯邮电　□ 旅游餐饮　□ 信息媒体　□ 其他行业</td></tr>
<tr><td>技术创新性</td><td colspan="4">□ 全新产品　□ 新材料　□ 新工艺　□ 改进型产品　□ 其他</td></tr>
<tr><td>技术先进性</td><td colspan="4">□ 国际领先　□ 国际先进　□ 国内领先　□ 国内先进　□ 其他</td></tr>
<tr><td>技术领域</td><td colspan="4">□ 微电子与电子信息　□ 光电子与光机电一体化　□ 新材料
□ 新能源、高效节能　□ 环境保护与环境生态　□ 新医药、生物
□ 先进制造技术　□ 其他:________</td></tr>
<tr><td rowspan="2">项目所处阶段</td><td>科技成果</td><td colspan="3">□ 研制阶段　□ 试生产阶段　□ 小批量生产阶段
□ 批量生产阶段　□ 其他:________</td></tr>
<tr><td>企业</td><td colspan="3">□ 种子期　□ 创建期　□ 成长期　□ 扩张期　□ 成熟期</td></tr>
<tr><td>技术先进性</td><td colspan="4">□ 国际领先　□ 国内领先　□ 国内先进　□ 国际先进　□ 其他</td></tr>
<tr><td>专利状态</td><td colspan="4">□ 无专利　□ 申请中　□ 已获证书　□ 发明　□ 实用新型　□ 外观设计</td></tr>
<tr><td>专利终止期</td><td colspan="4"></td></tr>
<tr><td>项目简介</td><td colspan="4"></td></tr>
</table>

<table>
<tr><td>投资回报</td><td colspan="5"></td></tr>
<tr><td>经济效益估算</td><td colspan="5"></td></tr>
<tr><td>风险揭示</td><td colspan="5"></td></tr>
<tr><td>市场及同类
技术产品的
竞争状况</td><td colspan="5"></td></tr>
<tr><td>技术特点
及
优势分析</td><td colspan="5"></td></tr>
<tr><td rowspan="4">合作方式</td><td>□ 技术转让</td><td>转让金额</td><td colspan="3"></td></tr>
<tr><td>□ 合作开发(不参与管理)</td><td>投资金额</td><td colspan="3"></td></tr>
<tr><td>□ 股权出让(可参与管理)</td><td>出让比例</td><td></td><td>出让金额</td><td></td></tr>
<tr><td colspan="5">□ 其他:面议</td></tr>
<tr><td>挂牌有效期</td><td colspan="5">□ 一个月　□ 三个月　□ 半年　□ 一年　□ 不限</td></tr>
<tr><td colspan="6">以下部分由管理部门填写</td></tr>
</table>

经办人意见：

部门经理意见：

项目挂牌代码		审核号	
交易会员代码		交易会员代码	

项目交易记录：

编号：________

江苏省高新技术创业服务中心
项目挂牌登记表
（企业）

□ 科技成果

□ 企业产权

项目名称：（中文）________________________________

（英文）________________________________

单位名称：（中文）________________________________

（英文）________________________________

江苏省高新技术创业服务中心

填表说明

1. 有意委托江苏省高新技术创业服务中心挂牌项目的项目方必须填报此表;
2. 省创业中心根据本所收费标准向委托方收取相应挂牌费用;
3. 项目方保证所填报信息及相关材料的真实性、合法性,并承担由此产生的一切法律责任,交易所不承担因填写错误及虚假材料所引发的后果;
4. 委托省创业中心出让项目应提交有关的申请材料和证明材料;
5. 填报材料恕不退回,请自行留底;
6. 此登记表可自行复印,经填报方签字(盖章)后生效;
7. 上述说明经项目方确认后签字认可。

有关的申请材料:

一、科技成果

1. 营业执照复印件
2. 产权归属证明文件
3. 专利证书或专利受理文件
4. 政府有关部门的立项批文
5. 检测报告或技术鉴定证明
6. 项目可行性分析报告
7. 其他补充材料

二、企业产权(股权)项目

1. 营业执照复印件
2. 出让产权、股权的批准文件和归属证明文件
3. 政府有关部门的立项批文
4. 检测报告或技术鉴定证明
5. 项目可行性分析报告
6. 其他补充材料

填报方:____________________

签字(盖章)

日期:　　　年　　　月　　　日

表 B-3

<table>
<tr><td colspan="2">挂牌项目名称</td><td colspan="2"></td><td>挂牌编号</td><td></td></tr>
<tr><td colspan="2">单位名称</td><td colspan="2"></td><td>注册资本
（万元）</td><td></td></tr>
<tr><td colspan="2">法定代表人</td><td colspan="2"></td><td>单位性质</td><td></td></tr>
<tr><td colspan="2">主营业务</td><td colspan="4"></td></tr>
<tr><td colspan="2">联系地址</td><td colspan="2"></td><td>邮　编</td><td></td></tr>
<tr><td colspan="2">联系人</td><td></td><td>电　话</td><td></td><td></td></tr>
<tr><td colspan="2">E-mail</td><td></td><td>传　真</td><td colspan="2"></td></tr>
<tr><td colspan="2">网　址</td><td colspan="4"></td></tr>
<tr><td colspan="2">所属行业</td><td colspan="4">□ 农林牧渔　□ 动力能源　□ 办公文教　□ 食品饮料　□ 绿化环保
□ 包装印刷　□ 服饰皮革　□ 交通运输　□ 商业服务　□ 纤维纺织
□ 房产建筑　□ 安全保安　□ 电子电工　□ 工业用品　□ 科研文化
□ 家用电器　□ 家具用品　□ 机械家电　□ 电脑软件　□ 医疗保健
□ 金融贸易　□ 化学化工　□ 礼品工艺　□ 玩具行业　□ 冶金矿产
□ 运动休闲　□ 通讯邮电　□ 旅游餐饮　□ 信息媒体　□ 其他行业</td></tr>
<tr><td rowspan="2">项目所处阶段</td><td>科技成果</td><td colspan="4">□ 研制阶段　□ 试生产阶段　□ 小批量生产阶段　□ 批量生产阶段
□ 其他：________________</td></tr>
<tr><td>企业</td><td colspan="4">□ 种子期　□ 创建期　□ 成长期　□ 扩张期　□ 成熟期</td></tr>
<tr><td colspan="2">列入科技计划</td><td colspan="4">□ 科技攻关计划　□ 863 计划　□ 火炬计划　□ 星火计划　□ 成果计划
□ 攀登计划　□ 新产品　□ 其他：________</td></tr>
<tr><td colspan="2">技术先进性</td><td colspan="4">□ 国际领先　□ 国内领先　□ 国内先进　□ 国际先进
□ 其他：________________</td></tr>
<tr><td colspan="2">专利状态</td><td colspan="4">□ 无专利　□ 申请中　□ 已获证书　□ 发明　□ 实用新型　□ 外观设计</td></tr>
<tr><td colspan="6">项目简介（包括技术/产品先进性、市场及竞争状况、风险效益估算）</td></tr>
</table>

<table>
<tr><td rowspan="4">合作方式</td><td>□ 技术转让</td><td>转让金额</td><td colspan="3"></td></tr>
<tr><td>□ 合作开发(不参与管理)</td><td>投资金额</td><td colspan="3"></td></tr>
<tr><td>□ 股权出让(可参与管理)</td><td>出让比例</td><td></td><td>出让金额</td><td></td></tr>
<tr><td colspan="5">□ 其他</td></tr>
<tr><td>挂牌有效期</td><td colspan="5">□ 一个月　□ 三个月　□ 半年　□ 一年　□ 不限</td></tr>
<tr><td colspan="6">以下部分由管理部门填写</td></tr>
<tr><td colspan="6">挂牌审核意见
经办人意见：

部门经理意见：

</td></tr>
<tr><td>项目挂牌代码</td><td></td><td colspan="2">审核号</td><td colspan="2"></td></tr>
<tr><td>交易会员代码</td><td></td><td colspan="2">交易会员代码</td><td colspan="2"></td></tr>
<tr><td colspan="6">项目交易记录：

</td></tr>
</table>

附录 C　一般技术合同登记减免税流程

（规范性附录）

C. 1　一般技术合同登记减免税流程见图 C-1。

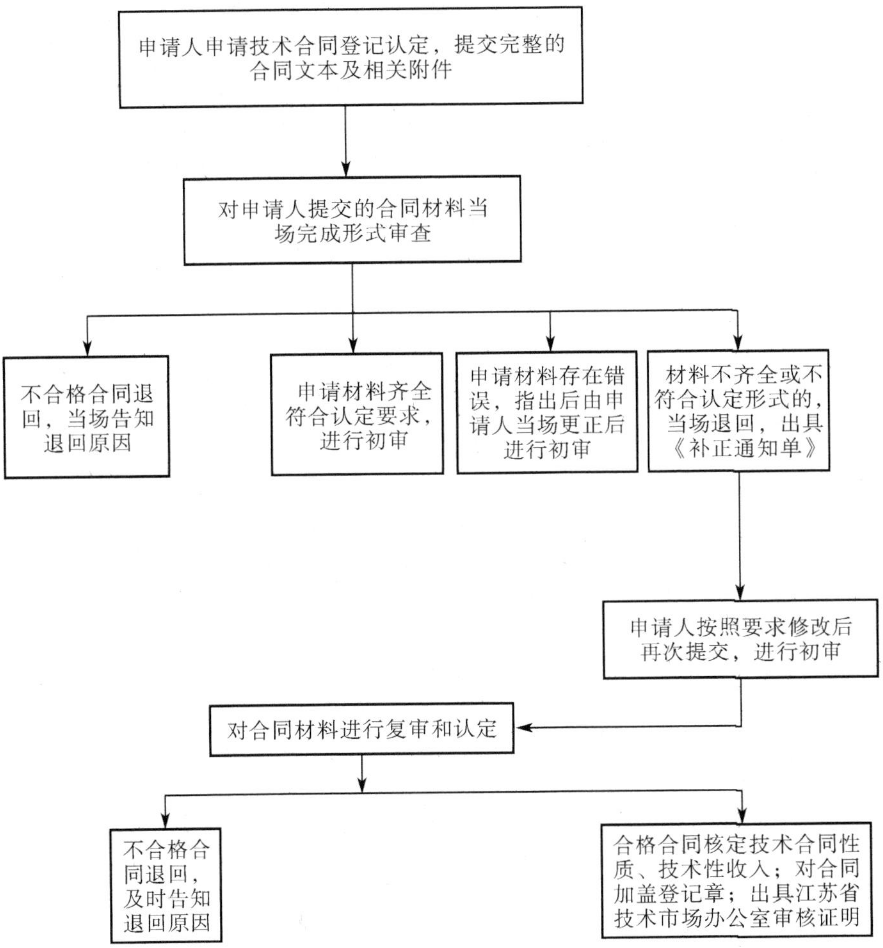

图 C-1

附录D 各类技术合同规范文本

（资料性附录）

D. 1 技术开发合同见表D-1

合同编号：

技术开发合同书

（委托开发、合作开发）

项目名称 ____________________

委托方（甲方）____________________

受托方（乙方）____________________

签订地点：

签订日期： 年 月 日

有效期限： 年 月 日至 年 月 日

填表说明

一、本合同为技术开发合同示范文本。

二、本合同书适用于一方当事人委托另一方当事人进行新技术、新产品、新工艺、新材料或者新品种及其系统的研究开发所订立的技术开发合同。

三、技术开发合同包括委托开发合同和合作开发合同。

委托开发合同是指当事人一方委托另一方进行研究开发所订立的合同。

合作开发合同是指当事人各方就共同进行研究开发所订立的合同。

四、本合同书未尽事项，可由当事人附页另行约定，并可作为本合同的组成部分。

一、项目名称

二、项目标的的技术内容、方法、路线和要求

三、研究开发的计划、进度、期限、履行地点和方式

四、研究开发经费、报酬及其支付方式

五、各方当事人的义务及协作、技术服务事项

六、技术信息和经营信息保密事项

七、验收的标准和方法

八、技术成果的归属和分享及后续改进的提供与分享规定

九、违约金或者损失赔偿的方式

十、风险责任的承担及争议的解决方式

十一、名词和技术术语的解释

十二、其他有关约定事项

十三、本合同一式________份,具有同等法律效力

十四、本合同经双方签字盖章后生效

表 D-1

<table>
<tr><td rowspan="5">委
托
方
（甲方）</td><td>单位名称</td><td></td><td>法定代表人</td><td>签字</td></tr>
<tr><td>详细地址</td><td></td><td>项目负责人</td><td>签字</td></tr>
<tr><td>开户银行</td><td></td><td colspan="2" rowspan="3">（单位盖章）
年　月　日</td></tr>
<tr><td>账　　号</td><td></td></tr>
<tr><td>电　　话</td><td></td></tr>
<tr><td rowspan="5">受
托
方
（乙方）</td><td>单位名称</td><td></td><td>法定代表人</td><td>签字</td></tr>
<tr><td>详细地址</td><td></td><td>项目负责人</td><td>签字</td></tr>
<tr><td>开户银行</td><td></td><td colspan="2" rowspan="3">（单位盖章）
年　月　日</td></tr>
<tr><td>账　　号</td><td></td></tr>
<tr><td>电　　话</td><td></td></tr>
<tr><td colspan="2">登 记 机 关</td><td></td><td colspan="2" rowspan="4">（合同登记专用章）</td></tr>
<tr><td colspan="2">登 记 编 号</td><td></td></tr>
<tr><td colspan="2">登 记 日 期</td><td></td></tr>
<tr><td colspan="2">经　办　人</td><td></td></tr>
</table>

D. 2　技术转让合同见表 D-2。

合同编号：

技术转让合同书

项目名称 ____________________

委托方(甲方) ____________________

受托方(乙方) ____________________

签订地点：

签订日期：　　年　　月　　日

有效期限：　　年　　月　　日至　　年　　月　　日

填表说明

一、本合同为技术转让合同示范文本。

二、技术转让合同包括专利权转让合同、专利申请权转让合同、技术秘密转让合同、专利实施许可合同。

三、本合同书适用于：

1. 专利权转让：一方当事人（让与方、原专利权人）将其发明创造专利权转让受让方，受让方支付约定价款而订立的合同。

2. 专利申请权转让：一方当事人（让与方）将其就特定的发明创造申请专利的权利转让受让方，受让方支付约定价款而订立的合同。

3. 技术秘密转让：让与人将其拥有的技术秘密提供给受让方，明确相互之间技术秘密使用权和转让权，受让方支付约定使用费而订立的合同。

4. 专利实施许可：让与人（专利权人或者其授权的人）许可受让方在约定的范围内实施专利，受让方支付约定使用费而订立的合同。

四、本合同未尽事项，可由当事人附页另行约定，并作为本合同的组成部分。

一、项目名称

二、项目标的的技术内容、方法、路线和要求

三、技术转让履行的计划、范围、期限、地点和方式

四、技术转让的转让价款或使用价款、报酬及其支付方式

五、各方当事人的义务及协作、技术服务事项

六、技术信息和经营信息的保密事项

七、验收的标准和方法

八、技术成果使用权、转让权归属及后续改进的提供与分享规定

九、违约金或者损失赔偿的方式

十、风险责任的承担及争议的解决方式

十一、名词和技术术语的解释

十二、其他有关约定事项

十三、十三、本合同一式________份，具有同等法律效力

十四、本合同经双方签字盖章后生效

表 D-2

<table>
<tr><td rowspan="5">受
让
方
（甲方）</td><td>单位名称</td><td></td><td>法定代表人</td><td>签字</td></tr>
<tr><td>详细地址</td><td></td><td>项目负责人</td><td>签字</td></tr>
<tr><td>开户银行</td><td></td><td colspan="2" rowspan="3">（单位盖章）
年　　月　　日</td></tr>
<tr><td>账　　号</td><td></td></tr>
<tr><td>电　　话</td><td></td></tr>
<tr><td rowspan="5">让
与
方
（乙方）</td><td>单位名称</td><td></td><td>法定代表人</td><td>签字</td></tr>
<tr><td>详细地址</td><td></td><td>项目负责人</td><td>签字</td></tr>
<tr><td>开户银行</td><td></td><td colspan="2" rowspan="3">（单位盖章）
年　　月　　日</td></tr>
<tr><td>账　　号</td><td></td></tr>
<tr><td>电　　话</td><td></td></tr>
<tr><td colspan="2">登 记 机 关</td><td></td><td colspan="2" rowspan="4">（合同登记专用章）</td></tr>
<tr><td colspan="2">登 记 编 号</td><td></td></tr>
<tr><td colspan="2">登 记 日 期</td><td></td></tr>
<tr><td colspan="2">经　办　人</td><td></td></tr>
</table>

D. 3　技术咨询合同见表 D-3。

合同编号：

技术咨询合同书

项目名称 ____________________

委托方（甲方）____________________

受托方（乙方）____________________

签订地点：

签订日期：　　年　　月　　日

有效期限：　　年　　月　　日至　　年　　月　　日

填 表 说 明

一、本合同为技术咨询合同示范文本。

二、本合同书适用于一方当事人(受托方)为另一方(委托方)就特定技术项目提供可行性论证、技术预测、专题技术调查、分析评价报告所订立的合同。

三、本合同书未尽事项,可由当事人附页另行约定,并作为本合同的组成部分。

一、项目名称

二、技术咨询的内容、方式和要求

三、履行计划、进度、期限、地点和方式

四、委托方的协作事项

五、技术信息和经营信息的保密事项

六、验收的标准和方法

七、技术咨询报酬及其支付方式

八、违约金或者赔偿损失的方式

九、争议的解决方式

十、名词和技术术语的解释

十一、其他有关约定事项

十二、本合同一式________份，具有同等法律效力

十三、本合同经双方签字盖章后生效

表 D-3

<table>
<tr><td rowspan="5">委
托
方
(甲方)</td><td>单位名称</td><td></td><td>法定代表人</td><td>签字</td></tr>
<tr><td>详细地址</td><td></td><td>项目负责人</td><td>签字</td></tr>
<tr><td>开户银行</td><td></td><td colspan="2" rowspan="3">(单位盖章)
年　月　日</td></tr>
<tr><td>账　号</td><td></td></tr>
<tr><td>电　话</td><td></td></tr>
<tr><td rowspan="5">受
托
方
(乙方)</td><td>单位名称</td><td></td><td>法定代表人</td><td>签字</td></tr>
<tr><td>详细地址</td><td></td><td>项目负责人</td><td>签字</td></tr>
<tr><td>开户银行</td><td></td><td colspan="2" rowspan="3">(单位盖章)
年　月　日</td></tr>
<tr><td>账　号</td><td></td></tr>
<tr><td>电　话</td><td></td></tr>
<tr><td colspan="2">登 记 机 关</td><td></td><td colspan="2" rowspan="4">(合同登记专用章)</td></tr>
<tr><td colspan="2">登 记 编 号</td><td></td></tr>
<tr><td colspan="2">登 记 日 期</td><td></td></tr>
<tr><td colspan="2">经　办　人</td><td></td></tr>
</table>

D. 4　技术服务合同见表 D-4。

合同编号：

技术服务合同书

项目名称 ______________________

委托方(甲方) ______________________

受托方(乙方) ______________________

签订地点：

签订日期：　　年　　月　　日

有效期限：　　年　　月　　日至　　年　　月　　日

填表说明

一、本合同为技术服务合同示范文本。

二、本合同适用于一方当事人(受托方)以技术知识为另一方(委托方)解决特定技术问题所订立的合同。

三、本合同书未尽事项,可由当事人附页另行约定,并作为本合同的组成部分。

一、项目名称

二、技术服务内容、方式和要求

三、履行计划、期限、地点和方式

四、工作条件和协作事项

五、技术信息和经营信息保密事项

六、验收的标准和方法

七、技术服务报酬及其支付方式

八、违约金或赔偿损失的方式

九、争议的解决方式

十、名词和技术术语的解释

十一、其他有关约定事项

十二、本合同一式________份，具有同等法律效力

十三、本合同经双方签字盖章后生效

表 D-4

<table>
<tr><td rowspan="5">委托方（甲方）</td><td>单位名称</td><td></td><td>法定代表人</td><td>签字</td></tr>
<tr><td>详细地址</td><td></td><td>项目负责人</td><td>签字</td></tr>
<tr><td>开户银行</td><td></td><td colspan="2" rowspan="3">（单位盖章）
年　　月　　日</td></tr>
<tr><td>账　　号</td><td></td></tr>
<tr><td>电　　话</td><td></td></tr>
<tr><td rowspan="5">受托方（乙方）</td><td>单位名称</td><td></td><td>法定代表人</td><td>签字</td></tr>
<tr><td>详细地址</td><td></td><td>项目负责人</td><td>签字</td></tr>
<tr><td>开户银行</td><td></td><td colspan="2" rowspan="3">（单位盖章）
年　　月　　日</td></tr>
<tr><td>账　　号</td><td></td></tr>
<tr><td>电　　话</td><td></td></tr>
<tr><td colspan="2">登 记 机 关</td><td></td><td colspan="2" rowspan="4">（合同登记专用章）</td></tr>
<tr><td colspan="2">登 记 编 号</td><td></td></tr>
<tr><td colspan="2">登 记 日 期</td><td></td></tr>
<tr><td colspan="2">经　办　人</td><td></td></tr>
</table>

Q/JSIC

江苏省高新技术创业服务中心
企业标准

Q/JSIC 500.02—2015

技术合同登记服务窗口控制程序

2015—08—15 发布　　　　2015—08—15 实施

江苏省高新技术创业服务中心　发布

1. 目的

对外设技术合同登记服务窗口的技术合同登记认定过程进行控制，确保所登记认定的技术合同和服务符合相关规定的要求。

2. 范围

适用于省创业中心外设技术合同登记服务窗口的技术合同登记认定服务的过程控制。

3. 职责

3.1　外设服务窗口合同登记员负责技术合同登记业务的咨询、受理工作。

3.2　省创业中心技术市场部负责技术合同的初审工作。

3.3　省创业中心技术市场部门主任负责技术合同申请认定表中认定金额在 100 万元以下合同的审批工作。

3.4　省创业中心分管领导负责技术合同申请认定表中认定金额在 100 万元以上合同的审批工作。

4. 工作程序

外设技术合同登记服务窗口严格执行《技术合同服务手册》，确保技术合同登记服务的实施过程在受控条件下进行。

4.1　业务咨询

4.1.1　电话咨询。通过各服务窗口电话，提供业务咨询服务。

4.1.2　线上服务。通过服务窗口邮箱提供业务咨询服务，结办时间 1 个工作日。

4.1.3　窗口咨询。在服务窗口现场办理服务并解答问题。

4.1.4　培训活动。协助技术市场部不定期开展技术合同登记认定相关税收优惠政策业务培训。

4.2　合同受理

外设服务窗口的合同受理要求在 1 个工作日完成。

审查申请材料是否齐全，材料不齐全或不符合认定形式的，当场退回，告知需补正资料。审查不合格合同退回，当场告知退回原因。

申请材料包括：

a) 合同文本原件复印件各一份。

b) 合同相关附件。

c) 技术合同为外文文本的，需提交经公证的翻译件。

d）由委托代理人代办合同登记，需提供委托授权书。

4.3　合同送审

外设服务窗口定期将受理合同汇总交技术市场部进行初审、审批，并将受理技术合同进行整理汇成《技术合同信息表》报技术市场部。

4.4　合同审批

技术市场部负责各外设服务窗口申请技术合同的审批工作，并统一出具技术合同认定申请表。

5. 申请条件

外设服务窗口必须符合以下条件：

a）依法成立的机构，具备基本的技术合同登记办公设施。

b）具有 2 名以上熟悉合同法律、法规和有关领域专业技术知识，拥有技术合同登记资质的专职登记工作人员。

c）规范操作，严格执行科技部《技术合同认定规则》、《技术合同认定登记管理办法》等文件规定，加强项目审核，保证所登记的技术合同资料的及时性、真实性、合法性。

外设服务窗口应建立健全的技术合同登记岗位责任制，加强对技术合同登记人员的业务培训和考核，保证技术合同登记人员的工作质量和效率。

申请材料包括：

a）申请书。

b）服务窗口的执业场所、内部控制制度及业务流程。

c）登记工作人员名单、简历、身份证、学历证明、技术合同登记资质证明。

d）机构承诺书。

申请设立技术合同登记服务窗口，应向省创业中心提交申请材料，省创业中心在收到申请材料之日起 30 日内进行审查。对于符合条件的，作出准予设立的决定；对于不符合条件的，作出不设立的决定。

6. 监督管理

省创业中心负责对外设服务窗口进行检查、指导和考核等工作。外设服务窗口按季度汇报合同登记情况，技术市场部每年年中、年末进行两次常规检查审核，平时采用不定期抽查。审核合格的，重新作出准予设立的决定；未通过审核的，作出取消设立的决定。

外设服务窗口有以下情况之一的，取消合同登记服务资格：

a）违反国家法律、法规的；

b）内部控制失察，管理混乱的；

c）违反合同登记认定印章使用制度的；

d）出现 10 份以上不符合规定登记的合同；

e）未按月将技术合同登记汇总数据报送备案的；

f）不能按时完成技术市场统计工作的。

7．相关文件

技术合同登记认定主要政策依据包括：

a）《技术合同认定登记管理办法》国科发政字[2000]063 号。

b）《技术合同认定规则》国科发政字[2001]253 号。

c）《关于将铁路运输和邮政业纳入营业税改征增值税试点的通知》财税[2013]106 号。

d）《关于居民企业技术转让有关企业所得税政策问题的通知》财税[2010]111 号。

8．记录表单

a）《技术合同申请认定表》

b）《技术合同申请认定清单》

c）《技术合同信息表》

Q/JSIC

江苏省高新技术创业服务中心
企业标准

Q/JSIC 500.02—2015

知识产权类技术鉴定控制程序

2015—08—15 发布　　　　2015—08—15 实施

江苏省高新技术创业服务中心　发布

1. 目的

对知识产权案件技术鉴定的过程进行控制，确保所出具的鉴定结论的客观性、合法性。

2. 范围

适用于江苏省高新技术创业服务中心技术鉴定的过程控制。

3. 职责

3.1　技术市场部组织鉴定工作人员负责知识产权技术鉴定的受理、鉴定专家的确认、技术鉴定会的召开、鉴定报告的出具等工作。

3.2　中心分管领导负责技术鉴定报告的审核。

4. 工作程序

4.1　委托与受理

4.1.1　委托

鉴定委托采取书面形式，由各级法院、检察院、公安机关出具《鉴定委托函》，载明委托鉴定的事项、对鉴定工作的某些要求，如保密问题、提供鉴定结论的期限等。

《鉴定委托函》包括：

(1) 双方当事人的简要情况；

(2) 案由；

(3) 委托鉴定的主要事项；

(4) 随函附送的证据。

4.1.2　受理

对《鉴定委托书》相关材料进行确认审核后，出具《受理鉴定委托的复函》正式受理。

《受理鉴定委托的复函》包括：

(1) 收到委托文书及证据材料和接受委托的意思表示；

(2) 重申鉴定主题事项；

(3) 鉴定工作的时间、进度安排；

(4) 涉及商业秘密等问题的案件，以鉴定部门的名义承担保密责任。

4.2　证据的移交

委托单位移交的证据必须是经过双方当事人当庭质证,没有疑义的诉讼证据。

证据的移交在委托程序中可以完成。在召开专家鉴定会前,可接受经委托单位移交的新证据。

4.3　确定鉴定专家遴选原则依据

依据鉴定事项涉及的技术领域,拟订专家人员3—5名,向其说明案件当事人身份,就是否自行申请回避问题征求意见。向委托单位提供备选专家名单,注明专家姓名、职称、工作单位等信息,供当事人申请回避。

专家人选确定后,以走访或集中开会的形式,向专家介绍委托鉴定事项、提供证据,并安排充分的时间对证据进行分析研究。

4.4　组织技术鉴定会

鉴定中心与各方协商后确定技术鉴定会的时间、地点,法院、检察院、公安机关代表参与鉴定会全程,鉴定中心以《会议纪要》形式记录专家意见。

鉴定会程序包括:

(1) 鉴定中心主持会议,介绍技术鉴定会鉴定内容;

(2) 法院、检察院、公安机关代表讲话,对原告、被告参会提出要求及注意问题;

(3) 原告陈述30分钟,专家提问30分钟左右,原告退出;

(4) 被告陈述30分钟,专家提问30分钟左右,被告退出;

(5) 鉴定中心对鉴定组提出要求、介绍各位专家、推荐鉴定组长;

(6) 鉴定组长主持鉴定会,鉴定组成员发表意见;

(7) 形成并讨论通过鉴定意见。

4.5　撰写《技术鉴定报告书》

鉴定专家就鉴定事项形成结论性意见后,鉴定中心负责根据《会议纪要》撰写《技术鉴定报告书》,参会专家在报告书上签字确认。此文件向委托单位汇报鉴定的组织工作及对鉴定事项的认定情况。《技术鉴定报告书》经鉴定中心签章后提交委托单位。

4.6　鉴定结论的质证

根据诉讼法要求,鉴定结论作出后,在产生法律效力前,必须经过当事人当庭质证程序。鉴定中心委托参加鉴定工作的部分专家,代表鉴定中心到庭,就鉴定报告内容接受当事人的质询和人民法院的询问。

5. 台账管理

鉴定结束后，技术鉴定的《鉴定委托书》、《受理鉴定委托的复函》、《会议纪要》、《技术鉴定报告书》等材料汇总整理，并形成《××技术鉴定情况表》，经鉴定人员、部门主任、中心分管领导分别审核签字后存档。

6. 相关文件

《民事诉讼法》

《刑事诉讼法》

7. 记录表单

鉴定委托书

受理鉴定委托的复函

会议纪要

技术鉴定报告书

××技术鉴定情况表

Q/JSIC

江苏省高新技术创业服务中心
企业标准

Q/JSIC 500.02—2015

技术合同登记员工服务规范

2015—08—15 发布　　　　　　　　2015—08—15 实施

江苏省高新技术创业服务中心　发布

1. 目的

推进精神文明建设，规范员工的服务行为，提高员工的文化素养，建设一流的品牌形象。

2. 范围

适用于规范江苏省技术市场全体工作人员的职业道德和服务行为。

3. 业务管理规范

3.1　工作时要严肃认真，保持良好的工作秩序

a) 上班不迟到，不早退，提前 10 分钟到岗，做好各项准备工作。

b) 不擅自离岗、不在工作时间大声喧哗，不聚众聊天，不做与工作无关的其他事情。

c) 办公室内各种设施和用具要摆放整齐；办公桌上物品要摆放有序。保持室内的干净和整洁。

d) 工作有计划，有条理，分清轻重缓急，急事急办，讲求工作效率和质量。

3.2　在日常工作中，诚实守信

a) 对上级领导交办的事项，要在规定时间内完成，防止漏办和延误。

b) 在提供服务时，热情诚恳、平等待人，做到不论忙闲，待客不误；讲解政策热心、回答问题耐心，在不违反原则的前提下，积极为企业排忧解难。

c) 所有服务活动，都要建立书面记录，不得以任何方式和渠道，以任何名义收取钱财或礼物，凡违反此项规定的均作为违纪行为处置，轻者行政处罚，情节严重的给予除名，触犯党纪国法的，移送司法部门。

4. 服务形象规范

上班时间，工作人员仪表端庄、举止文明。

a) 服饰要庄重、整洁、得体。

b) 自觉使用文明用语，不说脏话、粗话，不在公共场所大声喧哗。

c) 提供服务时，做到微笑自然，谈吐得体。

d) 到他人办公室联系工作时，应先轻轻敲门，待对方允许后再进入。

e) 与客户发生矛盾时，不得与其争吵，要耐心解释，做到得理让人。

5. 接待礼仪规范

接待来宾要姿势端庄、态度谦和、彬彬有礼。

a) 约定时间接待客人，要严格守时，如遇紧急事情难以准时，应事先通知。

b）客人进门时，要起立迎接，主动请坐，第一句话要讲："您好！ 请讲"，引领时要讲："请您往这边走"，并且要在前面带路。

c）握手时，应自然大方，对方是女士或职位较高的人，一般应等对方先伸手再握手。

d）介绍时，先介绍自己一方的人，再介绍对方的人。

e）同客人交谈时，应正视对方，谈话间如遇到急事需要马上办理，应礼貌地示意客人稍后，并表歉意。

f）当客人要告辞时，起立送别，要说标准用语："再见，欢迎再来""再见，请走好"，或说："请慢走"，并送到门口或电梯口，握手告别。

6. 接听电话规范

接听电话，统一使用标准用语。

a）接电话，第一句话要说："您好，请讲"，最后一句话要说："再见"。

b）挂断电话不要抢先，等对方挂断后再轻轻挂上，以表示有礼貌。

c）接听来电时，如要找的人不在时，先告知要找的人不在后，再问对方是否需要转告或回电，当有需要时，做好记录并及时转告。

d）通话时不仅要礼貌和耐心，还要保持冷静。

e）对投诉电话，要有礼貌，将投诉要点做记录，转交相关部门处理，并表达歉意。

f）来电话找人时，"请稍等"，对方所找的人不在时，"XX 不在，你有事要转告吗"。

g）对方打错电话时，"您打错了，这里是江苏省创业中心"。

h）向外打电话时，"您好，请找一下 XX，谢谢"。

7. 服务用语规范

在接待服务中，尽量使用说明语，使用建议或劝告式的语言。

a）外来人员前来办理业务时，"请问您办理哪一项业务"。

b）外来人员找错部门时，"请到 XX 部门办理"。

c）外来人员手续不全时，"您的手续还缺 XXX 项，请您办理齐全再来"。

d）给来中心办事人员材料时，"请收好"。

e）由于服务不周，造成中心办事人员不满时，应主动诚恳地道歉"对不起""请多提意见"。

f）事情办理完毕时，"欢迎再来""再见""请慢走"。

8. 邮件回复规范

回复电子邮件时统一使用标准格式，回复内容主题明确，语言流畅，内容简洁。

a）每天检查新邮件，24 小时内完成回复。

b）使用礼貌的称呼与问候，“XX，您好！”

c）符合要求合同，回复“您的合同符合要求，请按附件注明流程办理”并提供办理流程附件。

d）不符合要求合同，回复时说明原因，如需要可电话与客户说明情况。

e）落款明确回复人、联系方式、日期。

9. QQ 工作群规范

QQ 工作群保持文明、团结、和谐的交流环境。

a）通知、公告、相关材料等信息需报中心领导审批后发布。

b）在线时应及时解答客户的各类业务咨询，回答问题耐心细致，内容简洁。

c）回答问题使用文明用语，使用字体尽量保持简洁，字体不要过大。

d）不在群里发与工作无关的信息、图片。

附录2　2014年江苏省技术市场统计数据分析报告附表

附表1：2010年—2014年江苏省技术合同成交情况

	2010年	2011年	2012年	2013年	2014年
合同数(项)	20 450	25 321	29 740	31 427	24 681
成交金额(亿元)	317.04	463.13	531.95	585.56	655.40

附表2:2014年江苏省各类技术合同构成

	技术开发	技术转让	技术咨询	技术服务
合同数(项)	15 499	1 522	4 793	2 867
成交金额(亿元)	295.96	291.10	20.34	47.94

附表3:2010—2014年各类技术合同平均每份成交金额情况表

合同类型	2010年平均每份成交金额	2011年平均每份成交金额	2012年平均每份成交金额	2013年平均每份成交金额	2014年平均每份成交金额
技术开发	154.44	202.69	167.61	169.09	190.96
技术转让	302.32	387.41	926.63	1 383.65	1 912.64
技术咨询	47.35	95.28	15.69	13.24	42.43
技术服务	118.48	132.19	204.67	121.11	167.20

附表4:2014年江苏省技术合同知识产权构成

知识产权	项数(项)	成交额(亿元)	所占比例
技术秘密	8 019	381.26	58.18%
专利	942	28.24	4.31%
计算机软件著作权	2 200	36.00	5.49%
生物、医药新品种	226	10.40	1.58%
集成电路布图设计	39	1.17	0.18%
植物新品种权	33	0.70	0.11%
未涉及知识产权	13 222	197.57	30.15%

附表 5:2014 年江苏省技术合同技术领域构成

技术领域	项数(项)	成交额(亿元)	所占比例
电子信息技术	9 623	173.07	26.41%
航空航天技术	459	5.38	0.82%
先进制造技术	4 113	203.21	31.01%
生物、医药和医疗器械技术	1 977	80.83	12.33%
新材料及其应用	858	92.30	14.08%
新能源与高效节能	812	36.21	5.53%
环境保护与资源综合利用技术	1 907	22.69	3.46%
核应用技术	20	1.36	0.21%
农业技术	385	20.95	3.20%
现代交通	279	3.80	0.58%
城市建设与社会发展	4 248	15.54	2.37%

附表 6:2014 年江苏省技术合同社会-经济目标构成

应用行业	项数(项)	成交额(亿元)	所占比例
环境保护、生态建设及污染防治	3 283	39.49	6.02%
能源生产、分配和合理利用	946	54.40	8.30%
卫生事业发展	1 312	62.96	9.61%
教育事业发展	555	10.43	1.59%
基础设施以及城市和农村规划	961	31.54	4.81%
社会发展和社会服务	11 063	196.19	29.94%
地球和大气层的探索与利用	47	3.14	0.48%
民用空间探测及开发	109	1.49	0.23%
农林牧渔业发展	385	21.54	3.29%
工商业发展	2 057	158.09	24.12%
非定向研究	531	6.83	1.04%
其他民用目标	3 184	64.21	9.80%
国防	248	5.03	0.77%

附表 7:2014 年江苏省科技计划项目构成

	项数(项)	成交额(亿元)	所占比例
国家计划	150	17.94	2.73%
部门计划	224	2.01	0.31%
省、自治区、直辖市及计划单列市	493	41.34	6.31%
地市县计划	750	38.14	5.82%
计划外	23 064	555.91	84.83%
合计	24 681	655.34	100%

附表 8:2014 年江苏省技术买方构成情况

技术买方	项数(项)	成交额(亿元)	所占比例
机关法人	1 658	247.47	37.76%
事业法人	1 741	39.72	6.06%
社团法人	29	0.49	0.07%
企业法人	21 082	364.53	55.63%
自然人	50	0.79	0.12%
其他组织	121	2.34	0.36%
合计	24 681	655.34	100%

附表 9:2014 年江苏省技术卖方构成情况

技术卖方	项数(项)	成交额(亿元)	所占比例
机关法人	3	0.18	0.02%
事业法人	11 451	95.31	14.54%
社团法人	63	0.45	0.07%
企业法人	12 730	557.31	85.04%
自然人	160	1.32	0.20%
其他组织	274	0.83	0.13%
合计	24 681	655.34	100%

附表 10:2014 年江苏省各地输出技术成交金额情况

地区	合同数(项)	成交金额(亿元)	排位
南京市	168 68	180.42	1
苏州市	2 623	99.58	2
常州市	1 384	64.81	3
无锡市	1 461	47.64	4
镇江市	523	37.08	5
南通市	347	35.90	6
盐城市	126	20.16	7
徐州市	200	18.28	8
扬州市	181	16.99	9
泰州市	129	9.63	10
连云港市	86	5.02	11
淮安市	93	4.78	12
宿迁市	46	2.79	13
其他(涉外)	614	112.26	
合计	24 681	655.34	

附表 11:2014 年江苏省各地吸纳技术成交金额情况

地区	合同数(项)	成交金额(亿元)	排位
南京市	12 509	343.92	1
苏州市	4 935	143.00	2
无锡市	2 286	37.87	3
常州市	1 895	31.60	4
盐城市	523	30.81	5
淮安市	355	26.69	6
镇江市	669	18.74	7
南通市	1 229	17.69	8
连云港市	538	15.12	9
徐州市	625	14.84	10
泰州市	791	9.53	11
扬州市	637	8.44	12
宿迁市	204	1.94	13
合计	27 196	700.19	

附表 12:2014 年江苏省技术合同地域流向情况

地区	项数(项)	成交金额(亿元)	排位
江苏	16 312	451.12	1
北京	1 355	53.57	2
港澳台	368	43.86	3
国外	703	15.31	4
上海	1 156	14.45	5
广东	652	10.56	6
浙江	688	9.77	7
安徽	471	5.45	8
山东	297	5.16	9
湖北	239	4.62	10

附表 13:2010 年—2014 年长三角地区技术合同成交情况　（单位:亿元）

	江苏	上海	浙江	合计
2010 年	317.04	525.45	60.35	902.84
2011 年	463.13	550.32	68.30	1 081.75
2012 年	531.95	588.52	81.31	1 201.78
2013 年	585.56	620.87	81.41	1 287.84
2014 年	655.34	667.82	89.16	1 412.32

附表 14: 2010 年—2014 年全国技术合同成交情况

	2010 年	2011 年	2012 年	2013 年	2014 年
合同数(项)	229 601	256 428	282 242	294 929	297 037
成交金额(亿元)	3 906	4 763	6 437	7 469	8 577

附表 15:2014 年全国技术合同成交金额前 10 名地区的交易情况

地区	合同数(项)	成交金额(亿元)	排位
北京	67 278	3 136.00	1
上海	25 230	667.82	2
江苏	24 681	655.34	3
陕西	25 963	639.98	4
湖北	21 696	601.74	5
广东	19 150	543.14	6
天津	15 087	418.11	7
山东	17 474	269.03	8
辽宁	11 578	250.89	9
四川	11 991	221.32	10

附表 16:2014 年江苏省高校技术合同成交金额前 10 名

单位名称	排位
东南大学	1
南京航空航天大学	2
南京理工大学	3
南京大学	4
河海大学	5
中国药科大学	6
南京工业大学	7
常州大学	8
南京农业大学	9
江南大学	10

附表 17:2014 年江苏省科研院所技术合同成交金额前 10 名

单位名称	排位
水利部交通运输部国家能源局南京水利科学研究院	1
江苏省环境科学研究院	2
环境保护部南京环境科学研究所	3
江苏省农业科学院	4
北京化工大学常州先进材料研究院	5
农业部南京农业机械化研究所	6
浙江大学苏州工业技术研究院	7
中国科学院苏州生物医学工程技术研究所	8
中科院苏州纳米技术与纳米仿生研究所	9
七○二研究所	10

附录 3　江苏省国家级技术转移示范机构名单及部分简介

1. 江苏省科技成果转化中心
2. 南京大学科技成果转化中心
3. 江苏国际技术转移中心
4. 东南大学技术转移中心
5. 中国科学院常州先进制造技术研发与产业化中心
6. 中国科学院扬州应用技术研发与产业化中心
7. APEC 技术转移中心
8. 南京市科技成果转化中心
9. 江苏省对外科技交流中心
10. 江南大学技术转移中心(无锡江大技术转移工程公司)
11. 南京理工大学技术转移中心
12. 苏州大学技术转移中心
13. 中国科学院泰州应用技术研发及产业化中心
14. 苏州市金桥科技服务有限公司
15. 苏州中科院产业技术创新与育成中心
16. 昆山市工业技术研究院有限责任公司
17. 江苏省农业科学院
18. 南京航空航天大学技术转移中心
19. 常州大学技术转移中心
20. 扬州大学技术转移中心
21. 中国矿业大学技术转移中心
22. 浙江大学苏州工业技术研究院
23. 南京农业大学技术转移中心
24. 江苏科技大学技术转移中心

25. 江苏大学技术转移中心
26. 南京工业大学技术转移中心
27. 南京师范大学技术转移中心
28. 南通大学技术转移中心
29. 中国科学院南京高新技术研发及产业化中心
30. 常熟紫金知识产权服务有限公司
31. 南通市通州区家纺产业发展服务中心
32. 扬州国际技术转移中心有限公司
33. 江苏师范大学技术转移中心
34. 南京邮电大学国家科技园
35. 南京信息工程大学技术转移中心
36. 江苏理工学院技术转移中心
37. 江苏物联网研究发展中心
38. 南京林业大学技术转移中心
39. 河海大学技术转移中心
40. 南京中医药大学技术转移中心
41. 江苏佰腾科技有限公司
42. 南京工程学院技术转移中心
43. 盐城工学院技术转移中心
44. 中国矿业大学大学科技园有限责任公司
45. 浙江大学昆山创新中心

江苏省高新技术创业服务中心

江苏省高新技术创业服务中心成立于 1996 年，是江苏省科技厅直属的公益性科研服务单位。1999 年 12 月被国家科技部批准为国家级高新技术创业服务中心，是国家首批技术转移服务示范机构、国家火炬计划 20 周年先进服务机构、中国创新驿站江苏区域站点。

近年来，中心围绕高新技术企业培育及科技成果转化，不断健全完善服务全省、开放互动的科技创业服务体系，建设发展成为融科技企业孵化服务、技术成果交易服务、科技金融对接服务、火炬计划综合服务、科技创业咨询服务于一体的非营利性、公益型、社会化省级科技创业综合服务机构。

2013 年度，江苏省高新技术创业服务中心共促成技术转移项目 1061 项，成交金额 19.5 亿元。其中，促成战略性新兴产业技术转移项目 253 项，成交金额 5.7 亿元；促成 1 000 万元以上的重大项目 4 项，成交金额 1.34 亿元；促成国际技术转移项目 7 项，成交金额 1.18 亿元。组织技术推广和交易活动 57 次；组织技术转移培训 620 人次；服务企业 4 980 家，解决企业需求 6 750 项。

东南大学技术转移中心

东南大学技术转移中心成立于 2009 年，是省科技厅第一批批准设立的江苏省高校技术转移中心，并被科技部火炬中心认定为国家技术转移示范机构。东南大学技术转移中心的主要任务是充分利用东南大学的人才、科技等综合优势，整合学校各科研机构、科研人员的科技成果，汇集校内科技项目资源，为社会提供科技咨询和服务；吸纳社会金融资本和产业资本，以科技孵化器作为技术转移的主平台，配合其他辅助平台和增值服务，促进学校的技术转移和科技成果产业化，促进科技企业快速成长。

近年来，东南大学技术转移中心为学校的科技工作作出了突出贡献。例如，2011—2013 年，东南大学科研经费到款分别为 12.19 亿元、13.61 亿元和 15.36 亿元，其中超过 55％为产学研合作横向经费；2011 年—2013 年，东南大学技术转移中心推进东南大学与地方政府共建了三个东南大学异地研究院，推进学校优势学科团队与重点企业共建的校企联合研发中心 46 个；2011—2013 年，学校申请发明专利 4 208 件，发明专利授权 1 740 件，其中，2013 年，发明专利申请 1 611 件，发明专利授权 668 件，软件著作权 80 项；2011—2013 年，东南大学技术转移中心建立了 17 家技术转移地方分中心。

东南大学的技术转移工作得到了各级政府和部门机构的充分肯定。江苏省内高校科技工作为江苏服务情况统计结果显示，东南大学所有七项指标每年均位列前茅；根据《全国技术市场统计年度报告(2013)》，东南大学在“2012 年高等院校输出技术成交金额前 20 名”表中名列第一；2013 年，科技部火炬中心公布了 2012 年度国家技术转移示范机构考核评价结果，东南大学科技成果转化中心(拟改名东南大学技术转移中心)被评为 2012 年度国家技术转移示范机构优秀机构；中心所组织的很多重大产学研活动，也得到了活动组织部门的好评。

东南大学技术转移中心正在按照科技主管部门的“机构实体化、运行企业化、团队专业化、服务特色化、条件信息化”的建设目标稳步推进。计划到 2015 年底，建立 30 家左右东南大学技术转移中心地方分中心，中心的专职工作人员达到 40～50 人的规模，形成一批专职化、管理团队专业化工作人才队伍；与一大批重点优秀企业建立起长效的合作关系，到2015年底建立100家以上的校企联合研发中心(实验室)。

南京航空航天大学技术转移中心

南京航空航天大学技术转移中心成立于2008年12月，2009年10月获江苏省科技厅立项建设，2012年11月获批为国家技术转移示范机构，主要从事学校高新技术的技术集成与应用、技术信息加工与整理和技术(产权)交易等成果推广和转化服务工作。近两年，围绕江苏省重点发展的高端装备制造、新能源、新一代信息技术、新材料等战略性新兴产业领域，依托学校优势学科，组织参与高新技术展会、各地产学研对接会、专场技术交流会等各种形式的技术转移活动，与江苏企业联合共建工程技术研究中心60个，与省内200余家企业建立了良好合作关系，签订校企联盟协议书175个。

2013年度，南京航空航天大学技术转移中心共促成技术转移项目237项，成交金额1.12亿元。其中，促成战略性新兴产业技术转移项目201项，成交金额0.86亿元；促成1 000万元以上的重大项目2项，成交金额0.23亿元；促成国际技术转移项目17项，成交金额0.055亿元。组织技术推广和交易活动75次；组织技术转移培训25人次；服务企业190家，解决企业需求451项。机构当年获得发明专利326项，实用新型专利149项，外观设计专利3项，软件著作权66项。

APEC技术转移中心

2002年4月在新加坡举行的第22次APEC产业科技工作组会议上，中国政府提议成立APEC技术转移中心的提案，获参会成员一致通过。自此，APEC技术转移中心成为该工作组的长期项目，并得到了国家科技部、江苏省科技厅和苏州市人民政府的关心和大力支持，中国外交部也对APEC技术转移中心的很多工作提供了帮助。

APEC技术转移中心是由国家科技部、江苏省科技厅和苏州市政府支持兴办，面向亚太地区从事技术转移业务、不以营利为目的的国际性科技中介机构。为了使APEC技术转移中心建立后有一个良好的依托环境，苏州市政府确定其具体工作由苏州市科技局下属苏州市生产力促进中心具体承担，有利于运用地方科技中介机构多年形成的人力资源和信息资源。中心利用信息平台(www.joinew.com)进行信息互联，将企业、研究机构、高校、其他科技中介进行有效连接，积极开展先进共性技术、社会可持续发展技术、中小企业适用技术等方面的技术转移业务，推动高新技术产品出口和境外投资服务、风险投资和投融资中介发展、国际人力资源开发。

迄今为止，中心已多次举办过各类大型活动。2003 年 10 月，中心举办了第二届中国苏州电子博览会的专家论坛；2007 年 11 月，举办 APEC 成员体科技资源共享与协作机制研讨会；2009 年 9 月，举办 APEC 水资源利用与保护学术研讨会及第 37 次产业科技工作组会议；2013 年 10 月，举办 APEC 智能电网项目培训会和推介会；2013 年 11 月，举办 APEC 技术转移中心企业诊断培训及中日企业对接会；2014 年 3 月，举办中英新农业产业技术对接会；2014 年 9 月，举办 APEC 科技成果转化交流会。

河海大学技术转移中心

河海大学技术转移中心的前身可以追溯到学校 2007 年成立的“河海大学成果转化中心”，2011 年 12 月获江苏省科技厅立项建设，2014 年被科技部认证为国家技术转移示范机构。中心作为学校科技成果孵化中心、政产学研合作主要服务机构，直接服务江苏地方经济发展，通过孵化学校高新技术成果，共建企业实验室，搭建水利行业技术联盟，地方共建技术研究院、开展科技服务等工作，与地方、行业企业建立长期战略合作关系，逐步建成开放式科技服务、对接交流、展示洽谈平台。2014 年，入选 2013 年江苏省科技服务业“百强”机构，中心荣获中国产学研合作促进奖(单位)。

近三年，中心组织产学研合作项目 2 104 项，其中省内 1 251 项，省外 853 项；实现销售收入 74 264 万元，其中省内 30 167 万元，省外 44 097 万元。同时，积极组织申报部、省各类产学研项目，主动帮助联系合作企业，并积极面向全国，组织与政府、企业、科研院所开展各种科技合作交流活动。自 2011 年中心立项以来，技术中心组织学校教师参加了 103 场次的产学研洽谈会和推介会，组织开展科技咨询服务 149 次，参与服务企业人 444 次，服务企业数 377 家。提供技术服务，为与地方政府、企业进行合作洽谈、合同条款谈判、技术合同签订及合同的认定、免税等提供咨询服务对接平台。进行学校科技成果的评估、许可和转让，知识产权管理并协调相关事务；协助或受专利权所有人委托代理专利权转让、实施等；安排专人负责知识产权管理工作及技术合同认定、免税工作。机构当年获得发明专利 324 项，实用新型专利 292 项，软件著作权 107 项。

南京工业大学技术转移中心

南京工业大学技术转移中心自 2009 年省科技厅立项建设以来，学校领导高度重视技术转移中心的建设，于2010年11月下文(南工校科[2010]10号)专门成立了南京工业大学技术转移中心，要求进一步强化政产学研结合和科技成果转化，深度融入区域经济建设，推进与政府、企业共建技术联合中心和研发平台，在科技创新、机制创新上有所突破，加快有特色高水平创新创业大学的建设进程。中心为隶属学校的负责南京工业大学产学研合作、科技成果推广、转化和技术服务的独立运营的机构，中心实行主任负责制，挂靠学校科学研究部，主任由科学研究部副部长阮锦强兼任。学校原有的技术贸易机构“南京工业大学科技开发中心”功能不变，纳入一体化管理。

近年来，中心工作始终面向国家和地方战略性新兴产业的重大需求，不断创新理念和思路，围绕绿色化工、新材料、生物技术与医药、节能环保、先进制造技术等学校相关优势学科，依托政府，贴近企业，融入社会，加强政产学研合作，探索校企合作、成果对接、技术转移新机制，搭建科技创新服务平台，探索出了一条具有南工大特色的技术转移创新之路。2014年中心成功获批为国家技术转移示范机构。

近十年来，学校科技工作成绩显著，获国家级科技成果奖励16项，省部级160余项；根据省教育厅公布的高校科技工作为江苏服务情况统计结果，项目和经费位于江苏高校前列；被省政府授予“十一五”获重大科技成果奖励成绩显著高等学校；江苏省教育厅授予2011—2012年江苏省科技工作先进高校；教育部授予“十一五”高等学校科技管理优秀团队；中国产学研合作促进会授予2009年度全国产学研合作先进单位；2009年度中国技术市场协会“金桥奖”；2012年度共荣获2项中国产学研合作创新与促进奖，2013年度共荣获5项中国产学研合作创新与促进奖；根据南京市科委公布的《在宁高校与南京互动发展评估报告2012》，学校作为国家首批“2011计划”牵头高校，创业及学科型公司数均居第一，特别是在产学研合作及创业方面优势明显，超越部属高校，是与南京科技和产业发展进程对接最紧密的高校之一。

南京理工大学技术转移中心

南京理工大学技术转移中心是从事技术转移全过程管理的专业载体，中心依托南京理工技术转移中心有限公司，以“专业、规则、共赢、国际化”为理念，致力于为科研单位和科研人员提供一站式的专利运营与技术转移服务，为企业提供一站菜单式的科技服务；探索形成了进行技术成果评估分类、专业运营的市场化技术转移模式；组建了一支由30人组成的专职技术经纪团队，通过行业顶尖的工具，提供专业的咨询导航服务；率先探索建立高校专利超市，实现了高校技术成果的可视化展示与定点推送推介；建立了11个技术转移分中心，形成了完善的产学研服务网络体系；通过基金运作、处置权协议“破解”高校职务成果所有权和完成人之间的政策难题，打通从成果到产出、商品的中间环节，成功转化了一批重点成果；是江苏省内特色优势鲜明的知识产权运营机构和品牌技术转移专业机构。

中心市场化模式形成了特色，得到了广泛认可，获得了多个计划项目的支持：中心先后获批江苏省科技厅、南京市科委立项建设，获批国家技术转移示范机构。中心是江苏省创新驿站的服务站点和江苏省中小企业公共服务平台的联动服务机构，中心先后获得科技部国家技术转移示范机构年度考评优秀机构、江苏创新驿站先进站点、江苏省创新驿站奖励站点、省技术转移中心建设考评优秀单位等荣誉称号。2014 年，公司获批江苏省知识产权局专利运营平台重点项目支持，获批国家火炬计划转化环境类平台建设支持。

市场化运营模式得到了广泛关注，成为高校专利运营示范。江苏省委书记罗志军、国家知识产权局原局长田力普、江苏省副省长徐南平等领导及省内外科技园区、高校来中心专题调研超百次，对市场化方式运营高校专利成果的模式给予了高度肯定。中央电视台、《新华日报》、《科技日报》、《中国教育报》专题报道了专利转化运营的“南理工模式”。

南京理工大学将进一步依托技术转移中心，立足国际化视野、专业化团队、菜单式服务，为企业和科研人员的技术创新和技术转移提供全面服务，通过基金运作、处置权方案等打通从成果到产出、商品的中间环节，形成中国高校技术转移市场化运作的成熟模式，建立高校技术交易管理平台，为专利运营转化提供定制的专业服务。

南京中医药大学技术转移中心

南京中医药大学技术转移中心起源于 1990 年设立的科技开发服务部，在二十几年的发展历程中，不断整合资源、创新机制体制，于 2011 年成立技术转移中心，同年获江苏省科技厅立项建设，2015 年获批为国家技术转移示范机构。中心以南京中医药大学科技、人才、信息等资源优势为依托，以中医药技术、产品或项目为运作对象，是全国中医药院校首家国家技术转移示范机构。

中心主要职能定位于积极参与国家、江苏省和南京市科技创新体系建设，推动技术转移对接活动，开展中医药技术转移的组织与服务工作以及技术转移项目过程管理，探索适应社会主义市场经济需求，符合中医药技术转移特点的运行机制和管理模式。

中心下设“江苏生命科技创新园技术转移分中心”“中国医药城泰州中医药研究

院技术转移分中心”“连云港中医药技术转移分中心”及“南京中医药大学技术转移中心科技园分中心”四个分中心，已基本建成了以“中药新药技术集成创新”“中药新药技术转让”“中医药信息与管理咨询”及“中药及健康产品项目培育孵化”为核心的中医药技术转移公共服务综合平台，集聚了丰富的技术、市场、政策和管理资源，在大力促进中医药高等院校医药技术转移，加速中医药科技成果商品化、产业化中发挥了积极作用，取得了较好的业绩，受到广泛好评，初步形成了南中医特色的技术转移工作模式。

中心将坚持“优势互补、互惠互利、诚实信用、服务第一”的原则，参与学校构建“一个中心、四大板块”的科技平台布局建设，积极为地方经济社会发展服务。

江苏省农业科学院

江苏省农业科学院前身是创建于 1932 年的中央农业实验所，目前已发展成为拥有 13 个专业研究所、11 个农区所的省级综合性农业科研院所。建有全国优秀博士后科研工作站、研究生教育管理中心，投资成立了一批科技型企业。累计获得国家二等奖以上和部省一等奖以上重大成果 216 项。全院农作物新品种在全省覆盖率近 60%，技术覆盖率超过 50%，成果获奖数占全省农科教单位获奖总数的 46%，农业科研开发综合实力全国领先。在农业部组织的多次科技实力综合评估中，一直处于全国同行前列。

2013 年度，江苏省农业科学院共促成技术转移项目 170 项，成交金额 0.562 8 亿元。其中，促成国家公共财政投入项目的转移转化 8 项，成交金额 0.263 8 亿元；促成战略性新兴产业技术转移项目 26 项，成交金额 0.144 9 亿元；促成 1 000 万元以上的重大项目 1 项，成交金额 0.103 3 亿元。组织技术推广和交易活动 30 次；组织技术转移培训 230 人次；服务企业 153 家，解决企业需求 175 项；机构当年获得发明专利 114 项，实用新型专利 61 项，外观设计专利 1 项，软件著作权 16 项。

附录 4　江苏省创新驿站站点名单

中国创新驿站站点

区域站点：

江苏省高新技术创业服务中心

基层站点：

南京市科技成果转化服务中心

江苏矽太信息科技有限公司

南通高新技术创业中心有限公司

第一批江苏创新驿站各级站点名单

基层站点：

1. 苏州市生产力促进中心
2. 常州市生产力促进中心
3. 镇江市生产力促进中心
4. 泰州市高新技术创业服务中心
5. 盐城高新技术创业园有限公司
6. 中国矿业大学科技园有限公司

服务站点：

1. 南京江宁(大学)科教创新园有限公司
2. 南京理工大学技术转移中心
3. 中国药科大学技术转移中心
4. 苏州高新技术创业服务中心

5. 苏州纳米技术大学科技园管理有限公司
6. 苏州工业园区生物产业发展有限公司
7. 苏州生物医学工程技术成果产业有限公司
8. 苏州吴中科技金融服务中心有限公司
9. 中科昆山高科技创业服务中心
10. 昆山软件园发展有限公司
11. 昆山高新技术创业服务中心
12. 江苏昆山留学人员创业园管理处
13. 昆山市工业技术研究院有限公司
14. 昆山德国工业园绿色孵化器
15. 昆山启迪科技园发展有限公司
16. 浙江大学苏州工业技术研究院
17. 江阴高新技术创业园
18. 常州技术产权交易中心
19. 常州市(国家)大学科技园管理中心
20. 江苏佰腾科技有限公司
21. 江苏省轨道交通产业技术协会
22. 常州市涂料协会
23. 常州市输变电产业协会
24. 江苏省机器人与智能装备产业技术创新战略联盟
25. 江苏省储能材料与器件产业技术创新战略联盟
26. 牛津大学(常州)ISIS 国际技术转移中心
27. 扬州市邗江区高新技术创业服务中心
28. 盐城市生产力促进中心
29. 江苏省盐城市盐都区科技成果转化服务中心
30. 盐城亭湖区生产力促进中心
31. 东台市生产力促进中心
32. 南京工业大学大丰海洋产业研究院
33. 大丰高新技术创业服务中心
34. 射阳县生产力促进中心
35. 阜宁县科技成果转化中心
36. 靖江市华信科技创业园有限公司

第二批江苏创新驿站各级站点名单

基层站点：

1. 连云港市生产力促进局
2. 宿迁市科技创业服务中心
3. 扬州市中小型企业生产力促进中心
4. 拉萨市高原生物研究所

服务站点：

1. 南京航空航天大学技术转移中心
2. 河海大学技术转移中心
3. 江苏长三角技术产权交易中心有限公司
4. 南京中医药大学技术转移中心
5. 江苏启迪科技园发展有限公司
6. 昆山莘莘科技发展有限公司
7. 常州常工科技服务部
8. 常州大学技术转移中心
9. 常州市创业孵化协会
10. 常州市对外科学技术交流中心
11. 常州市高新技术企业协会
12. 常州市科技信息中心
13. 常州市民营科技型企业协会
14. 常州市武进区生产力促进中心
15. 常州市新北区生产力促进中心
16. 常州市知识产权维权援助中心
17. 江苏津通创业投资有限公司
18. 江苏理工学院技术转移中心
19. 常州机电职业技术学院
20. 中国矿业大学技术转移中心
21. 盐城复华环保产业开发有限公司
22. 盐城力智科技咨询服务有限公司
23. 张家港市生产力促进中心

24. 高邮市科技创业中心
25. 扬州市江都区宜陵生产力促进中心
26. 扬州市百诺科源技术转移有限公司
27. 扬州市江都区生产力促进中心
28. 扬州市江都区武坚镇生产力促进中心
29. 宝应县华理技术转移有限公司
30. 宝应县高新技术创业中心
31. 扬州广陵高新技术创业服务中心
32. 仪征市生产力促进中心
33. 泰州市姜堰区高新技术创业中心
34. 江阴市科技创新服务中心

第三批江苏创新驿站各级站点名单

基层站点：

1. 淮安市高新技术创新中心

服务站点：

1. 江阴高新区高鑫科技型中小企业服务中心
2. 南京工业大学技术转移中心
3. 徐州市发明协会
4. 江苏华商企业管理咨询服务有限公司
5. 南京建邺长江高新技术创业服务中心
6. 南京精与微机械科技有限公司
7. 中国科学院南京分院东台滩涂研究院
8. 扬州大学技术转移中心
9. 南京理工大学连云港研究院
10. 扬中市益扬科技咨询有限公司
11. 常州市志诚知识产权代理有限公司
12. 无锡中欧国际技术转移中心有限公司
13. 无锡(国家)工业设计园创业服务中心
14. 无锡惠山高新技术创业中心

附录 5　技术交易相关的国家政策和江苏省政策选编

技术合同认定登记管理办法

国科发政字[2000]063 号

第一条　为了规范技术合同认定登记工作，加强技术市场管理，保障国家有关促进科技成果转化政策的贯彻落实，制定本办法。

第二条　本办法适用于法人、个人和其他组织依法订立的技术开发合同、技术转让合同、技术咨询合同和技术服务合同的认定登记工作。

法人、个人和其他组织依法订立的技术培训合同、技术中介合同，可以参照本办法规定申请认定登记。

第三条　科学技术部管理全国技术合同认定登记工作。

省、自治区、直辖市和计划单列市科学技术行政部门管理本行政区划的技术合同认定登记工作。地、市、区、县科学技术行政部门设技术合同登记机构，具体负责办理技术合同的认定登记工作。

第四条　省、自治区、直辖市和计划单列市科学技术行政部门及技术合同登记机构，应当通过技术合同的认定登记，加强对技术市场和科技成果转化工作的指导、管理和服务，并进行相关的技术市场统计和分析工作。

第五条　法人和其他组织按照国家有关规定，根据所订立的技术合同，从技术开发、技术转让、技术咨询和技术服务的净收入中提取一定比例作为奖励和报酬，给予职务技术成果完成人和为成果转化作出重要贡献人员的，应当申请对相关的技术合同进行认定登记，并依照有关规定提取奖金和报酬。

第六条　未申请认定登记和未予登记的技术合同，不得享受国家对有关促进科技成果转化规定的税收、信贷和奖励等方面的优惠政策。

第七条　经认定登记的技术合同，当事人可以持认定登记证明，向主管税务机关提出申请，经审核批准后，享受国家规定的税收优惠政策。

第八条　技术合同认定登记实行按地域一次登记制度。技术开发合同的研究开发人、技术转让合同的让与人、技术咨询和技术服务合同的受托人，以及技术培训合同的培训人、技术中介合同的中介人，应当在合同成立后向所在地区的技术合同登记机构提出认定登记申请。

第九条　当事人申请技术合同认定登记，应当向技术合同登记机构提交完整的书面合同文本和相关附件。合同文本可以采用由科学技术部监制的技术合同示范文本；采用其他书面合同文本的，应当符合《中华人民共和国合同法》的有关规定。

采用口头形式订立技术合同的，技术合同登记机构不予受理。

第十条　技术合同登记机构应当对当事人提交申请认定登记的合同文本及相关附件进行审查，认为合同内容不完整或者有关附件不齐全的，应当以书面形式要求当事人在规定的时间内补正。

第十一条　申请认定登记的合同应当根据《中华人民共和国合同法》的规定，使用技术开发、技术转让、技术咨询、技术服务等规范名称，完整准确地表达合同内容。使用其他名称或者所表述内容在认定合同性质上引起混乱的，技术合同登记机构应当退回当事人补正。

第十二条　技术合同的认定登记，以当事人提交的合同文本和有关材料为依据，以国家有关法律、法规和政策为准绳。当事人应当在合同中明确相互权利与义务关系，如实反映技术交易的实际情况。当事人在合同文本中作虚假表示，骗取技术合同登记证明的，应当对其后果承担责任。

第十三条　技术合同登记机构对当事人所提交的合同文本和有关材料进行审查和认定。其主要事项是：

（一）是否属于技术合同；

（二）分类登记；

（三）核定技术性收入。

第十四条　技术合同登记机构应当自受理认定登记申请之日起30日内完成认定登记事项。技术合同登记机构对认定符合登记条件的合同，应当分类登记和存档，向当事人发给技术合同登记证明，并载明经核定的技术性收入额。对认定为非技术合同或者不符合登记条件的合同，应当不予登记，并在合同文本上注明“未予登记”字样，退还当事人。

第十五条　申请认定登记的合同，涉及国家安全或者重大利益需要保密的，技术合同登记机构应当采取措施保守国家秘密。

当事人在合同中约定了保密义务的，技术合同登记机构应当保守有关技术秘密，维护当事人的合法权益。

第十六条　当事人对技术合同登记机构的认定结论有异议的，可以按照《中华人民共和国行政复议法》的规定申请行政复议。

第十七条　财政、税务等机关在审核享受有关优惠政策的申请时，认为技术合同登记机构的认定有误的，可以要求原技术合同登记机构重新认定。财政、税务等机关对重新认定的技术合同仍认为认定有误的，可以按国家有关规定对当事人享受相关优惠政策的申请不予审批。

第十八条　经技术合同登记机构认定登记的合同，当事人协商一致变更、转让或者解除，以及被有关机关撤销、宣布无效时，应当向原技术合同登记机构办理变更登记或者注销登记手续。变更登记的，应当重新核定技术性收入；注销登记的，应当及时通知有关财政、税务机关。

第十九条　省、自治区、直辖市和计划单列市科学技术行政部门应当加强对技术合同登记机构和登记人员的管理，建立健全技术合同登记岗位责任制，加强对技术合同登记人员的业务培训和考核，保证技术合同登记人员的工作质量和效率。

技术合同登记机构进行技术合同认定登记工作所需经费，按国家有关规定执行。

第二十条　对于订立假技术合同或者以弄虚作假、采取欺骗手段取得技术合同登记证明的，由省、自治区、直辖市和计划单列市科学技术行政部门会同有关部门予以查处。涉及偷税的，由税务机关依法处理；违反国家财务制度的，由财政部门依法处理。

第二十一条　技术合同登记机构在认定登记工作中，发现当事人有利用合同危害国家利益、社会公共利益的违法行为的，应当及时通知省、自治区、直辖市和计划单列市科学技术行政部门进行监督处理。

第二十二条　省、自治区、直辖市和计划单列市科学技术行政部门发现技术合同登记机构管理混乱、统计失实、违规登记的，应当通报批评、责令限期整顿，并可给予直接责任人员行政处分。

第二十三条　技术合同登记机构违反本办法第十五条规定，泄露国家秘密的，按照国家有关规定追究其负责人和直接责任人员的法律责任；泄露技术合同约定的技术秘密，给当事人造成损失的，应当承担相应的法律责任。

第二十四条　本办法自发布之日起施行。1990 年 7 月 6 日原国家科学技术委员会发布的《技术合同认定登记管理办法》同时废止。

技术合同认定规则

国科发政字[2001]253号

第一章　一般规定

第一条　为推动技术创新，加速科技成果转化，保障国家有关促进科技成果转化法律法规和政策的实施，加强技术市场管理，根据《中华人民共和国合同法》及科技部、财政部、国家税务总局《技术合同认定登记管理办法》的规定，制定本规则。

第二条　技术合同认定是指根据《技术合同认定登记管理办法》设立的技术合同登记机构对技术合同当事人申请认定登记的合同文本从技术上进行核查，确认其是否符合技术合同要求的专项管理工作。

技术合同登记机构应当对申请认定登记的合同是否属于技术合同及属于何种技术合同作出结论，并核定其技术交易额(技术性收入)。

第三条　技术合同认定登记应当贯彻依法认定。客观准确、高效服务、严格管理的工作原则，提高认定质量，切实保障国家有关促进科技成果转化财税优惠政策的落实。

第四条　本规则适用于自然人(个人)、法人、其他组织之间依据《中华人民共和国合同法》第十八章的规定，就下列技术开发、技术转让、技术咨询和技术服务活动所订立的确立民事权利与义务关系的技术合同：

(一) 技术开发合同

1. 委托开发技术合同

2. 合作开发技术合同

(二) 技术转让合同

1. 专利转让合同

2. 专利申请权转让合同

3. 专利实施许可合同

4. 技术秘密转让合同

(三) 技术咨询合同

(四) 技术服务合同

1. 技术服务合同

2. 技术培训合同

3. 技术中介合同

第五条 《中华人民共和国合同法》分则部分所列的其他合同，不得按技术合同登记。但其合同标的中明显含有技术开发、转让、咨询或服务内容，其技术交易部分能独立成立并且合同当事人单独订立合同的，可以就其单独订立的合同申请认定登记。

第六条 以技术入股方式订立的合同，可按技术转让合同认定登记。

以技术开发、转让、咨询或服务为内容的技术承包合同，可根据承包项目的性质和具体技术内容确定合同的类型，并予以认定登记。

第七条 当事人申请认定登记技术合同，应当向技术合同登记机构提交合同的书面文本。技术合同登记机构可以要求当事人一并出具与该合同有关的证明文件。当事人拒绝出具或者所出具的证明文件不符合要求的，不予登记。

各技术合同登记机构应当向当事人推荐和介绍由科学技术部印制的《技术合同示范文本》，供当事人在签订技术合同时参照使用。

第八条 申请认定登记的技术合同应当是依法已经生效的合同。当事人以合同书形式订立的合同，自双方当事人签字或者盖章时成立。依法成立的合同，自成立时生效。法律、行政法规规定应当办理批准、登记等手续生效的，依照其规定，在批准、登记后生效，如专利申请权转让合同、专利权转让合同等。

当事人为法人的技术合同，应当有其法定代表人或者其授权的人员在合同上签名或者盖章，并加盖法人的公章或者合同专用章；当事人为自然人的技术合同，应当有其本人在合同上签名或者盖章；当事人为其他组织的合同，应当有该组织负责人在合同上签名或者盖章，并加盖组织的印章。

印章不齐备或者印章与书写名称不一致的，不予登记。

第九条 法人、其他组织的内部职能机构或课题组订立的技术合同申请认定登记的，应当在申请认定登记时提交其法定代表人或组织负责人的书面授权证明。

第十条 当事人就承担国家科技计划项目而与有关计划主管部门或者项目执行部门订立的技术合同申请认定登记，符合《中华人民共和国合同法》的规定并附有有关计划主管部门或者项目执行部门的批准文件的，技术合同登记机构应予受理，并进行认定登记。

第十一条 申请认定登记的技术合同，其标的范围不受行业、专业和科技领域限制。

第十二条 申请认定登记的技术合同，其技术标的或内容不得违反国家有关法律法规的强制性规定和限制性要求。

第十三条　技术合同标的涉及法律法规规定投产前需经有关部门审批或领取生产许可证的产品技术，当事人应当在办理有关审批手续或生产许可证后，持合同文本及有关批准文件申请认定登记。

第十四条　申请认定登记的合同涉及当事人商业秘密（包括经营信息和技术信息）的，当事人应当以书面方式向技术合同登记机构提出保密要求。

当事人未提出保密要求，而所申请认定登记的合同中约定了当事人保密义务的，技术合同登记机构应当主动保守当事人有关的技术秘密，维护其合法权益。

第十五条　申请认定登记的技术合同下列主要条款不明确的，不予登记：

（一）合同主体不明确的；

（二）合同标的不明确，不能使登记人员了解其技术内容的；

（三）合同价款、报酬、使用费等约定不明确的。

第十六条　约定担保条款（定金、抵押、保证等）并以此为合同成立条件的技术合同，申请认定登记时当事人担保义务尚未履行的，不予登记。

第十七条　申请认定登记的技术合同，合同名称与合同中的权利义务关系不一致的，技术合同登记机构应当要求当事人补正后重新申请认定登记；拒不补正的，不予登记。

第十八条　申请认定登记的技术合同，其合同条款含有下列非法垄断技术、妨碍技术进步等不合理限制条款的，不予登记：

（一）一方限制另一方在合同标的技术的基础上进行新的研究开发的；

（二）一方强制性要求另一方在合同标的基础上研究开发所取得的科技成果及其知识产权独占回授的；

（三）一方限制另一方从其他渠道吸收竞争技术的；

（四）一方限制另一方根据市场需求实施专利和使用技术秘密的。

第十九条　申请认定登记的技术合同，当事人约定提交有关技术成果的载体，不得超出合理的数量范围。

技术成果载体数量的合理范围，按以下原则认定：

（一）技术文件（包括技术方案、产品和工艺设计、工程设计图纸、试验报告及其他文字性技术资料），以通常掌握该技术和必要存档所需份数为限；

（二）磁盘、光盘等软件性技术载体、动植物（包括转基因动植物）新品种、微生物菌种，以及样品、样机等产品技术和硬件性技术载体，以当事人进行必要试验和掌握、使用该技术所需数量为限；

（三）成套技术设备和试验装置一般限于1—2套。

第二章　技术开发合同

第二十条　技术开发合同是当事人之间就新技术、新产品、新工艺、新材料、新品种及其系统的研究开发所订立的合同。

技术开发合同包括委托开发合同和合作开发合同。委托开发合同是一方当事人委托另一方当事人进行研究开发工作并提供相应研究开发经费和报酬所订立的技术开发合同。合作开发合同是当事人各方就共同进行研究开发工作所订立的技术开发合同。

第二十一条　技术开发合同的认定条件是：

（一）有明确、具体的科学研究和技术开发目标；

（二）合同标的为当事人在订立合同时尚未掌握的技术方案；

（三）研究开发工作及其预期成果有相应的技术创新内容。

第二十二条　单纯以揭示自然现象、规律和特征为目标的基础性研究项目所订立的合同，以及软科学研究项目所订立的合同，不予登记。

第二十三条　下列各项符合本规则第二十一条规定的，属于技术开发合同：

（一）小试、中试技术成果的产业化开发项目；

（二）技术改造项目；

（三）成套技术设备和试验装置的技术改进项目；

（四）引进技术和设备消化、吸收基础上的创新开发项目；

（五）信息技术的研究开发项目，包括语言系统、过程控制、管理工程、特定专家系统、计算机辅助设计、计算机集成制造系统等，但软件复制和无原创性的程序编制的除外；

（六）自然资源的开发利用项目；

（七）治理污染、保护环境和生态项目；

（八）其他科技成果转化项目。

前款各项中属一般设备维修、改装、常规的设计变更及其已有技术直接应用于产品生产的，不属于技术开发合同。

第二十四条　下列合同不属于技术开发合同：

（一）合同标的为当事人已经掌握的技术方案，包括已完成产业化开发的产品、工艺、材料及其系统；

（二）合同标的为通过简单改变尺寸、参数、排列，或者通过类似技术手段的变换实现的产品改型、工艺变更以及材料配方调整；

（三）合同标的为一般检验、测试、鉴定、仿制和应用。

第三章　技术转让合同

第二十五条　技术转让合同是当事人之间就专利权转让、专利申请权转让、专利实施许可、技术秘密转让所订立的下列合同：

（一）专利权转让合同，是指一方当事人（让与方）将其发明创造专利权转让受让方，受让方支付相应价款而订立的合同。

（二）专利申请权转让合同，是指一方当事人（让与方）将其就特定的发明创造申请专利的权利转让受让方，受让方支付相应价款而订立的合同。

（三）专利实施许可合同，是指一方当事人（让与方、专利权人或者其授权的人）许可受让方在约定的范围内实施专利，受让方支付相应的使用费而订立的合同。

（四）技术秘密转让合同，是指一方当事人（让与方）将其拥有的技术秘密提供给受让方，明确相互之间技术秘密使用权、转让权，受让方支付相应使用费而订立的合同。

第二十六条　技术转让合同的认定条件是：

（一）合同标的为当事人订立合同时已经掌握的技术成果，包括发明创造专利、技术秘密及其他知识产权成果；

（二）合同标的具有完整性和实用性，相关技术内容应构成一项产品、工艺、材料、品种及其改进的技术方案；

（三）当事人对合同标的有明确的知识产权权属约定。

第二十七条　当事人就植物新品种权转让和实施许可、集成电路布图设计权转让与许可订立的合同，按技术转让合同认定登记。

第二十八条　当事人就技术进出口项目订立的合同，可参照技术转让合同予以认定登记。

第二十九条　申请认定登记的技术合同，其标的涉及专利申请权、专利权、植物新品种权、集成电路布图设计权的，当事人应当提交相应的知识产权权利证书复印件。无相应证书复印件或者在有关知识产权终止、被宣告无效后申请认定登记的，不予登记。

申请认定登记的技术合同，其标的涉及计算机软件著作权的，可以提示当事人提供计算机软件著作权登记证明的复印件。

第三十条　申请认定登记的技术合同，其标的为技术秘密的，该项技术秘密应同时具备以下条件：

（一）不为公众所知悉；

（二）能为权利人带来经济利益；

（三）具有实用性；

（四）权利人采取了保密措施。

前款技术秘密可以含有公知技术成分或者部分公知技术的组合。但其全部或者实质性部分已经公开，即可以直接从公共信息渠道中直接得到的，不应认定为技术转让合同。

第三十一条　申请认定登记的技术合同，其合同标的为进入公有领域的知识、技术、经验和信息等（如专利权或有关知识产权已经终止的技术成果），或者技术秘密转让未约定使用权、转让权归属的，不应认定为技术转让合同。

前款合同标的符合技术咨询合同、技术服务合同条件的，可由当事人补正后，按技术咨询合同、技术服务合同重新申请认定登记。

第三十二条　申请认定登记的技术合同，其合同标的仅为高新技术产品交易，不包含技术转让成分的，不应认定为技术转让合同。

随高新技术产品提供用户的有关产品性能和使用方法等商业性说明材料，也不属于技术成果文件。

第四章　技术咨询合同

第三十三条　技术咨询合同是一方当事人（受托方）为另一方（委托方）就特定技术项目提供可行性论证、技术预测、专题技术调查、分析评价所订立的合同。

第三十四条　技术咨询合同的认定条件是：

（一）合同标的为特定技术项目的咨询课题；

（二）咨询方式为运用科学知识和技术手段进行的分析、论证、评价和预测；

（三）工作成果是为委托方提供科技咨询报告和意见。

第三十五条　下列各项符合本规则第三十四条规定的，属于技术咨询合同：

（一）科学发展战略和规划的研究；

（二）技术政策和技术路线选择的研究；

（三）重大工程项目、研究开发项目、科技成果转化项目、重要技术改造和科技成果推广项目等的可行性分析；

（四）技术成果、重大工程和特定技术系统的技术评估；

（五）特定技术领域、行业、专业技术发展的技术预测；

（六）就区域、产业科技开发与创新及特定技术项目进行的技术调查、分析与论证；

（七）技术产品、服务、工艺分析和技术方案的比较与选择；

（八）专用设施、设备、仪器、装置及技术系统的技术性能分析；

（九）科技评估和技术查新项目。

前款项目中涉及新的技术成果研究开发或现有技术成果转让的，可根据其技术内容的比重确定合同性质，分别认定为技术开发合同、技术转让合同或者技术咨询合同。

第三十六条　申请认定登记的技术合同，其标的为大、中型建设工程项目前期技术分析论证的，可以认定为技术咨询合同。但属于建设工程承包合同一部分、不能独立成立的情况除外。

第三十七条　就解决特定技术项目提出实施方案，进行技术服务和实施指导所订立的合同，不属于技术咨询合同。符合技术服务合同条件的，可退回当事人补正后，按技术服务合同重新申请认定登记。

第三十八条　下列合同不属于技术咨询合同：

（一）就经济分析、法律咨询、社会发展项目的论证、评价和调查所订立的合同；

（二）就购买设备、仪器、原材料、配套产品等提供商业信息所订立的合同。

第五章　技术服务合同

第三十九条　技术服务合同是一方当事人（受托方）以技术知识为另一方（委托方）解决特定技术问题所订立的合同。

第四十条　技术服务合同的认定条件是：

（一）合同的标的为运用专业技术知识、经验和信息解决特定技术问题的服务性项目；

（二）服务内容为改进产品结构、改良工艺流程、提高产品质量、降低产品成本、节约资源能耗、保护资源环境、实现安全操作、提高经济效益和社会效益等专业技术工作；

（三）工作成果有具体的质量和数量指标；

（四）技术知识的传递不涉及专利、技术秘密成果及其他知识产权的权属。

第四十一条　下列各项符合本规则第四十条规定，且该专业技术项目有明确技术问题和解决难度的，属于技术服务合同：

（一）产品设计服务，包括关键零部件、国产化配套件、专用工模量具及工装设计和具有特殊技术要求的非标准设备的设计，以及其他改进产品结构的设计；

（二）工艺服务，包括有特殊技术要求的工艺编制、新产品试制中的工艺技术指导，以及其他工艺流程的改进设计；

（三）测试分析服务，包括有特殊技术要求的技术成果测试分析，新产品、新材料、植物新品种性能的测试分析，以及其他非标准化的测试分析；

（四）计算机技术应用服务，包括计算机硬件、软件、嵌入式系统、计算机网络技术的应用服务，计算机辅助设计系统（CAD）和计算机集成制造系统（CIMS）的推广、应用和技术指导等；

（五）新型或者复杂生产线的调试及技术指导；

（六）特定技术项目的信息加工、分析和检索；

（七）农业的产前、产中、产后技术服务，包括为技术成果推广，以及为提高农业产量、品质、发展新品种、降低消耗、提高经济效益和社会效益的有关技术服务；

（八）为特殊产品技术标准的制订；

（九）对动植物细胞植入特定基因、进行基因重组；

（十）对重大事故进行定性定量技术分析；

（十一）为重大科技成果进行定性定量技术鉴定或者评价。

前款各项属于当事人一般日常经营业务范围的，不应认定为技术服务合同。

第四十二条　下列合同不属于技术服务合同：

（一）以常规手段或者为生产经营目的进行一般加工、定作、修理、修缮、广告、印刷、测绘、标准化测试等订立的加工承揽合同和建设工程的勘察、设计、安装、施工、监理合同，但以非常规技术手段，解决复杂、特殊技术问题而单独订立的合同除外；

（二）就描晒复印图纸、翻译资料、摄影摄像等所订立的合同；

（三）计量检定单位就强制性计量检定所订立的合同；

（四）理化测试分析单位就仪器设备的购售、租赁及用户服务所订立的合同。

第六章　技术培训合同和技术中介合同

第四十三条　技术培训合同是当事人一方委托另一方对指定的专业技术人员进行特定项目的技术指导和业务训练所订立的合同。

技术培训合同是技术服务合同中的一种，在认定登记时应按技术培训合同单独予以登记。

第四十四条　技术培训合同的认定条件是：

（一）以传授特定技术项目的专业技术知识为合同的主要标的；

（二）培训对象为委托方指定的与特定技术项目有关的专业技术人员；

（三）技术指导和专业训练的内容不涉及有关知识产权权利的转移。

第四十五条　技术开发、技术转让等合同中涉及技术培训内容的，应按技术开发合同或技术转让合同认定，不应就其技术培训内容单独认定登记。

第四十六条　下列培训教育活动，不属于技术培训合同：

（一）当事人就其员工业务素质、文化学习和职业技能等进行的培训活动；

（二）为销售技术产品而就有关该产品性能、功能及使用、操作进行的培训活动。

第四十七条　技术中介合同是当事人一方（中介方）以知识、技术、经验和信息为另一方与第三方订立技术合同、实现技术创新和科技成果产业化进行联系、介绍、组织工业化开发并对履行合同提供专门服务所订立的合同。

技术中介合同是技术服务合同中的一种，在认定登记时应按技术中介合同单独予以登记。

第四十八条　技术中介合同的认定条件是：

（一）技术中介的目的是促成委托方与第三方进行技术交易，实现科技成果的转化；

（二）技术中介的内容应为特定的技术成果或技术项目；

（三）中介方应符合国家有关技术中介主体的资格要求。

第四十九条　技术中介合同可以下列两种形式订立：

（一）中介方与委托方单独订立的有关技术中介业务的合同；

（二）在委托方与第三方订立的技术合同中载明中介方权利与义务的有关中介条款。

第五十条　根据当事人申请，技术中介合同可以与其涉及的技术合同一起认定登记，也可以单独认定登记。

第七章　核定技术性收入

第五十一条　技术合同登记机构应当对申请认定登记合同的交易总额和技术交易额进行审查，核定技术性收入。

申请认定登记的合同，应当载明合同交易总额、技术交易额。申请认定登记时不能确定合同交易总额、技术交易额的，或者在履行合同中金额发生变化的，当事人应当在办理减免税或提取奖酬金手续前予以补正。不予补正并违反国家有关法律法规的，应承担相应的法律责任。

第五十二条　本规则第五十一条用语的含义是：

（一）合同交易总额是指技术合同成交项目的总金额；

（二）技术交易额是指从合同交易总额中扣除购置设备、仪器、零部件、原材料等非技术性费用后的剩余金额，但合理数量标的物的直接成本不计入非技术性费用；

（三）技术性收入是指履行合同后所获得的价款、使用费、报酬的金额。

第五十三条　企业、事业单位和其他组织按照国家有关政策减免税、提取奖酬金和其他技术劳务费用，应当以技术合同登记机构核定的技术交易额或技术性收入为基数计算。

第八章　附　则

第五十四条　本规则自 2001 年 7 月 18 日起施行。1990 年 7 月 27 日原国家科委发布的《技术合同认定规则（试行）》同时废止。

关于技术合同享受减免税优惠政策等有关问题的通知

苏科成[2003]219 号

各省辖市各省辖市科技局、国税局、地税局，苏州工业园区国税局、地税局，常熟市国税局、地税局，张家港保税区国税局，省国税局直属分局，省地税局直属征收局：

为了加强税收征收管理，规范在技术贸易中税收征收和缴纳行为，贯彻落实国家有关税收优惠政策，促进科技成果转化和江苏省技术市场持续、繁荣发展，根据财政部、国家税务总局“关于贯彻落实《中共中央、国务院关于加强技术创新，发展高科技，实现产业化的决定》有关税收问题的通知”（财税字[1999]273 号）及科学技术部、财政部、国家税务总局“关于印发《技术合同认定登记管理办法》的通知”（国科发政字[2000]063 号）等相关规定，现就申请技术合同减免税有关事项通知如下：

一、凡从事技术贸易活动的单位和个人，均应按规定向主管税务机关办理税务登记和其他税务事宜。

二、凡申请技术合同减免税的单位，必须持有“技术贸易证书”。省技术市场管理办公室或各省辖市、县（市）科技行政部门负责技术贸易资质的审核，并颁发“技术贸易证书”。

三、凡签订的技术合同，需经省技术市场管理办公室或各省辖市、县（市）科技行政部门登记认定，并按税务规定开具“江苏省××市（县）技术贸易发票”后，方可申请享受技术合同税收优惠政策。

四、科研单位科技人员从事“技术开发、技术转让、技术咨询、技术服务”业务，可按该项目纯收入的25%—35%提取奖酬金，奖励本单位作出贡献的科技人员。

五、科研单位的认定由主管部门或业务归口管理部门出具证明，经省技术市场管理办公室或各省辖市科技行政部门确认，报同级税务机关审核。

六、外国企业和外籍个人从境外向中国江苏境内转让技术申请免征营业税，如需科技行政部门出具审核证明时，应提供省技术市场管理办公室的审核证明。

2003年6月30日

关于将铁路运输和邮政业纳入营业税改征增值税试点的通知

财税[2013]106号

各省、自治区、直辖市、计划单列市财政厅(局)、国家税务局、地方税务局，新疆生产建设兵团财务局：

经国务院批准，铁路运输和邮政业纳入营业税改征增值税(以下称营改增)试点。结合交通运输业和部分现代服务业营改增试点运行中反映的问题，我们对营改增试点政策进行了修改完善。现将有关试点政策一并印发你们，请遵照执行。

一、自2014年1月1日起，在全国范围内开展铁路运输和邮政业营改增试点。

二、各地要高度重视营改增试点工作，切实加强试点工作的组织领导，周密安排，明确责任，采取各种有效措施，做好试点前的各项准备以及试点过程中的监测分析和宣传解释等工作，确保改革的平稳、有序、顺利进行。遇到问题请及时向财政部和国家税务总局反映。

三、本通知附件规定的内容，除另有规定执行时间外，自2014年1月1日起执行。《财政部 国家税务总局关于在全国开展交通运输业和部分现代服务业营业税改征增值税试点税收政策的通知》(财税[2013]37号)自2014年1月1日起废止。

附件：

1. 营业税改征增值税试点实施办法
2. 营业税改征增值税试点有关事项的规定
3. 营业税改征增值税试点过渡政策的规定
4. 应税服务适用增值税零税率和免税政策的规定

财政部　国家税务总局
2013 年 12 月 12 日

营业税改征增值税试点过渡政策的规定

一、下列项目免征增值税

（一）个人转让著作权。

（二）残疾人个人提供应税服务。

（三）航空公司提供飞机播撒农药服务。

（四）试点纳税人提供技术转让、技术开发和与之相关的技术咨询、技术服务。

1. 技术转让，是指转让者将其拥有的专利和非专利技术的所有权或者使用权有偿转让他人的行为；技术开发，是指开发者接受他人委托，就新技术、新产品、新工艺或者新材料及其系统进行研究开发的行为；技术咨询，是指就特定技术项目提供可行性论证、技术预测、专题技术调查、分析评价报告等。

与技术转让、技术开发相关的技术咨询、技术服务，是指转让方（或受托方）根据技术转让或开发合同的规定，为帮助受让方（或委托方）掌握所转让（或委托开发）的技术，而提供的技术咨询、技术服务业务，且这部分技术咨询、服务的价款与技术转让（或开发）的价款应当开在同一张发票上。

2. 审批程序。试点纳税人申请免征增值税时，须持技术转让、开发的书面合同，到试点纳税人所在地省级科技主管部门进行认定，并持有关的书面合同和科技主管部门审核意见证明文件报主管国家税务局备查。

关于居民企业技术转让有关企业所得税政策问题的通知

财税[2010]111号

各省、自治区、直辖市、计划单列市财政厅(局)、国家税务局、地方税务局，新疆生产建设兵团财务局：

根据《中华人民共和国企业所得税法》(以下简称企业所得税法)及《中华人民共和国企业所得税法实施条例》(国务院令第512号，以下简称实施条例)的有关规定，现就符合条件的技术转让所得减免企业所得税有关问题通知如下：

一、技术转让的范围，包括居民企业转让专利技术、计算机软件著作权、集成电路布图设计权、植物新品种、生物医药新品种，以及财政部和国家税务总局确定的其他技术。

其中：专利技术，是指法律授予独占权的发明、实用新型和非简单改变产品图案的外观设计。

二、本通知所称技术转让，是指居民企业转让其拥有符合本通知第一条规定技术的所有权或5年以上(含5年)全球独占许可使用权的行为。

三、技术转让应签订技术转让合同。其中，境内的技术转让须经省级以上(含省级)科技部门认定登记，跨境的技术转让须经省级以上(含省级)商务部门认定登记，涉及财政经费支持产生技术的转让，需省级以上(含省级)科技部门审批。

居民企业技术出口应由有关部门按照商务部、科技部发布的《中国禁止出口限制出口技术目录》(商务部、科技部令2008年第12号)进行审查。居民企业取得禁止出口和限制出口技术转让所得，不享受技术转让减免企业所得税优惠政策。

四、居民企业从直接或间接持有股权之和达到100%的关联方取得的技术转让所得，不享受技术转让减免企业所得税优惠政策。

五、本通知自2008年1月1日起执行。

财政部　国家税务总局

2010年12月31日

参考文献

[1] 谢富纪,董正英.技术转移与技术交易[M].北京:清华大学出版社,2006.

[2] 董正英.技术交易、中介与中国技术市场发展[D].复旦大学,2003.

[3] 陈红梅,吕立志.提升大学创新力的产学研合作模式研究[J].文教资料,2012(2):165-166.

[4] 雷翔.我国产学研合作的发展现状与特点简述[J].中国安防,2011(12):13-18.

[5] 张卫东,王萍,魏和平,等.技术交易中介服务体系的构建与运行[J].图书情报工作,2009,53(22):22-25,39.

[6] 姜毓锋.基于技术市场的知识转移研究[D].吉林大学,2011.

[7] 王春梅.中美技术转让中介体系比较研究[J].中共南京市委党校南京市行政学院学报,2007(5):52-54.

[8] 曹克银.面向技术交易的在线支付系统设计与实现[D].北京工业大学,2012.

[9] 张锴,穆荣平,李扉南.影响技术市场规模的关键因素研究[J].科学学与科学技术管理,2003(4):57-60.

[10] 王琛玮.影响山西省技术市场规模的关键因素分析[J].科技情报开发与经济,2005(13):157-159.

[11] 郑荣,姜毓锋.技术市场发展现状及其影响因素分析图书情报工作,2009(11):13-17.